커머스의 미래, 로컬

커머스의 미래,
로컬

초판1쇄 발행 2024년 5월 31일

지은이 은종성
펴낸이 제이슨
펴낸곳 도서출판 책길

신고번호 제2018-000080호
신고년월일 2018년 3월 19일

주소 서울특별시 강남구 테헤란로2길 8, 4층(우.06232)
전화 070-8275-8245
팩스 0505-317-8245
이메일 contact@bizwebkorea.com
홈페이지 bizwebkorea.com   이러닝 인터뷰어 interviewer.co.kr
페이스북 facebook.com/bizwebkorea   인스타그램 instagram.com/bizwebkorea
블로그 blog.naver.com/bizwebkorea   유튜브 youtube.com/@bizwebkorea

ISBN 979-11-984425-3-6 13320

2025   13   19   24   30

오프라인의 디지털 전환
소비자 라이프스타일 변화
국경을 넘나드는 크로스보더의 진격

커머스의 미래

로컬

로컬에서 제안하는 취향, 경험, 라이프스타일
브랜드 충성도를 높이는 커뮤니티 비즈니스모델

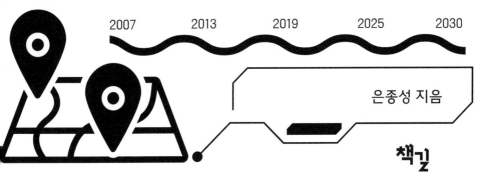

2007   2013   2019   2025   2030

은종성 지음

책길

커머스(Commerce)는 우리가 상품, 서비스, 정보를 주고받는 모든 활동을 말합니다. 이는 단순히 물건을 사고파는 것뿐만 아니라, 그 물건이나 서비스를 제공하기 위해 필요한 모든 과정을 포함합니다. 우리가 일상에서 흔히 경험하는 오프라인 매장에서의 거래부터, 온라인 상에서 이루어지는 다양한 형태의 전자상거래에 이르기까지, 커머스는 매우 넓은 범위의 활동입니다.

기술의 발전과 소비자 행동의 변화에 따라 커머스 산업도 꾸준히 변화되어 왔습니다. 특히 온라인 중심의 이커머스가 빠른 속도로 성장하면서 오프라인 리테일을 거의 모든 면에서 넘어섰습니다. 이제 소비자들은 무언가를 구매하기 위해 오프라인 매장을 방문할 필요 없이 언제 어디서나 원하는 상품을 검색하고 구매할 수 있게 되었습니다.

비즈니스의 많은 부분이 디지털로 전환되면서 유통업과 제조업의 경계도 모호해지고 있습니다. 유통기업들은 자체 브랜드(PB) 상품을 출시하면서 제조업에 관여하고 있고, 제조기업들은 D2C(Direct to Consumer) 방식을 통해 유통업에 관여하고 있습니다. 유통의 힘으로 판매할 수 있다는 자신감이 생기면 제조를 하지 않을 이유가 없고, 반대로 중간 유통을 거치지 않고 직접 판매할 수 있다는 자신감이 생기면 유통을 하지 않을 이유가 없는 것입니다. 각자의 입장에서 브랜드 가치를 높이고, 중간 마진을 줄여가면서 경쟁력을 강화하는 전략을 취하고 있는 것입니다.

전 세계를 강타하고 있는 중국발 크로스보더(Cross border)의 확장도 놀랍습니다. 알리익스프레스, 테무와 같은 크로스보더들은 낮은 제조원가, 관세 혜택, 각종 인증요소 회피, 재고 보유에 따른 리스크를 공급업체에게 전가하는 방식으로 말도 안 되는 가격으로 국내 시장을 공략하고 있습니다.

중국발 크로스보더가 위협적인 이유는 신시장 파괴적 혁신(New-market disruptive innovation)과 로우엔드 파괴적 혁신(Low-end disruptive innovation)을 동시에 보여주고 있다는 점입니다. 알리익스프레스와 테무는 그동안 해외직구를 이용하지 않았던 사람들을 새로운 고객층을 끌어들였다는 점에서 신시장 파괴적 혁신을 하고 있으며, 낮은 가격을 무기로 가격에 민감한 기존 고객층을 끌어오고 있는 점에서 로우엔드 파괴적 혁신도 하고 있습니다. 이로 인해 중국산 제품을 가져다 팔았던 중간 셀러들이 설 자리를 잃고 있습니다.

소비 트렌드 역시 변화하고 있습니다. 과거에는 희소가치가 있거나 가격이 높은 상품을 '소유'하는 것 자체가 자기표현의 수단이 되었습니다. 그러나 이제는 인터넷을 통해 전 세계의 상품을 클릭 한 번으로 구매할 수 있게 되면서, 단순히 무엇을 사느냐는 것은 더 이상 개인의 정체성을 규정하지 못하게 되었습니다.

대신 요즘 소비자들은 자신만의 취향과 경험을 표현하고 공유하는 데에 집중하고 있습니다. 소비의 목적이 '나'를 찾고 표현하는 것으로 진화하고 있는 것인데요. 여기서 주목할 점은 취향과 경험이 타인과의 '관계'를 통해 비로소 의미를 갖게 된다는 것입니다. 나와 비슷한 취향을 가진 사람들과 SNS로 소통하고 공감대를 형성하는 과정에서, 자신의 정체성이 확립되고 존재 가치를 인정받게 되는 것입니다. 이는 소비가 소통의 매개체가 되었음을 의미합니다. 즉, 소비는 이제 그 자체로 목적이 아니라, 공통의 취향과 경험을 매개로 타인과 관계 맺는 하나의 언어이자 수단으로 자리매김한 것입니다.

이런 변화의 소용돌이 속에서, 오프라인과 로컬이 중요해지고 있습니다. 디지털 전환이 증가하면서 물리적 공간의 중요성이 상대적으로 감소하는 것처럼 보이지만, 실제로는 그 반대의 현상이 나타나고 있습니다. 무엇인가를 구매하기가 너무 쉬워진 시대에, 역설적이게도 사람들은 오프라인과 로컬에서 특별한 경험을 원하고 있습니다. 이는 소비자들이 단순히 상품을 구매하는 것 이상의 가치를 추구하고 있음을 의미합니다.

로컬은 단순히 오프라인 매장만을 의미하지 않습니다. 로컬은 브랜드와 소비자가 만나는 접점이자 가족, 친구, 연인과 함께 추억을 쌓는 특별한 공간입니다. 이러한 공간은 단순한 상품의 거래를 넘어서서 고객과의 깊은 감정적 연결을 가능하게 하며, 소비자에게 더욱 의미 있는 경험을 제공하는 곳으로 확장됩니다.

더 나아가 로컬은 첨단 기술과 데이터를 활용하여 고객에게 차별화된 경험을 선사하는 무대가 되고 있습니다. 예를 들어 오프라인 매장에 디지털 기술을 접목시켜 개개인의 취향과 니즈에 맞는 맞춤형 서비스를 제공할 수 있습니다. 고객의 쇼핑 히스토리, 선호도 등의 데이터를 분석하여 그들에게 가장 적합한 상품을 추천해주는 것이죠. 이를 통해 고객은 매장에서 보다 풍성하고 만족스러운 쇼핑 경험을 얻을 수 있습니다.

또한 가상현실(VR)이나 증강현실(AR) 기술을 활용하여 고객에게 새로운 차원의 경험을 제공할 수도 있습니다. 가상의 공간에서 제품을 미리 체험해보거나, 증강현실을 통해 제품 정보를 인터랙티브(Interactive)하게 확인하는 등 실제와 가상의 경계를 넘나드는 독특한 경험을 창출할 수 있는 것입니다.

　디지털 기술을 받아들인 오프라인은 O2O(Online to Offline)와 O4O(Offline to Online)를 넘어서 OMO(Online Merges with Offline)로 나아가고 있습니다. O2O는 배달앱과 같은 온라인 채널을 활용해 오프라인 매장을 연결하는 방식이라면, O4O는 오프라인에서의 경험이나 접점을 통해 고객과의 관계를 형성하고 이를 바탕으로 온라인 상에서의 추가적인 상호작용과 거래를 이끌어내는 것을 말합니다. 더 나아가 OMO는 온라인과 오프라인 경험이 서로를 보완하며 통합되는 현상을 말합니다. 이 모델은 고객이 온라인에서 정보를 검색하고 오프라인에서 상품을 체험하며 다시 온라인을 통해 구매를 완료할 수 있게 하여 쇼핑 경로 전체에서 일관된 경험을 제공합니다. OMO 전략을 통해 오프라인 매장은 단순한 판매 공간을 넘어서 고객과 직접적으로 상호작용하고 그들의 쇼핑 습관을 이해하는 중요한 터치포인트로 자리 잡게 됩니다.

　이러한 접근 방식은 고객의 쇼핑 경험을 극대화하고, 브랜드 충성도를 높이며, 지속 가능한 성장을 위한 새로운 기회를 모색하는 기업들에게 중요한 전략이 되고 있습니다. 커머스 산업의 대전환기에 기업들은 소비자를 만족시킬 수 있는 전략을 세워야 합니다.

〈커머스의 미래, 로컬〉은 총 4부로 구성되어 있습니다.

1부에서는 특이점을 지나고 있는 커머스에 대해 다루고 있습니다. 창립 14년 만에 유통업계 1위로 올라선 쿠팡, 유통업체에 대항하기 위해 직접 판매(D2C)에 나서고 있는 제조기업들, 알리익스프레스, 테무 등 중국발 크로스보더의 진격, 당근과 같은 하이퍼로컬 서비스의 확장 등의 외부 환경을 분석하면서 커머스 기업들이 왜 오프라인에 관심을 가지고 있는지를 다루고 있습니다.

2부에서는 로컬을 활용하는 방법들로 플래그십 스토어, 편집숍, 팝업 스토어를 활용하고 있는 기업들의 사례, 지역의 고유한 가치를 담아내는 로코노미(Loconomy), 장소와 브랜딩의 상관관계, 일과 삶의 경계를 활용한 워케이션, D2C로 성장한 후 오프라인에서 길을 찾는 브랜드 스토리 등을 다루고 있습니다.

3부에서는 로컬에서 어떻게 브랜딩할 것인가를 다루고 있습니다. 로컬도 결국은 매개체일 뿐입니다. 로컬이 효과적으로 작동되려면 거래가 아닌 관계, 재화가 아닌 경험을 판매할 수 있어야 합니다. 또한 고객경험은 브랜드가 추가하는 가치와 맥락(Context)이 맞아야 합니다. 로컬은 시작점일 뿐 종착지점은 아닙니다. 로컬의 스토리를 활용하여 글로벌로 나아가는 브랜드들, 다양한 기술을 적용하여 차별화된 고객 경험을 제공하는 기업들을 다루고 있습니다.

4부에서는 커머스 기업의 로컬 비즈니스 모델을 다루고 있습니다. 이를 위해, 장기적 관점의 디지털 전환 로드맵이 구축되어야 하고 수익 모델 관점에서 구독 모델의 도입이 필요합니다. 또한 제품이나 서비스를 판매하는 것 외에 보완적 비즈니스를 찾아내야 합니다. 오프라인은 거래 장소이기도 하지만 미디어가 될 수도 있습니다. 마지막으로 커머스 브랜드가 살아남는 10가지 방법을 다루고 있습니다.

흩어진 생각들을 하나의 관점으로 묶어서 책을 출간한다는 것은 언제나 어려운 일입니다. 글을 쓰고 책을 출간하는 것은 저에게는 일상이지만, 이 과정은 저의 무지(無知)를 경험하는 순간이기도 합니다. 몇 개의 키워드로 시작하여 생각을 확장하고, 내용을 탄탄히 다지고, 완결된 하나의 글로 만들어내기까지 오랜 시간이 걸린 책입니다. 생성형 인공지능(AI)으로 손쉽게 원하는 것을 찾아낼 수도 있지만, 완결된 한 권의 책이 개인의 역량을 향상시키는 가장 좋은 방법이라고 믿고 있습니다. 모쪼록 이 책을 읽으시는 분들에게 도움이 되었으면 합니다.

은종성

차 례

3부 어떻게 브랜딩할 것인가?

1부

커머스,
특이점을 지나다

온라인이 오프라인을 넘어서다

"우리 아이의 절반은 쿠팡이 키웠다." 이 말은 쿠팡의 로켓배송 서비스가 소비자에게 얼마나 강력한 가치를 제공하고 있는지를 잘 보여줍니다. 쿠팡이 로켓배송을 통해 국내 유통 시장을 장악한 과정은 단순한 속도의 경쟁을 넘어선 서비스 혁신의 결과로 평가됩니다.

로켓배송은 전례 없는 배송 속도를 제공하면서 고객이 주문한 상품을 하루 만에 받아볼 수 있게 만들었습니다. 이는 기존에 몇 일이 걸리던 배송 시간을 대폭 단축시켰으며 급한 필요성이 있는 상품을 빠르게 구매해야 하는 고객들에게 매력적인 선택지가 되었습니다. 또한 쿠팡은 365일 24시간 배송 가능성을 내세워 고객의 생활 패턴과 시간에 구애받지 않는 쇼핑 경험을 제공했습니다.

로켓배송의 성공은 단순히 빠른 배송에만 기인하는 것은 아닙니다. 쿠팡은 고객 중심 전략을 바탕으로, 편리한 사용자 인터페이스(UI), 다양한 상품의 보유, 합리적인 가격 등을 통해 소비자 만족도를 높여왔습니다. 이러한 접근 방식은 고객들로 하여금 기존의 쇼핑 방식을 버리고 쿠팡을 선택하게 만드는 결정적인 요소가 되었습니다.

쿠팡의 로켓배송은 또한 국내 유통 시장에 커다란 변화의 바람을 일으켰습니다. 경쟁 업체들도 비슷한 수준의 배송 서비스를 도입하게 되었으며 이는 전체적인 업계 표준을 높이는 결과를 낳았습니다. 이처럼 쿠팡은 로켓배송을 통해 단순히 시장 점유율을 확대하는 것을 넘어 고객의 삶의 질을 향상시키고 유통산업의 혁신을 주도해 나가고 있습니다.

물론, 부정적인 시선도 있습니다. 쿠팡은 오픈마켓, 로켓배송, 로켓그로스(판매자로켓)이 혼재되어 운영되고 있습니다. 판매자들이 상품을 등록하고 운영할 수 있는 오픈마켓은 수수료가 높지 않지만, 쿠팡이 상품을 매입한 후 배송까지 완료하는 로켓배송과 제품의 보관·포장·교환·반품·고객 응대까지 대행해주는 로켓그로스의 경우 높은 수수료에 대한 불만이 많습니다.

또한 판매가 잘 되는 상품은 자체 브랜드(PB)로 판매하면서 생태계를 교란한다는 비판도 있습니다. PB 상품 자체가 문제가 아니라, 쿠팡이 확보하고 있는 강력한 데이터와 유통의 힘으로 PB 상품을 만들어내면서 다른 브랜드의 성장 기회를 제한할 수 있다는 것입니다.

쿠팡의 자체 브랜드 전략은 효율성과 비용 절감 측면에서 많은 이점이 있습니다. 소비자에게는 보다 낮은 가격으로 품질이 검증된 상품을 제공할 수 있으며 이는 고객 만족도를 높이고 쿠팡의 시장 점유율을 확대하는 데 기여하게 됩니다.

하지만 이러한 전략이 다른 브랜드의 참여 공간을 줄이며 독점적 경향을 띨 수 있다는 것입니다. 시장에서의 경쟁을 제한하는 것은 장기적으로 혁신과 소비자 선택의 다양성을 저해할 수 있습니다. 경쟁이 제한되면 소비자는 새로운 제품이나 대안적 선택을 갖지 못하게 되며 이는 시장의 건강성을 약화시킬 수 있습니다. 따라서 쿠팡과 같은 대형 플레이어는 시장 지배력을 남용하지 않도록 주의할 필요가 있으며 공정 경쟁을 촉진하고 중소기업이 성장할 수 있는 환경을 조성해야 한다는 의견이 힘을 받고 있습니다.

그런데 문제 제기가 많다는 것은 그만큼 쿠팡이 잘하고 있다는 반증일 수도 있습니다. 예를 들어 쿠팡이 말해온 '계획된 적자'에 대한 부정적 시각이 많았습니다. 쿠팡이 흑자를 만들기 어렵다고 주장했던 사람들이 내세운 논리는 물류 센터의 자동화 수준이 낮다는 것이었습니다. 실제 쿠팡은 빠른 속도로 물류 창고를 확장했고 속도가 중요했기 때문에 개별 창고의 자동화 수준은 높지 않았습니다. 그런데 쿠팡은 공급망 최적화와 프로세스 혁신으로 물류 센터의 자동화 문제를 해결했습니다. 예를 들어, '오늘 성남시 분당구에서 토마토 주문이 10톤 들어올 것'이라고 데이터를 기반으로 예측해서 전날 창고에 토마토를 준비해놓습니다. 이렇게 수요를 미리 예측해서 창고에 머무는 시간을 최소화하면 폐기율을 낮출 수 있습니다. 신선 식품의 경우 폐기율이 수익성을 결정하고 이를 위해서는 저온 창고와 같은 콜드 체인(Cold Chain)을 갖춰야 한다는 것이 지금까지의 상식이었습니다. 그런데 쿠팡은 수요 예측을 통해 일반 트럭으로도 신선 식품을 배송하면서 콜드 체인을 무력화시킨 것입니다.

쿠팡의 약진으로 가장 큰 타격을 받은 곳은 이마트를 중심으로 한 대형마트입니다. 특히, 콜드 체인을 중심으로 신선 식품에 집중해 온 이마트가 가장 큰 영향을 받았습니다. 이것은 실적으로도 드러납니다. 쿠팡의 성장률은 전체 시장 성장률보다 높습니다. 한 사람이 하루에 네 끼나 다섯 끼를 먹지 않는 이상, 시장 규모가 갑자기 커졌을 리는 없습니다. 즉, 쿠팡이 누군가의 시장을 빼앗아 온 것입니다. 네이버 쇼핑의 경우 쿠팡과 비슷한 비율로 성장했기 때문에, 네이버는 쿠팡에 시장을 많이 빼앗기지 않았다고 볼 수 있습니다. 그러면 누가 시장을 빼앗겼을까요? 이마트를 중심으로 한 대형마트입니다. 대형마트는 유통산업발전법으로 인해 영업 시간과 출점 지역에 제한을 받고 있었고, 온라인 전환에 실패하면서 그동안 구축해 놓은 시스템이 효과적으로 작동하지 않고 있습니다. 특히 SSG랜더스(야구단), 스타벅스, 노브랜드 버거와 피자 등으로 활로를 모색하던 이마트는 정작 본업인 이마트, 옥션, 지마켓, SSG닷컴 등 유통업 본진을 빼앗기고 있는 상황입니다.

쿠팡 수수료는 얼마나 될까요? 업종이나 서비스 제공방식에 차이가 있기 때문에 명확하게 말하기는 어렵습니다. 그러나 공정거래위원회가 조사한 쿠팡의 실질수수료율은 27.2%(2022년 기준으로 계속 상승중)로 다른 온라인 쇼핑몰의 두 배에 달하는 것으로 나타났습니다. 물론 상품을 매입해 주기 때문에 재고비용이 상쇄되고, 배송과 반품 등도 모두 처리해 주기 때문에 물류비용도 절감됩니다. 네이버 스마트스토어도 표면상으로는 최저수수료를 받고 있지만 쇼핑광고 등을 집행하지 않으면 판매되지 않기 때문에 쿠팡의 수수료가 절대적으로 높은 수준이라고 볼 수만은 없습니다.

문제는 수수료 정책이 판매자가 감당할 수 있는 수준을 넘어서고 있다는 것입니다. 로켓배송으로 판매되는 상품의 정산기간은 60일 정도입니다. 로켓배송 상품은 쿠팡 창고에 입고된 후 50일 이내에 정산되지만, 창고에 입고하는 기간을 포함한다면 두 달 정도 돈이 묶이게 됩니다. 쿠팡의 2023년도 매출액이 32조 원임을 감안한다면, 쿠팡이 두 달 이내에 판매자에게 지급해야 할 돈이 수조 원이 넘는다고 볼 수 있습니다. 쿠팡에서 상품을 판매하려면 높은 수수료, 두 달여의 지급기한, 여기에 성장장려금과 광고비 등을 감당할 수 있어야 합니다.

쿠팡의 힘이 쎄지면서 제조기업과의 갈등도 많아지고 있습니다. 대표적인 사건이 쿠팡과 CJ제일제당의 갈등입니다. 비비고만두, 김치, 햇반 등의 납품단가를 협상하던 과정에서 CJ제일제당은 쿠팡이 제시한 마진율이 과도하다며 받아들이지 않았고, 쿠팡은 CJ제일제당이 발주 물량을 제대로 지키지 않았고, 가격 인상 등을 요구했다면서 상품 발주를 중단했습니다. 결국 CJ제일제당은 쿠팡에서 상품을 판매하지 않겠다고 선언하고, 쿠팡의 경쟁사인 네이버, 컬리와 협력을 강화하고 형태로 충돌이 일어났습니다.

제조와 유통의 충돌은 이제 시작일 뿐입니다. 즉석밥을 CJ제일제당만 만드는 것은 아니기 때문에 다른 경쟁사의 제품을 판매할 수도 있습니다. 그러나 쿠팡은 어떠한 상품이 잘 팔린다 싶으면 자회사를 통해 PB 상품을 만들어서 판매하는 전략을 강화하고 있습니다. 실제 식품 브랜드인 곰곰은 상품 다수가 매출 상위권을 차지하고 있을 정도로 대표 브랜드로 성장했습니다. 쿠팡이 유통을 넘어 제조 영역까지 넘보고 있는 중입니다.

제조기업들의 직접판매(D2C) 강화

제조는 연구개발을 중심으로 품질관리와 생산관리가 중요한 영역이며, 유통은 고객에게 판매할 수 있는 다양한 접점을 갖추고 규모의 경제를 통해 저렴하게 판매하는 것이 중요합니다. 즉, 제조와 유통이 요구하는 역량이 서로 다르기 때문에 한 조직이 두 분야를 동시에 잘하기는 어렵습니다. 높은 기술력과 경쟁자를 압도하는 생산능력이 없다면 유통의 힘이 더욱 강해질 것입니다. 유통업체는 PB상품을 강화하며 제조기업을 압박하고 있습니다. 이로 인해 시간이 지날수록 제조기업은 유통 회사에 점점 더 종속될 수밖에 없습니다.

물론 제조기업들도 직접 유통하는 방법으로 대응하고 있습니다. 제조기업이 중간 유통을 배제하고 온라인을 활용해 직접 판매하는 것을 D2C(Direct to Consumer)라고 합니다. 오프라인 유통 채널을 확보하기 위해서는 많은 인력과 자본이 필요하지만, 온라인은 상대적으로 적은 비용으로 시작할 수 있다는 장점이 있습니다. 그리고 온라인 구매가 일상화되면서 D2C에 대한 소비자 선호도 좋아지고 있습니다.

직접 판매는 제조업체가 소비자와 직접 소통하며 더 나은 고객 경험을 제공할 수 있게 해줍니다. 이는 고객의 요구와 피드백을 신속하게 반영할 수 있는 능력을 강화하며, 제품 개발 및 혁신의 속도를 높일 수 있도록 해주는 것입니다. 또한, 직접 판매는 중간 마진을 제거하여 비용 효율성을 높이고, 최종 소비자에게 보다 경쟁력 있는 가격을 제공할 수 있는 가능성을 열어줍니다.

제조기업이 유통을 직접 관리함으로써, 브랜드 이미지와 소비자 인식을 직접적으로 통제할 수 있습니다. 이는 브랜드 충성도를 높이고, 장기적인 고객 관계를 구축하는 데 핵심적인 역할을 합니다. 최종적으로 제조기업은 독립적인 유통 전략을 통해 시장에서 더욱 강력한 위치를 확보할 수 있습니다.

변화의 흐름에 대응해온 방식들

대형마트는 주로 4인 가족을 기준으로 운영되었습니다. 한 주간의 장을 보면 엄마, 아빠, 아들, 딸이 모두 먹어치울 수 있는 양을 저렴하게 구매할 수 있었습니다. 4인 가족 입장에서 보면 대형마트가 합리적인 선택이었습니다.

그러나 1인 가구 입장에서 보면 대형마트는 판매하는 상품의 수량 및 크기, 매장의 위치 등 여러 면에서 불편합니다. 대형마트가 주로 도심 외곽에 위치하는 반면, 1인 가구는 대중교통 등이 편리한 도심에서 생활하는 경우가 많습니다. 대형마트도 1인 가구에 대응하기 위해 노력했지만, 객단가 측면에서 여전히 4인 가구 중심으로 운영될 수밖에 없었습니다.

이런 상황에서 편의점은 1인 가구를 타깃으로 한 상품 구성, 다양한 부가 서비스 제공, 그리고 유통의 고유한 특징인 상품 제안을 통해 대응했습니다. 편의점의 가장 큰 특징은 동네 상권에 위치한다는 것입니다. 배달과 온라인 쇼핑몰로 해결할 수 없는 것을 편의점이 해결했습니다. 편의점은 집 근처에서 슬리퍼를 끌고 걸어갈 만한 거리에 있었고, 곰표 밀맥주와 같은 협업 상품으로 다양한 재미를 제공하면서 대형마트를 넘어섰습니다.

유통산업발전법의 가장 큰 수혜자는 하나로마트와 쿠팡입니다. 2012년 유통산업발전법은 연간 총매출액 중 '농수산물 유통 및 가격 안정에 관한 법률'에 따른 농수산물의 매출액 비중이 51% 이상인 대규모 점포(2014년에는 55%로 상향)를 의무 휴업 대상에서 제외했습니다. 이는 농가 소득 증대와 농산물의 판로 확보를 위한 예외 규정으로, 하나로마트를 염두에 둔 조항이었습니다. 이 예외 규정 덕분에 하나로마트는 대형마트가 출점하지 못하는 지역에 신속히 출점하고, 점차 매장을 대형화하면서 공산품 판매도 확대해 나갔습니다. 결과적으로 하나로마트는 이제 대형마트와 견줄만한 힘을 갖게 되었습니다. 유통산업발전법이 대형마트에겐 악재로 작용했지만, 하나로마트에게는 호재로 작용한 것입니다.

하나로마트가 대형마트의 매장 출점 제한과 의무 휴업 대상 제외의 수혜를 누렸다면, 쿠팡과 마켓컬리는 영업 시간 제한의 수혜를 받았습니다. 현재 대형마트는 밤 12시부터 오전 10시까지 새벽 시간에는 영업을 할 수 없습니다. 이는 근로자의 휴식권을 보장하기 위함입니다.

이러한 시장의 틈새를 파고든 것이 마켓컬리와 쿠팡입니다. '샛별 배송'이라는 이름으로 마켓컬리가 처음 시작한 새벽 배송은 쿠팡이 참전하면서 성장하기 시작했습니다.

유통업의 본질은 무엇인가?

유통산업발전법은 시간 문제일 뿐, 결국 개정될 것입니다. 법이 개정되어 오프라인 매장을 물류 거점으로 활용할 수 있게 되면, 가장 큰 혜택을 볼 곳은 편의점일 것입니다. 이는 편의점이 동네 상권에서 1인 가구를 대상으로 한 상품 구성, 다양한 부가 서비스 제공, 그리고 유통의 가장 고유한 특징인 상품 제안을 잘하고 있기 때문입니다.

물론 편의점은 이미 너무 많습니다. 전국에 편의점 수는 5만 개로, 1천 명당 1개꼴입니다. 모든 사람이 편의점을 이용하는 것은 아니므로 편의점 수의 증가는 한계가 있습니다.

그럼에도 편의점을 주목하는 이유는 유통의 가장 본질적인 역량인 상품 제안을 가장 잘하고 있기 때문입니다. 이는 우연히 얻어 걸린 성과가 아니라, 기업들의 체계적인 노력의 결과입니다. 예를 들어, GS25는 2030 세대 직원들로 구성된 신상품 개발 프로젝트 팀인 갓생기획을 중심으로 지속적으로 인기 상품을 제안하고 있습니다.

편의점은 이제 예전과 달라졌습니다. 코로나 이전에는 주로 삼각김밥과 같은 냉장식품이나 일상생활에 필요한 여러 가지 편의용품을 판매했지만, 코로나 이후로는 일상적인 장보기 수요가 점차 편의점으로 옮겨오고 있습니다. 편의점의 장점은 온라인으로 주문한 후 배송을 기다리거나 대형마트처럼 멀리까지 이동할 필요가 없다는 것입니다. 특히 1인 가구를 주요 타깃으로 하여, 외곽의 백화점이나 대형마트 수요까지 흡수하고 있다고 볼 수 있습니다.

편의점은 바쁜 현대인들에게 집 밖의 냉장고와 같은 역할을 합니다. 대형마트에서는 양파 10개가 들어 있는 한 망을 판매하지만, 편의점에서는 필요한 만큼의 양파 반쪽과 계란 한 개만을 구매할 수 있습니다. 대량 구매 대비 가격은 높을 수 있지만, 불필요한 낭비를 고려했을 때 1인 가구에게는 편의점이 오히려 저렴할 수 있습니다. 편의점이 집 근처에 있으면 냉장고를 가득 채우지 않아도 필요할 때마다 간단히 이용할 수 있습니다.

최근 편의점은 배송 서비스를 제공하며, 가전제품, 의류, 화장품, 심지어 명품까지 판매하고 있습니다. GS25는 중고 물품을 사고 파는 당근마켓과 모바일 세탁 서비스인 세탁 특공대와 협력하여 편의점 세탁 서비스를 제공하고 있습니다.

편의점은 일상 생활의 플랫폼으로 진화하고 있습니다. 예를 들어, GS25는 신한은행과 업무협약을 통해 편의점에서 금융 업무를 처리할 수 있도록 하고 있습니다. 매장 내 별도로 마련된 공간에서 전자기기를 통해 신한은행 직원과 비대면으로 은행 업무를 볼 수 있으며, 신한은행에 일정 금액 이상 적금을 넣으면 GS25에서 사용할 수 있는 포인트를 제공합니다.

백화점의 비즈니스모델 전환

백화점은 전통적으로 부동산 임대를 통해 수익을 창출해 왔습니다. 좋은 위치에 대규모 건물을 세우고 유명 브랜드들을 입점시킨 후, 이들로부터 판매 수수료를 받는 방식이었습니다. 이 과정에서 백화점은 브랜드로부터 상품을 외상으로 매입하고, 판매된 제품에 대해서는 수수료를 받으며, 판매되지 않은 제품은 반품하는 방식으로 재고 위험을 헤지(hedge)했습니다. 명품 브랜드에게는 낮은 수수료를 부과하고, 시장에 진입하려는 브랜드에게는 높은 수수료를 요구하는 차등 정책을 적용했습니다. 이는 시장에 진입하려는 브랜드들에게는 불공평할 수 있었지만, 기업들은 이를 받아들일 수밖에 없었습니다.

백화점은 유통업으로 분류되지만, 본질은 부동산 임대업입니다. 소비자 입장에서 백화점은 고가의 상품을 판매하는 곳으로 인식되어 왔고, 백화점만의 독특한 브랜드들 덕분에 그 전략은 오랫동안 유지되었습니다. 온라인은 저가 상품을 판매하는 곳으로 인식되었고, 해외 직구로 명품을 구매하는 것은 여러 가지 측면에서 번거로움과 리스크를 동반했습니다. 아웃렛이나 온라인몰, 해외 직구, 병행 수입 등을 통해 명품 브랜드의 판매는 이루어졌지만, 백화점을 위협할 정도는 아니었습니다.

변화는 천천히 진행되는 듯 보였지만, 코로나 팬데믹을 기점으로 급격한 변화의 시대를 맞이하게 되었습니다. 백화점을 위협하는 가장 큰 요인은 브랜드의 직접 판매(D2C) 강화입니다.

D2C는 제조사가 백화점과 같은 유통업체를 거치지 않고 직접 온라인으로 판매하는 것을 의미합니다. 안경 기업 와비 파커, 면도기 기업 달러쉐이브, 화장품 기업 글로시에, 매트리스 기업 캐스퍼와 같은 신규 브랜드뿐만 아니라 나이키, 로레알, 구찌, 루이뷔통 등 오프라인 채널에 의존했던 기업들도 D2C로 진출하고 있습니다.

백화점 업태는 과도기에 놓여 있습니다. 과거와 같이 특정 매입 시스템을 통해 임대 수수료로 안정적인 이익을 내던 시대는 끝나가고 있습니다. 백화점이 선택할 수 있는 길은 부동산 임대업의 특성을 강화하거나, 고객 경험을 강화하거나, 직매입과 자체 브랜드(PB) 비중을 높여 유통 본연의 역할을 강화하는 것입니다.

공간을 빌려준다! RaaS

오랫동안 고전하던 백화점들이 상품을 판매하는 공간을 넘어 다양한 서비스와 경험을 제공하는 RaaS(Retail as a Service)로 전환하고 있습니다. RaaS는 오프라인 매장을 단순한 판매 공간에서 체험 공간으로 재해석하는 전략으로, 변화하는 소비 트렌드에 대응하고 고객 만족도를 높이기 위한 백화점의 새로운 접근법입니다.

RaaS의 핵심은 공간의 유연성에 있습니다. 전통적인 백화점이 고정된 매장 구성을 유지했다면, RaaS는 유통 환경의 변화에 맞춰 공간을 탄력적으로 운영합니다. 매장 내에 팝업스토어, 이벤트 존, 체험형 공간 등을 도입하여 새로운 브랜드와 트렌드를 빠르게 반영하고, 고객에게 신선한 즐길 거리를 제공합니다.

일본의 세이부 백화점에서 운영 중인 츄스베이스 시부야(Choose Base Shibuya)는 이러한 전략의 대표적 예입니다. 2021년 9월에 오픈한 이 매장은 기존의 상품 진열과 현장 판매 방식에서 과감히 탈피해, 체험과 큐레이션을 전면에 내세우고 있습니다.

츄스베이스 시부야의 특징 중 하나는 매장 내 상품에 가격표가 없다는 점입니다. 고객들은 상품 옆의 QR 코드를 스캔하여 가격을 확인하고, 스마트폰을 통해 구매와 결제를 진행합니다. 즉, 오프라인에서는 상품을 직접 보고 만지며 경험할 수 있지만, 구매는 온라인에서 이루어지는 형태입니다. 즉석 구매를 원하는 고객을 위해 매장 뒤편에는 소량의 재고도 비치되어 있습니다.

이러한 변화는 '오프라인 매장=판매 공간' 이라는 기존의 고정관념을 깨는 비즈니스 모델 전환을 의미합니다. 상품 구색을 최소화하고 고객의 체험을 극대화함으로써, 매장을 브랜드와 소비자 간의 소통 장으로 재정의하고 있습니다.

나아가 츄스베이스 시부야는 매장의 콘셉트 자체를 수시로 변경하며 새로운 경험을 제공하고 있습니다. 일정 기간별로 특정 테마를 정해 그에 맞는 브랜드와 상품을 엄선하여 전시하는 것인데요. 이 과정에서 유명 브랜드보다는 온라인 D2C 브랜드에 주목하고 있습니다. 아직 대중적 인지도는 낮지만 테마에 부합하는 개성 있는 브랜드에 공간을 제공함으로써 신선한 발견의 즐거움을 선사하고 있습니다.

실제로 츄스베이스 시부야 오픈 후 1년 동안 약 100개의 브랜드가 이곳을 통해 고객들과 만났습니다. 특히 MZ세대의 호응이 높은 것으로 알려져 있습니다. 이 세대는 새로운 것에 대한 욕구가 강하고, 브랜드와의 소통을 중시하는 특성이 RaaS 모델과 잘 맞아떨어진 결과로 해석됩니다.

츄스베이스 시부야의 사례는 RaaS 모델의 가능성과 파급력을 시사하며, 리테일 업계가 나아갈 방향성을 제시합니다. 상품을 단순히 파는것에서 나아가 브랜드 경험을 제공하는 것, 그리고 매장을 일방적 전달의 공간이 아닌 양방향 소통의 플랫폼으로 진화시키는 것입니다. 이러한 변화의 흐름은 츠타야 시부야뿐만 아니라 글로벌 유통가에서도 감지되고 있습니다. 영국 최대 백화점 셀프리지스(Selfridges) 팝업 공간인 더 코너 샵(The Corner Shop)을 운영하고 있습니다. 더 코너 샵은 짧게는 한 달, 길게는 석 달 단위로 색다른 브랜드와 상품을 선보이며 매장에 새로운 활력을 불어넣고 있습니다. 프랑스 럭셔리 부티크 콜레트는 매장 전체를 하나의 갤러리처럼 운영하며 도시 속 문화 공간으로서의 역할을 수행하고 있기도 합니다. RaaS 모델은 이미 전 세계 유통가의 각축장이 되고 있으며, 앞으로 더욱 다양한 형태로 진화할 것으로 예상됩니다.

물론, RaaS가 오프라인 리테일의 만능 해법은 아닐 것입니다. 여전히 제품 품질과 가격경쟁력 등 기본에 충실해야 하며, RaaS의 성공을 위해서는 매장 구성부터 상품 큐레이션, 고객 관리에 이르기까지 치밀한 전략이 요구될 것입니다. 개인의 라이프스타일을 중심으로 비즈니스가 전환되면서, 시장 점유율보다는 고객의 관심과 시간을 확보하는 것이 더욱 중요해지고 있습니다. 온라인이 더 편리하고 가격도 저렴할 수 있지만, 사람들이 오프라인에서 쇼핑을 하는 이유는 의미 있는 시간을 보낼 수 있기 때문입니다.

과거와 같이 안정적인 임대 수수료를 기대하기는 어렵지만,

백화점이 없어지지는 않을 것입니다. 오프라인에서는 디테일한 감성을 제공할 수 있고, 다양한 IT 기술을 도입하여 고객 경험을 높일 수 있습니다. 백화점을 단순히 유통업으로 정의하기보다는 즐거운 시간을 보낼 수 있는 공간으로 정의하면, 다양한 확장이 가능해집니다. 더현대서울과 스타필드 하남 같은 백화점은 이미 공간의 매력을 강화하고 있습니다. 여기에 브랜드 헌터를 강화하여 백화점에서만 만날 수 있는 상품과 브랜드를 창출해야 합니다. 해외 명품 수입상으로 시작한 브랜드 헌터는 백화점 편집숍 시대를 거쳐 온라인 명품 플랫폼으로 진화했습니다. 백화점이 오프라인에서 고객 경험을 제공하면서 온라인으로도 구매할 수 있게 해준다면 다른 어떤 채널보다 경쟁력이 있을 것입니다. 상품을 제안하는 것뿐만 아니라 시간을 보낼 만한 가치가 있는 곳으로 백화점은 거듭나고 있습니다.

중국발 크로스보더의 진격

오로지 가격, 핀둬둬

크로스보더(Cross-border)란 서로 다른 국가에 걸쳐 기업과 기업(B2B), 기업과 소비자(B2C), 소비자와 소비자(C2C) 간에 상품과 서비스를 사고파는 것을 의미합니다. 크로스보더에는 국가 간 상품 및 서비스를 수출입하는 국제무역과, 아마존, 알리익스프레스, 테무와 같이 이커머스 플랫폼을 통해 상품을 사고파는 것이 포함됩니다. 이들은 물류 및 배송, 결제 및 환전, 법률 및 규제 등의 문제를 원스톱으로 해결하면서 국경을 넘는 비즈니스를 하고 있습니다.

핀둬둬는 구글 엔지니어 출신 황정(黃峥)이 2015년에 창업한 기업입니다. 중국 이커머스 시장은 알리바바와 징둥닷컴이 시장을 장악하고 있는 상태였고, 온라인쇼핑 시장의 급성장기가 끝나간다고 다들 생각하고 있었습니다. 그런데 핀둬둬는 중국 전체 인구의 70%에 해당하는 중소도시와 농촌지역을 공략해서 크게 성공하게 됩니다.

핀둬둬의 전략은 가격입니다. 핀둬둬 창업자 황정은 "우리 어머니는 이미 부유하지만 식료품이나 휴지를 살 때 여전히 1~2위안 차이를 신경 씁니다. 핀둬둬의 사명은 소비자가 싸게 물건을 사는 과정에서 행복해질 수 있도록 보다 저렴하게 만드는 겁니다." 라고 밝힌 것처럼 최고의 가치로 가격을 제시하고 있습니다.

C2M, 유통을 뒤바꾼다

핀둬둬가 주목받는 것은 단순히 싸게 판 것이 아니라 공급망을 혁신했기 때문입니다. 예를 들어 중국에서 20년 이상을 자체 브랜드 없이 OEM으로 미용 티슈를 생산하던 커신로(可心柔)와 C2M(Customer to Manufacturer) 비즈니스모델을 구현해냈습니다. 핀둬둬가 판매를 보장하는 대신 커신로는 파격적인 가격으로 핀둬둬만을 위한 미용 티슈를 제작해서 판매한 것입니다.

C2M은 소비자와 제조공장을 직접 연결한 모델로, 유통기업이 자체브랜드로 제조를 하는 PB 상품과는 차이가 있습니다.

그동안 브랜드를 가지지 못했던 커신로는 브랜드를 가지게 되었고, 핀둬둬는 가성비가 있는 미용 티슈를 독점해서 판매할 수 있게 된 것입니다. 이를 두고 '핀둬둬를 키운 건 휴지'라는 말이 나올 정도로 핀둬둬 성장의 대표적인 사례입니다. 핀둬둬는 이런 식으로 1500개 넘는 기업과 손잡고 맞춤형 제품을 4000개 넘게 출시했습니다. 핀둬둬에서 팔리는 인기제품 가격이 다른 어느 플랫폼보다 더 싼 이유도 C2M에 있습니다.

중국 내에서 서비스되는 핀둬둬는 판매 수수료도 거의 없습니다. 거래 수수료 0.6%가 있기는 한데, 이것은 결제 플랫폼인 위챗페이와 알리페이가 가져가는 것이기 때문에 핀둬둬 입장에서는 사실상 남는 게 없습니다.

그럼 핀둬둬는 어떻게 돈을 버는 것일까요?

핀둬둬의 주요 수익모델은 플랫폼 내 광고판매와, 거래데이터 판매입니다. 실제 핀둬둬 수익의 70% 이상은 광고 상품에서 발생하고 있습니다. 대표적인 광고 상품으로는 검색 광고, 디스플레이 광고, 라이브 스트리밍 광고 등이 있습니다. 특히 핀둬둬는 검색 광고에 강점이 있는데, 이는 사용자들이 상품을 검색할 때 관련 상품 광고를 노출시켜 광고주와 사용자를 연결하는 방식입니다. 또한 라이브 스트리밍 시장이 성장하면서, 인플루언서를 활용한 라이브 스트리밍 광고도 주요 수익원으로 부상하고 있습니다.

거래 데이터를 판매해서도 돈을 벌고 있습니다. 핀둬둬는 플랫폼 내에서 발생하는 방대한 양의 거래 데이터를 수집하고 분석하여, 이를 제조업체에게 판매합니다. 이를 통해 제조업체는 소비자 니즈를 보다 정확히 파악하고, 맞춤형 상품을 개발할 수 있습니다.

억만장자처럼 쇼핑하세요. 테무

에어프라이어 실리콘 용기 1329원, 대용량 이불보관 가방 1058원, 초고속 USB-C 충전기 2786원, 무선 전동공구 세트 15242원... '억만장자처럼 쇼핑하세요'라는 슬로건을 앞세운 테무(Temu)에서 판매하는 상품들의 가격입니다. 2022년 9월 출시된 테무는 의류부터 생활용품, 전자제품 등 다양한 제품군을 저가로 판매해 고물가 시대 소비자들을 단숨에 사로잡고 있습니다.

테무는 국내뿐만 아니라 전 세계적으로도 인기가 높은데요. 테무는 중국 전자상거래 업체 핀둬둬 홀딩스(PDD Holdings)가 출시한 글로벌 쇼핑앱입니다. 중국에서 서비스되는 것이 핀둬둬이고, 해외에서 서비스 되는 것이 테무입니다.

핀둬둬가 글로벌 쇼핑 앱 테무를 선보인 이유는 사용자층과 비즈니스모델에 차이가 있었기 때문이고, 무엇보다 중국 내 경쟁이 심화되고 있었기 때문입니다. 중국에서 스마트폰 등으로 온라인 쇼핑몰을 이용하는 사람들이 한계점에 도달했고, 타오바오와 징둥닷컴이 잇따라 저자 시장을 공략하면서 경쟁이 심화되고 있었습니다. 핀둬둬 입장에서 판매자들에 대한 협상력이 중요한데, 이를 위해 해외로 눈을 돌리게 된 것입니다.

테무는 중국에서 생산된 상품을 저렴한 가격에 판매하는 수준이 아닙니다. 테무(핀둬둬)는 중국 내 광동성, 저장성, 산동성, 안휘성 등 대표적인 제조산업 벨트와 공급망 네트워크를 구축하고 있는데요. 앞서 사례로 소개한 미용 티슈를 생산하던 커신로(Kexinrou, 可心柔)의 사례와 같이 제조기업이 겪고 있는 문제를 해결해 주는 방식으로 비즈니스를 전개하고 있습니다.

이를 테무는 '완전 관리형 모델'이라고 정의하고 있습니다. 제조기업은 자신들이 잘할 수 있는 연구개발(R&D)과 생산 업무만 담당하면 됩니다. 이후 테무가 전 세계를 대상으로 물류 및 배송, 결제 및 환전, 판매 및 마케팅, 지적재산권 등의 규제 등을 포함한 원스톱 서비스를 제공합니다. 이를 통해 중국 제조기업들의 해외진출이 단순화되었고, 전 세계를 대상으로 판매할 수 있게 되면서 매출이 증가하는 효과를 거둘 수 있게 되었습니다.

제조기업의 애로사항 중 하나가 변동성입니다. 기업은 외부환경과 경쟁환경에 영향을 받을 수밖에 없기 때문에 변동성이 없을 수는 없습니다. 그런데 다음 달 10만 개가 팔릴 것으로 예측하고 만들어놨는데, 갑자기 발주량이 떨어지면 제조기업은 큰 위기를 겪을 수밖에 없습니다. 이런 일이 발생하는 이유 중 하나는 시장상황에 대한 객관적 데이터가 부족하기 때문입니다.

이런 문제를 해결하기 위해 테무(핀둬둬)는 국가별 수요를 식별하고 집계해서 장기적으로 안정적인 주문 데이터를 제공합니다. 더 나아가서 핀둬둬는 제조기업에게 금융지원 솔루션을 제공합니다. 지금은 주문이 없어도, 앞으로 주문이 늘어날 가능성이 예측된다면 핀둬둬가 제조기업에게 금융을 지원해서 생산을 할 수 있도록 하는 것입니다.

테무는 출시 초기부터 공격적인 마케팅을 하고 있습니다. 주머니 사정이 상대적으로 좋지 않은 10대~20대를 대상으로 자신들의 SNS에 홍보하면 할인쿠폰을 제공하였고, 90일 이내 무료 반품, 배송 지연 보상, 일부 상품 90% 할인 행사 등으로 소비자를 유인하였습니다.

테무가 기존의 이커머스와 다른 점은 발견형 쇼핑에 주력하고 있다는 점입니다. 틱톡이나 유튜브에서 추천 알고리즘을 통해 자동으로 인기 있고, 관심 가질만한 영상을 보여주면서, 개인의 관심사에 맞도록 상품을 보여주고 있습니다. 가성비 넘치고 저렴한 상품을 부담 없이 계속 구매하게 하는 것이 테무의 마케팅 전략입니다. 구매할 마음까지는 없었는데 말도 안 되는 가격을 보고 상품을 구매하도록 하고, 테무에 머무른 정보를 바탕으로 인공지능(AI)을 활용해서 또 다른 상품을 추천해 주는 것입니다.

알리바바 알리익스프레스

알리익스프레스(AliExpress)가 한국 시장에 진출한 것은 2018년입니다. 이후 간편 로그인, 네이버·카카오·토스페이 등의 간편 결제 서비스를 도입하면서 회원가입에 대한 거부감을 낮추고, 5일 배송과 국내 고객센터 개설 등으로 중국산 제품에 대한 불신을 낮추면서 서서히 국내 시장에 파고들었습니다. 알리익스프레스는 200여 개의 국가에 18개 언어로 서비스를 제공하고 있으며 1억 개 이상의 상품을 저렴한 가격으로 판매하고 있습니다.

알리익스프레스가 일반인에게 널리 알려지기 시작한 것은 배우 마동석을 CF모델로 등장시키면서부터입니다. 데이터 분석업체인 와이즈앱에 따르면 2024년 3월 기준으로 알리익스프레스의 월간활성이용자수(MAU)는 887만 명입니다. 이는 쿠팡에 이어 2위 규모인데요. 가성비, 무료 배송·반품 등 파격 혜택을 앞세운 알리익스프레스가 한국시장 공략에 성공하고 있다고 평가받는 이유입니다.

알리익스프레스가 위협적인 이유는 모기업인 알리바바 때문입니다. 알리바바는 소비자와 공급자를 연결해 주는 플랫폼으로 성장한 기업입니다. 알리바바 플랫폼은 크게 전자상거래 플랫폼과 모바일 플랫폼, 물류 플랫폼 그리고 클라우드 플랫폼으로 구성되어 있습니다.

이커머스의 대표적인 플랫폼으로는 타오바오, 티엔마오, 알리익스프레스, T-mall 등이 있으며, 모바일 플랫폼으로는 알리페이, 물류 플랫폼으로는 차이냐오 네트워크, 그리고 클라우드 플랫폼으로는 알리바바 클라우드가 있습니다. 이 네 개의 플랫폼과 함께 알리바바는 새로운 서비스를 지속적으로 론칭해 영역을 넓혀가고 있습니다.

알리익스프레스는 주로 중국 제조업체와의 직접적인 연결을 통해 경쟁력 있는 가격으로 상품을 판매하고 있습니다. 이러한 소비자 직접 접근 방식은 중개자를 없애고 전통적인 소매업에서 일반적으로 추가되는 비용을 줄입니다. 또한 알리익스프레스의 운영 규모와 엄청난 거래량으로 인해 규모의 경제가 가능해 비용이 더욱 절감됩니다.

알리익스프레스는 모회사 알리바바그룹을 통해 한국에 1조 5000억 원대 투자를 발표한바 있습니다. 네이버쇼핑, 카카오페이, CJ대한통운 등도 파트너로 끌어들였죠. 극강의 가성비와 빠른 배송 서비스를 앞세워 대규모 마케팅과 판촉 행사를 벌이면서 월간활성이용자수(MAU)를 큰 폭으로 증가하였습니다

알리익스프레스가 사업 초기부터 가장 많은 공을 들인 분야가 물류입니다. 공식적으로는 '5일 무료배송'을 말하고 있지만, 수도권은 3일 안에 배송이 가능하기도 합니다. 알리익스프레스는 웨이하이(威海, 중국 산둥성 동부에 있는 항구도시) 등에 한국에서 많이 찾는 상품을 모아두는 물류 센터를 마련했고, 보관된 상품의 주

문이 들어올 경우 3~5일 이내에 빠른 배송이 가능하도록 했습니다. 국내물류는 CJ대한통운을 파트너로 끌어들였는데요. 알리바바그룹의 물류를 처리하는 차오냐오(菜鳥)가 국내로 보내는 물량을 CJ대한통운이 받아서 내일도착, 당일도착, 일요일도착과 같은 CJ대한통운의 서비스와 연결하겠다는 것입니다.

알리익스프레스 앱뿐만이 아니라 네이버 쇼핑에서 상품을 검색한 후 네이버페이, 카카오페이, 토스페이 등으로 주문을 하면 5일 이내에 CJ대한통운의 내일도착, 당일도착, 일요일도착 서비스로 받아볼 수 있게 되는 것입니다. 알리익스프레스의 전략이 먹힌다면 생활용품 시장을 장악하고 있는 쿠팡과 다이소가 영향을 받을 것입니다.

물론 알리익스프레스나 테무가 모든 상품군에서 가격 우위를 가질 수는 없습니다. 알리익스프레스가 향후 한국 사업에 1조 5천원을 투자한다고 발표했지만, 쿠팡의 누적 투자와 신규 투자를 합한 금액이 10조원에 달합니다. 알리익스프레스와 테무 등이 초저가를 내세우면서 국내 물류에도 투자를 하고는 있지만, 이것으로 쿠팡을 이길 수 없습니다.

제조기업 입장에서 더 많이 팔아주는 기업에게 더 많은 할인율을 줄 수밖에 없습니다. 중국에서 만든 상품들, 특히 관세를 적용받지 않은 저가제품에서는 알리익스프레스 등이 유리할 수 있지만, 국내에서 만든 제품들은 쿠팡이 가격협상에서 밀릴 이유가 없습니다.

아이러니하게도 알리익스프레스와 테무 등 중국발 크로스보더로 인해 쿠팡에 대한 인식이 좋아지고 있습니다. 쿠팡은 빠른 성장과정에서 물류창고에서 안전사고도 발생하고, 높은 수수료로 제조업체를 쥐어짠다는 비판이 많았습니다. 그런데 정부까지 나서서 알리익스프레스나 테무 등 중국 플랫폼에 대한 규제가 논의되다보니, 상대적으로 쿠팡에 대한 인식이 좋아지고 있는 중입니다.

영원한 적도 동지도 없다

쿠팡에서 LG생활건강의 생활용품과 화장품 등을 구매할 수 없었던 사실을 알고 계신가요? 납품 단가와 판촉비용 등을 놓고 두 회사는 갈등을 빚어오고 있었는데요. 무려 4년 9개월 만에 두 회사가 화해했습니다.

두 회사가 화해를 한 이유는 알리익스프레스, 테무 등 중국 온라인 쇼핑몰의 거센 도전 때문입니다. 알리익스프레스와 테무는 경기 침체로 구매력이 약해진 소비자를 자극하며 인기몰이 중입니다. 이들이 압도적 가성비로 공략하는 생활용품 분야는 쿠팡이 장악한 분야입니다. 쿠팡으로선 중국 쇼핑몰의 공세에 위기를 느낄 수밖에 없었을 것입니다. LG생활건강도 쿠팡이 필요했을 것입니다. 주력 시장인 중국에서 부진을 겪고 있기 때문에 새로운 돌파구 마련이 필요했을 것입니다. 결국 두 기업의 이해관계가 맞아떨어지면서 비즈니스 세계는 영원한 적도 영원한 동지도 없다는 것을 다시 확인할 수 있는 사건입니다.

유통기업이 제조로 확장하고, 제조기업이 유통으로 확장하던 경쟁 양상이 중국발 크로스보더로 인해 새로운 국면을 맞이하고 있습니다.

테무, 알리익스프레스, 쉬인과 같은 국경을 넘는 회사들은 점점 더 글로벌 시장에서 영향력을 확대하고 있습니다. 이들은 특정 국가가 아닌 전 세계 고객에게 서비스를 제공하고 있습니다. 가장 큰 무기는 경쟁력 있는 가격과 효율적인 물류 네트워크, SNS 등을 활용한 개인화된 마케팅입니다.

국경을 넘나드는 크로스 보더에 대응하려면 고유한 가치 제안을 통해 브랜드를 차별화하는 데 집중해야 합니다. 여기에는 품질 강조, 윤리적 소싱 또는 제품을 차별화하는 독특한 디자인이 포함될 수 있습니다. 강력한 브랜드 내러티브를 개발하고 스토리텔링을 통해 고객과 소통하는 것도 브랜드 충성도를 높일 수 있습니다. 타깃 마케팅을 위해 소셜 미디어를 활용하고 브랜드를 중심으로 커뮤니티를 구축하는 것이 효과적일 수 있습니다. 그리고 뛰어난 고객 서비스와 개인화된 쇼핑 경험을 제공하면 이러한 글로벌 전자상거래 시장과 경쟁하는 데 도움이 될 수 있습니다.

커머스의 비즈니스모델 확장 방식

경계가 없어지는 이유는?

커머스 관점에서 비즈니스의 경계가 없어지는 첫 번째 이유는 기술 발전과 기업의 비즈니스 확장으로 인한 컨버전스(Convergence) 현상 때문입니다. 기술의 발달로 인해 서로 다른 산업 간의 경계가 모호해지고, 기업들은 자신의 본업과 다른 분야로 사업을 확장하면서 산업 간 융합이 가속화되고 있습니다.

두 번째는 온라인과 오프라인의 통합, 즉 OMO(Online Merge with Offline) 현상입니다. 온라인과 오프라인의 장점을 결합하여 소비자에게 더욱 편리하고 만족스러운 경험을 제공하려는 시도가 늘어나면서, 두 채널 간의 경계가 사라지고 있습니다.

세 번째는, 강력한 개인의 등장과 중고거래 활성화로 인한 역할의 혼재입니다. 소비자가 단순히 상품을 구매하는 것을 넘어 직접 생산과 판매에 참여하는 등 소비자와 생산자의 경계가 모호해지고 있습니다. 이는 중고거래 플랫폼의 발달로 더욱 가속화되고 있는 추세입니다.

이러한 변화들로 인해 전통적인 비즈니스 경계가 무너지고, 새로운 형태의 비즈니스 모델이 증가하고 있는데요. 비즈니스 모델의 가장 기본적인 확장 방식은 수직적 통합입니다. 주로 제조업에서 사용해 왔던 방식인데요. 예를 들어 현대기아차그룹은 현대제철을 통해 자동차 강판을 만들고, 현대모비스를 통해 자동차 엔진을, 현대위아를 통해 변속기 등의 부품을 생산하고 있습니다. 여기에 다양한 협력업체를 통해 부품을 조달한 후 현대자동차에서 완성차를 생산합니다. 이렇게 생산된 자동차는 현대글로비스 물류망을 활용하여 매장으로 보내지거나 해외로 수출됩니다.

수직적 통합은 모든 비즈니스에서 활용되는 가장 기본적인 비즈니스 모델입니다. 스페셜티 커피브랜드로 확고한 입지를 다진 테라로사커피도 수직적 통합으로 사업을 영위 중에 있습니다. 커피의 벨류체인(가치사슬)은 크게 원두생산(재배), 생두수입, 로스팅, 매장운영(또는 온라인판매)으로 구분해 볼 수 있습니다.

스타벅스코리아는 미국 스타벅스에서 로스팅된 커피를 국내로 들여와 매장 운영에 초점을 맞추고 있는 반면, 테라로사는 원두 생산(재배)과 생두 수입, 로스팅, 카페 운영 전체에 관여하고 있습니다. 이것이 영업이익으로 나타나고 있는데요. 스타벅스 코리아가 매출규모는 크지만 영업이익은 10% 수준인 반면, 상대적으로 매출이 적은 테라로사의 영업이익률은 23%에 달합니다. 이것이 가능한 이유는 테라로사가 벨류체인 전체를 통합하면서 수익률을 높이고 있기 때문입니다. 수직적 통합으로 효율성을 높이면서 비용을 절감하고, 이런 활동들을 통해 시장 지배력을 강화하고 있는 것입니다.

수직적 통합의 이점을 경험한 기업은 제품이나 서비스의 혁신보다는 손쉬운 방법으로 수익성을 높인다는 비판을 받기도 합니다. 예를 들어 스타벅스가 더양평 DTR, 더북한산, 더북한산 R, 춘천구봉산 R 매장 등 일부 특화 매장에서 선보인 클래식 아몬드 크루아상, 솔티드 카라멜 피넛크림 크루아상, 청크 초콜릿 크루아상 등의 가격은 7900원입니다. 기존에 판매되던 4900원짜리 크루아상은 보다 훨씬 높은 가격입니다. 신세계푸드의 제조라인과 역량을 활용했기 때문에 제조비용은 높지 않을 것이고, 판매가격을 높였기 때문에 수익성을 훨씬 좋아지는 것입니다.

기업은 수평적으로 확장하기도 합니다. 예를 들어 페이스북은 인스타그램과 왓츠앱을 인수하면서 사용자 기반을 확대하고 시장에서의 입지를 확고히 해오고 있습니다. 월트디즈니의 픽사, 마블, 루카스필름 인수, 구글의 유튜브 인수, 다임러-벤츠와 크라이슬러 합병, 마이크로소프트의 링크드인 인수 등이 수평적 통합의 사례입니다.

기업이 수평적 통합을 하는 이유는 시장점유율을 높이거나, 규모의 경제로 비용을 감소시키려거나, 시장 지배력을 강화하기 위함입니다. 경쟁업체를 인수(합병)하게 되면 시장점유율을 높여서 판매량과 수익을 늘릴 수 있습니다. 이것은 규모의 경제로 이어집니다. 운영규모가 커질수록 생산 단위당 비용이 감소하게 되고 시장 지배력을 증가시켜 줍니다. 이렇게 시장에서 경쟁자가 줄어들게 되면 기업은 가격을 설정하고 시장에 더 큰 영향을 미칠 수 있게 됩니다.

수평적 통합을 통해 기업은 제품 라인이나 서비스를 확장하여 고객에게 더 다양한 제품과 서비스를 제공할 수 있습니다. 여러 회사의 결합은 시너지 효과를 창출할 수 있으며, 결합된 성과와 가치는 개별 기업의 합보다 더 클 수 있습니다.

브랜드를 키우는 애그리게이터

마케팅을 하다 보면 아직 뜨지 않는 브랜드를 인수해서 마케팅의 힘으로 판매할 수 있다는 생각이 들곤 합니다. 이런 방식을 애그리게이터(Aggregator)라고 하는데요. 예를 들어 온라인 광고대행업으로 출발한 에코마케팅은 '클럭'으로 유명한 데일리앤코와 레깅스 전문 의류회사 안다르를 애그리게이트 방식으로 성장시켰습니다.

클럭은 다이어트에서 피로 회복으로 포지셔닝을 변화시킨 제품입니다. 저주파 마사지기는 클럭 이전에도 수많은 제품들이 있었습니다. 그러나 대부분이 '다이어트'로 포지셔닝되어 있었고 소비자들의 선택을 받지 못했습니다. 이를 에코마케팅이 제품을 분석하여 개선할 점을 찾아낸 후 '피로회복'으로 인식을 전환시킨 것입니다. 이후 에코마케팅의 장점인 SNS를 활용해서 소비자들의 관심을 끌고 제품의 인지도를 높여가는 마케팅을 진행했습니다.

이러한 성공의 경험은 안다르로 이어졌습니다. 2018년 설립된 안다르는 레깅스 등 애슬레저 의류로 큰 관심을 받았지만 좁은 시장규모와 공격적인 마케팅으로 수익성이 악화되고 있었습니다. 2021년에 안다르를 인수한 에코마케팅은 20대 몸매 좋은 여자들이 입는 레깅스를 중장년과 남성, 어린이로 소비자층을 확장했고 적자에서 흑자로 전환시켰습니다. 물론 제품의 품질을 개선하고, SNS를 활용하는 마케팅 전략도 중요했습니다.

물론 애그리게이터 모델은 여러 한계를 드러내고 있기도 합니다. 애그리게이터 비즈니스 모델은 겉으로 드러난 성공에도 불구하고 서비스 품질 유지, 참여 서비스 제공업체에 대한 의존도, 치열한 경쟁과 같은 과제에 직면해 있습니다. 애그리게이터 모델이 성공하려면 일회성적인 마케팅 활동보다는 지속적인 혁신, 탁월한 사용자 경험 제공, 소비자와 서비스 제공업체와 강력한 관계가 유지되어야 합니다.

정보 비대칭성을 해결한 O2O

O2O(Online to Offline)는 온라인과 오프라인을 연결하는 것으로 인터넷이나 스마트폰 앱 등을 통해 상품이나 서비스를 주문하면, 오프라인 매장에서 이를 제공하는 것을 말합니다. 배달의민족과 같은 음식 주문에서부터 카카오택시, 에어비앤비 등이 대표적인 O2O 서비스입니다. O2O 서비스는 온라인과 오프라인을 연결해 주기 때문에, 소비자들은 더욱 편리하게 상품이나 서비스를 이용할 수 있고, 기업들은 이를 통해 새로운 수익을 창출할 수 있게 되었습니다.

소비자 측면에서는 O2O를 통해 정보 비대칭성이 상당 부분 해소되었습니다. 정보 비대칭성은 어떤 상품이나 서비스에 대한 정보가 한쪽에만 존재하고, 다른 쪽에는 부족한 경우를 말합니다. 예를 들어 에어비앤비는 리뷰시스템과 사진과 동영상을 통한 숙소 정보 제공, 호스트와의 소통 방식으로 정보의 비대칭성을 해결했습니다.

에어비앤비는 숙소를 이용한 고객들의 리뷰를 투명하게 제공합니다. 이를 통해 다른 고객들은 숙소의 장단점을 파악하고, 자신이 원하는 숙소를 선택할 수 있게 되었습니다. 숙소에 대한 정보를 사진과 동영상으로 제공하면서 숙소의 모습을 미리 확인할 수 있도록 하였고, 플랫폼에서 호스트와 소통할 수 있도록 했습니다. 고객들은 숙소에 대한 궁금한 점을 호스트에게 물어보고, 호스트는 숙소에 대한 정보를 제공하는 방식으로 에어비앤비는 단 한 칸의 방도 갖고 있지 않으면서 전 세계 최고의 숙박업체가 되었습니다.

O2O 서비스는 우리의 일상에 깊이 들어왔지만 플랫폼의 횡포와 연결에 대한 한계도 드러나고 있습니다. 자신들의 자금을 투입하면서 판매자와 구매자를 연결했던 플랫폼들이 수익을 현실화하면서 판매자는 높은 수수료나 광고비를 지불하게 되었고, 소비자들은 플랫폼에서 더 많은 광고에 노출되고 있습니다.

연결성 측면에서 O2O는 현실세계에서 실재감을 제공하기에 한계가 있습니다. 직접 눈으로 보고 만져보면서 구매하려면 오프라인 매장을 방문해야만 합니다. 그리고 온라인으로 구매한 상품에 문제가 생기면 반품이나 A/S를 받는 것과 같은 서비스 제공에도 불편함이 있습니다. O2O는 판매 촉진의 편의성에는 집중되어 있지만 고객이 느끼는 불편함을 파악하고 해결하는 데는 한계가 있습니다.

통합된 고객경험을 제공하는 옴니채널

옴니채널(Omnichannel)은 소비자가 온라인, 오프라인, 모바일 등 다양한 채널을 넘나들며 일관된 쇼핑 경험을 할 수 있도록 하는 것을 목표로 합니다. 이 전략은 모든 채널 간의 경계를 허물고, 상호 연결된 서비스를 제공하여 소비자가 언제 어디서나 동일한 수준의 서비스를 받을 수 있도록 합니다.

옴니채널을 가장 잘 구현한 곳으로 스타벅스를 들 수 있습니다. 스타벅스는 자체 모바일 앱을 통해 모바일 주문 및 결제, 리워드 포인트 적립 및 사용, 매장 위치를 검색해볼 수 있습니다. 이 과정에서 고객의 구매 이력과 선호도를 기반으로 맞춤형 제안을 제공하고, 이러한 일관된 경험이 고객 만족도를 높입니다.

옴니채널 전략은 고객이 다양한 채널을 사용하여 쇼핑을 할 때 일관된 경험을 제공하는 것을 목표로 합니다. 이 전략은 다음 네 가지 주요 요소로 구성됩니다.

첫째, 채널 간 통합은 고객이 온라인 스토어, 물리적 매장, 모바일 앱 등 어떤 채널을 사용하든 동일한 서비스와 경험을 제공합니다. 예를 들어, 고객이 온라인으로 제품을 구매하고 가까운 매장에서 픽업하는 시스템은 이러한 통합의 좋은 예입니다. 이러한 방식은 쇼핑의 편의성을 높이고, 고객이 브랜드에 대해 더 긍정적인 인식을 가지게 돕습니다.

둘째, 데이터 활용은 고객 데이터를 수집하고 분석하여 개인화된 서비스를 제공하는 것을 포함합니다. 이 데이터에는 고객의 구매 이력, 선호도, 행동 패턴 등이 포함될 수 있으며, 이를 통해 마케팅 전략을 세우거나 제품 추천을 하는 데 사용됩니다. 이 과정은 고객에게 더 맞춤화된 쇼핑 경험을 제공하며, 고객의 만족도와 재방문율을 높이는 데 기여합니다.

셋째, 고객 경험의 일관성은 모든 채널에서 브랜드 메시지와 프로모션, 고객 서비스가 일관되게 유지되어야 합니다. 이는 고객이 브랜드에 대해 일관된 인식을 갖고, 어떤 채널을 통해 접근하든 같은 경험을 할 수 있도록 보장합니다. 일관된 메시징과 경험은 브랜드 신뢰성을 구축하고, 고객의 브랜드 충성도를 증진시키는 중요한 요소입니다.

넷째, 기술의 활용은 최신 기술을 이용하여 고객 서비스를 자동화하고, 채널 간 경험을 원활하게 연결합니다. AI를 이용한 채팅봇, 고객 관리 시스템(CRM), 고급 분석 도구 등이 이러한 목적으로 활용됩니다. 이러한 기술들은 고객의 요구에 신속하게 반응하고, 맞춤형 서비스를 제공하여 고객 만족도를 극대화하는 데 기여합니다.

옴니채널 전략은 고객에게 통합된 경험을 제공하여 브랜드와 강력한 연결을 구축합니다. 그러나 이를 실행하기 위한 장벽도 존재합니다. 여기에는 기술적 어려움, 데이터 관리 문제, 조직 문화의 저항, 고객 경험의 일관성 부족, 그리고 변화에 대한 신속한 적응 실패 등이 포함됩니다.

첫 번째로, 기술적 어려움은 옴니채널 전략을 실행하는 데 있어 주요 장애물 중 하나입니다. 다양한 채널과 시스템 간의 통합이 필수적이지만, 필요한 기술 인프라가 충분하지 않거나 서로 다른 시스템 간의 호환성 문제로 인해 기업들이 실행에 어려움을 겪을 수 있습니다.

두 번째로, 데이터 관리 문제는 고객 데이터를 효과적으로 수집하고 활용하는 것이 중요하지만, 데이터의 품질, 실시간 처리의 어려움, 개인정보 보호 규정의 준수 등으로 인해 복잡한 문제가 발생할 수 있습니다. 이는 마케팅 전략이나 제품 추천의 정확성에 영향을 줄 수 있습니다.

세 번째, 조직 문화 및 저항은 내부적으로 옴니채널 전략에 대한 저항이나 부족한 부서 간 협력으로 인해 발생할 수 있습니다. 전통적인 조직 구조에서 새로운 변화를 받아들이기 어렵고, 이는 전체 전략의 효과를 저하시킬 수 있습니다.

네 번째, 고객 경험의 일관성 부족은 각 채널이 제공하는 서비스 품질이 일정하지 않거나 프로모션과 메시지가 각각 다르게 운영되어 고객의 혼란을 초래할 수 있습니다. 이는 고객의 브랜드에 대한 인식을 저하시킬 수 있습니다.

다섯 번째, 변화에 대한 신속한 적응 실패는 시장과 고객의 요구가 빠르게 변하는데, 기업이 이러한 변화에 적절하게 대응하지 못하면 경쟁 우위를 점하기 어렵게 됩니다.

이러한 문제들을 극복하기 위해서는 기술적 투자뿐만 아니라 조직 내 문화 변화, 데이터 관리 체계의 강화, 고객 중심의 접근 방식이 필요합니다. 각 부서 간의 원활한 협력과 전사적인 커뮤니케이션 강화도 중요합니다. 이를 통해 기업은 다양한 채널을 통합하여 고객에게 일관된 경험을 제공할 수 있으며, 이는 최종적으로 고객 만족도를 높이고 브랜드 충성도를 증진시킬 수 있습니다.

오프라인과 온라인을 통합하는 OMO

OMO (Online Merges with Offline) 전략은 온라인과 오프라인의 경계를 넘어서 두 환경을 하나로 융합하여 새로운 고객 경험을 창출하는 것을 목표로 합니다. 이 전략은 단순히 여러 채널 간에 일관된 경험을 제공하는 것을 넘어서, 온라인에서 수집한 데이터와 기술을 활용하여 오프라인 경험을 향상시키는 것을 포함합니다. 반대로, 오프라인에서의 경험을 온라인으로 연결하여 서비스를 개선할 수도 있습니다.

옴니채널이 여러 채널 간의 원활한 경험을 제공하는 것에 중점을 두는 반면, OMO는 온라인과 오프라인의 경계를 허물고 두 세계를 융합하여 새로운 형태의 고객 경험을 창출하는 것에 더 큰 초점을 맞추고 있습니다. 이러한 전략들은 고객의 편의를 증진하고 더욱 개인화된 서비스를 제공하는 방향으로 발전

하고 있습니다

OMO의 예로는 매장 내에서 스마트폰을 사용하여 제품에 대한 추가 정보를 얻거나, 온라인에서 구매 결정을 내리기 전에 매장에서 실제 제품을 체험하는 활동이 있습니다. 이러한 접근 방식은 고객에게 더 풍부하고 상호작용적인 쇼핑 경험을 제공하여, 최종적으로 브랜드 충성도와 구매 확률을 높이는 데 기여할 수 있습니다.

OMO 전략이 작동하기 위한 기술적 장벽도 존재합니다.

첫째로, 데이터 통합의 문제가 있습니다. OMO 전략의 핵심은 온라인과 오프라인 시스템 간의 데이터를 효과적으로 통합하는 것이며, 고객의 구매 이력, 선호도, 행동 패턴 등의 데이터를 실시간으로 공유하고 활용하는 것을 포함합니다. 하지만 다양한 IT 시스템 간의 호환성 문제로 인해 많은 기업들이 데이터 통합을 완벽하게 이행하는 데 어려움을 겪습니다.

둘째로, 실시간 데이터 처리의 필요성이 있습니다. 고객에게 실시간으로 반응하고 맞춤형 경험을 제공하기 위해 강력한 서버와 데이터 처리 기술이 필요하지만, 많은 기업이 기존의 데이터 인프라로는 이를 지원하기 어려운 상황입니다.

셋째로, 고객 경험을 개선하기 위한 기술적 솔루션의 적용이 요구됩니다. AI, 머신 러닝, VR 및 AR과 같은 첨단 기술을 활용하여 온라인과 오프라인에서 고객의 경험을 향상시키려는 시도가 있으나, 이러한 기술을 효과적으로 적용하고 관리하는 것은 비용과 기술적 복잡성을 수반합니다.

이러한 기술적 장벽을 극복하기 위해서는 상당한 투자와 기술적 전문성이 필요하며, 강력한 IT 인프라와 기술 개발에 대한 지속적인 관심이 요구됩니다. 기업이 이러한 기술적 도전 과제를 효과적으로 해결할 때, OMO 전략은 더 큰 성공을 거둘 수 있습니다.

강력한 개인의 증가, 역할의 혼재

강력한 개인으로 대표되는 인플루언서(Influencer)는 커머스 분야에 큰 영향을 미치고 있습니다. 인플루언서는 패션, 뷰티, 음식, 여행, 운동 등 다양한 분야에 포진되어 있습니다. 이들은 자신이 관심 있는 분야에 대해 많은 정보를 수집하고, 이를 다른 사람들에게 공유하면서 영향력을 확대합니다.

더 나아가서 자신의 소셜 미디어를 통해 제품을 홍보하거나, 이를 판매하기도 합니다. 또는 사람들과 소통하면서 신제품을 출시하기도 합니다. 전통적으로 기업이 시장조사를 바탕으로 신제품을 출시한 후 고객을 만나는 것이 아니라, 인플루언서가 사람들과 소통하는 과정에서 신제품의 수요를 확인하고 함께 만들어 가는 방식으로 시장을 이끌어 나가는 것입니다.

한 세대 전의 개인과 지금의 개인은 큰 차이가 있습니다. 퇴

근시간이면 실시간 길안내로 막히는 길을 피해 가고, 주말이면 데이트 장소를 다른 사람의 도움 없이도 알아낼 수 있습니다. 정보를 찾기 위해 며칠 동안 도서관에 머물지 않아도 검색을 통해서 방대한 양의 정보를 찾아내거나 챗GPT와 같은 인공지능에게 물어볼 수도 있습니다.

한 세대 전의 개인과 지금의 개인은 들고 다니는 것만 바뀐 것이 아닙니다. 지금의 개인은 정보를 다른 사람들과 공유하면서 협력적 소비도 마다하지 않습니다. 과거의 개인은 조직에 순응하면서 살았지만, 지금은 개인은 자신을 적극적으로 노출시키면서 자신만의 브랜드를 만들어가고 있습니다. 모바일과 소셜미디어가 일반화되면서 개인이 브랜드가 되는 것은 더 이상 낯설지 않습니다.

조직 안에서든 밖에서든 슈퍼개인의 출현은 이제 시작일 뿐입니다. 기업이 정보 측면에서 우월한 지위를 차지하던 시대는 이미 지나갔습니다. 기업이 누리던 정보적 차원의 우월성은 사라졌을 뿐만 아니라 오히려 역전되었습니다. 이제는 가격, 제품, 브랜드, 품질, 그리고 빠르게 변화하는 시장 상황에 대해서 소비자가 기업보다 더 앞섭니다. 소비자 행동 측면에서 보아도 사람들은 이제 소셜미디어에서 먼저 공감한 후 확인하고 참가 및 공유하는 형태로 변하고 있습니다. 개인은 스스로가 슈퍼 개인이 되기를 마다하지 않고, 기업은 이들과 함께할 수 있는 길을 모색하고 있습니다.

틈새에서 산업으로, C2C 비즈니스모델

당근과 같은 중고거래 플랫폼에서 개인과 개인이 서로 물품을 판매하고 구매하는 C2C(Customer to Customer) 비즈니스의 성장세가 뚜렷합니다. 중고거래의 증가는 제품의 라이프사이클이 늘어난다는 의미이기도 하고, 소비자인 개인이 판매자가 된다는 의미이기도 합니다.

중고거래에서 새로운 가능성을 찾고 있는 기업이 네이버입니다. 네이버는 북미 최대 중고거래 플랫폼 포쉬마크(Poshmark)를 인수했습니다. 중고 명품 거래 산업의 성장률, 타 사업(웹툰, 검색, 쇼핑 등)과의 시너지 효과, 글로벌 진출 등 여러 측면에서 지켜볼 만한 지점이 있습니다.

네이버가 진입하려는 명품 중고거래 산업의 핵심 키맨(Key man)은 명품 브랜드입니다. 예를 들어 네이버가 구찌 신제품을 판매해서 많은 돈을 벌게 된다면 구찌는 네이버에게 더 많은 것을 요구할 것입니다. 이때 네이버가 구찌의 요구사항을 수용하지 않는다면 구찌는 공급 중단 등의 조치를 취할 수 있습니다. 물론 명품 브랜드들은 총판에 해당하는 부띠끄와 리테일러를 통해 유통을 하기 때문에 직접적인 관여는 어려울 수 있습니다. 그러나 명품 브랜드는 그냥 만들어진 것이 아닙니다. 명품 브랜드들이 네이버의 판매활동에 직접 관여하지는 않겠지만, 총판을 통해서 충분한 영향력을 행사할 수 있습니다.

실제 오프라인에서는 이런 일이 일어나고 있습니다. 예를 들어 현대백화점이 목동점에 루이뷔통 브랜드를 입점시키기 위해 인테리어 비용을 전액 지원했다고 합니다. 뿐만 아니라 루이비통에게는 최저 수수료를 제시한 것으로 알려져 있습니다. 40% 이상의 수수료를 요구하고 실적이 없으면 바로 매장을 빼야 하는 브랜드들과 비교해 보면 형평성이 맞지 않습니다. 현대백화점은 루이비통과 협상을 한 것이 아니라 극진히 모셔왔다는 표현이 맞을 것입니다.

그렇다고 네이버가 명품 브랜드를 만들어 내기도 어렵습니다. 하나의 브랜드를 만들어내는 것은 오랜 시간이 걸릴 뿐만 아니라 제조에 대한 노하우가 필요하기 때문입니다. 결국 시장의 질서를 만드는 것은 명품 브랜드이지 유통 플랫폼은 아닌 것입니다.

그런데 소비자가 구매한 명품을 중고로 재판매할 경우 가격 결정권은 소유자에게 있습니다. 네이버가 신제품을 유통했을 경우 얻을 수 있는 이익보다 중고제품을 C2C 방식으로 연결했을 때의 이익이 더 크다는 것을 알 수 있습니다. 산업의 성장세가 높은 것도 특징입니다. 전 세계 중고거래 시장은 매년 큰 폭으로 성장하고 있습니다.

소셜미디어를 중심으로 영향력을 키운 인플루언서 증가, 소비자를 넘어 생산자 역할을 하는 프로슈머 증가, 중고거래 시장의 증가는 경쟁에 대한 관점을 바꿔야 한다는 의미입니다.

10년 전만 해도 하드웨어 기업이 소프트웨어 기업이 되고, 소프트웨어 기업이 하드웨어 기업이 되는 것은 상상하기 어려운 일이었습니다. 그러나 아이폰이 나오고, 네트워크 속도가 빨라지고, 소셜미디어가 일반화되고, 인공지능(AI) 등의 기술이 발전하면서 영역 간의 경계 파괴는 더욱 가속화될 것입니다.

모든 것이 연결되는 시대를 넘어 인공지능이 새로운 것을 만들어내면서 수많은 기회들이 만들어지고 있습니다. 인공지능은 새로운 사업적 기회는 물론 사람들이 과거에는 경험하지 못했던 새로운 가치를 제공해 줄 것입니다. 역할이 혼재되는 시대에 기업과 개인은 사람들의 기대에 대응하기 위해 기술 수용 속도를 감지하고 다양한 역량을 개발하는 한편 지속적인 혁신을 추구해야 할 것입니다.

왜 오프라인에 관심을 두는가?

<u>오프라인로 확장하는 이커머스</u>

무신사의 시작은 '무진장 신발 사진이 많은 곳'이라는 뜻의 패션 커뮤니티였습니다. 이후 수많은 소비자들에게 다양한 브랜드와 스타일을 소개하며 국내 패션 시장에서 중요한 위치를 차지하고 있습니다.

온라인 패션 카테고리에서 확고한 위치를 갖고 있는 무신사가 공격적으로 오프라인으로 확장하고 있습니다. 현재 무신사 스탠다드 오프라인 매장은 홍대, 강남, 성수, 대구 동성로, 부산 서면에 있으며, 향후 30호점까지 공격적인 확장계획을 발표했습니다.

신설 매장 대부분이 수도권이 아닌 지방에 위치하고 있다는 것도 특징인데요. 강남이나 홍대의 무신사 매장은 여러 브랜드들과 경쟁을 해야 하지만, 대구 동성로와 부산 서면에 있는 무신사 매장은 다른 브랜드들과 경쟁하지 않으면서 지역의 핫플레이스가 될 수 있기 때문에 부동산 시장에도 영향을 미칠 것입니다. 물론 부동산의 가치상승으로 인한 자산 증대효과도 기대됩니다.

무신사의 이러한 움직임은 단순히 판매 채널을 다각화하는 것을 넘어, 브랜드의 철학과 가치를 고객이 직접 체험할 수 있는 공간을 마련함으로써 소비자와의 깊은 유대 관계를 추구하는 데에 그 의의가 있습니다. 오프라인 플래그십 스토어는 무신사가 추구하는 트렌드를 선도하는 패션의 현장을 직접 경험하고, 브랜드의 정체성을 더욱 강하게 느낄 수 있는 장으로 자리잡게 될 것입니다. 이를 통해 무신사는 온라인에서 만들어온 신뢰와 인지도를 오프라인 세계로 확장하려는 것입니다.

무신사의 오프라인 진출 배경은 여전히 오프라인 시장 규모가 크기 때문이기도 하고, 온라인만으로는 차별화가 어렵기 때문이기도 합니다. 온라인 패션 시장의 급속한 성장은 경쟁의 심화를 가져왔고, 이에 따라 무신사는 브랜드의 독특한 가치를 소비자에게 전달하기 위한 방법이 필요했을 것입니다. 결국 오프라인 매장은 무신사가 제공하는 제품과 서비스를 직접적으로 체험할 수 있는 기회를 소비자에게 제공함으로써, 브랜드에 대한 충성도를 높이고 시장에서의 차별화를 꾀할 수 있는 방법인 것입니다.

또 다른 이유로는 온라인과 오프라인이 통합되고 있다는 것입니다. 판매자는 온라인과 오프라인을 구분해서 접근하지만, 소비자들은 자신들에게 편리한 방식을 선호합니다. 그것이 온라인인지 오프라인인지는 중요하지 않습니다. 결국 오프라인 매장을 통해 소비자들에게 온라인에서 볼 수 있는 콘텐츠를 물리적 형태로 제공하고, 이를 통해 온라인과 오프라인을 통합하는 것이 필요합니다.

고객경험이 중요해지고 있다는 것도 특징입니다. 오프라인 매장에서 고객은 제품을 직접 만져보고 입어볼 수 있습니다. 온라인에서는 제한적일 수밖에 없는 경험을 풍부하게 만들어 주는 것입니다. 또한, 고객 서비스와 상담을 통해 더욱 개인화된 쇼핑 경험을 제공할 수 있고, 이를 통해 고객 만족도를 높일 수 있습니다.

이러한 일련의 활동을 통해서 무신사의 브랜드 이미지는 강화될 것입니다. 옷을 단순히 가격으로만 평가한다면 중국산 제품과의 경쟁에서 우위를 점하기 어려울 것입니다. 그러나 브랜드가 갖고 있는 상징성을 구매할 수 있도록 한다면 가격경쟁에서 보다 자유로울 수 있습니다.

결국 플래그십 스토어는 무신사 브랜드의 이미지를 소비자에게 강렬하게 각인시키는 역할을 합니다. 매장 디자인부터 제품 진열에 이르기까지 모든 요소가 무신사의 아이덴티티를 반영함으로써, 브랜드에 대한 인식을 강화하고 시장 내 입지를 공고히 하는 것입니다. 무신사의 오프라인 진출은 온라인에서 이룬 성과를 바탕으로 다차원적인 브랜드 경험을 제공하고, 소비자와의 접점을 다각화하여 더 강력한 브랜드 존재감을 구축하기 위한 전략인 것입니다.

무신사가 플래그십 스토어에서 제공하는 쇼핑 경험은 고객의 기대치를 변화시키고, 이는 다른 브랜드들에게도 고객 경험 향상을 위한 자극제로 작용할 것입니다. 이를 통해 패션 산업 전반에 새로운 소매 경험에 대한 혁신이 진행될 것입니다.

소비자 행동의 변화도 예상됩니다. 오프라인 매장은 고객이 브랜드와 상호작용하는 방식에 변화를 가져옵니다. 직접적인 제품 체험과 브랜드 스토리텔링을 통해 소비자들의 구매 결정에 더 큰 영향을 미칠 것입니다. 이를 통해 기업은 충성고객을 확보하게 되는 것입니다.

온라인에 밀려 위축되었던 오프라인 리테일의 재도약이 시작되고 있습니다. 무신사와 같은 브랜드의 오프라인 확장은 소비자들이 오프라인 쇼핑의 가치를 재인식하는 계기가 되고 있습니다.

사회적으로는 새로운 일자리 창출과 중소 패션 브랜드에게 성장의 기회를 줄 것입니다. 오프라인 매장을 운영하려면 매장 관리, 판매, 고객 서비스 등 다양한 분야에서 인력이 필요합니다. 이는 일자리 측면에서 긍정적인 효과를 가져오며, 패션 산업의 지속 가능한 성장에도 도움이 됩니다.또한 다양한 중소 패션 브랜드에게 제품을 선보일 수 있는 기회도 증가합니다. 이는 중소 브랜드의 시장 접근성을 높이고, 브랜드 인지도 향상에 기여할 수 있습니다.

아마존이 인수한 오프라인 매장

아마존이 유기농 식품 시장에서 강력한 브랜드 정체성을 구축하고 있던 홀푸드마켓을 인수하면서(2017년 6월) 오프라인 리테일에 큰 변화가 일어났습니다. 세계 최대 온라인 리테일 기업이 식료품 업계의 선두주자 중 하나인 홀푸드마켓을 품에 안음으로써, 디지털과 물리적 공간의 경계가 점차 허물어지고 있음을 목격하게 된 것입니다. 이 결합은 단순한 인수합병을 넘어, 리테일의 미래를 재정립하는 혁신적인 사건으로 평가받고 있습니다.

아마존의 홀푸드마켓 인수는 온라인 거인이 오프라인으로 발을 넓힌 중대한 사건입니다. 이는 세 가지 주요 차원에서 산업에 영향을 미칩니다.

첫 번째는 아마존의 전략 측면입니다. 아마존은 데이터와 효율성을 무기로 삼아 전통적인 소매업을 혁신해 온 기업입니다. 홀푸드마켓 인수는 이러한 전략을 더욱 강화하고, 식료품 시장이라는 영역에서도 그 영향력을 확장하려는 움직임입니다. 홀푸드마켓은 고급 식료품 시장에서의 강력한 브랜드 이미지를 가지고 있으며, 이는 아마존의 고객 기반을 다각화하고 프리미엄 시장에 접근하는 데 큰 자산이 됩니다. 또한, 홀푸드의 육류, 치즈, 채소 등 신선 식품에 대한 전문성과 공급망은 아마존이 식료품 배송 서비스를 강화하는 데 중요한 역할을 할 것입니다.

두 번째는 고객 경험 측면입니다. 아마존은 홀푸드 매장 내에서 체크아웃 없는 쇼핑 경험, 개인 맞춤형 추천, 그리고 빠른 배송 서비스 등을 통해 오프라인 쇼핑의 편의성을 대폭 향상했습니다. 이는 고객이 매장에서 보낼 수 있는 시간을 최적화하고, 쇼핑 경험을 개선하는 동시에 아마존의 기존 온라인 인프라와의 연계를 강화하는 전략입니다. 이러한 기술 통합은 결국 고객에게 더 나은 서비스를 제공하고, 이는 고객 충성도와 장기적인 브랜드 가치에 긍정적인 영향을 미칠 것입니다.

아마존과 홀푸드마켓의 결합은 기존 식료품 유통업체들에게 새로운 도전 과제를 안겨주었습니다. 아마존의 혁신적인 기술과 홀푸드의 품질 높은 식료품이 결합함으로써, 경쟁업체들은 고객 서비스, 가격 전략, 그리고 기술 투자에 있어 새로운 전략을 수립할 수밖에 없습니다. 이러한 경쟁은 소비자에게 더 나은 제품과 서비스를 제공하는 결과를 가져올 것이며, 이는 전체 산업을 혁신하는 계기가 될 것입니다.

쿠팡도 오프라인이 가능할까?

그럼 아마존의 모델을 벤치마킹해서 성장한 쿠팡은 오프라인 매장은 가능할까요? 네이버가 오프라인 소매점을 운영하는 것은 어떨까요? 상상은 해볼 수 있지만 국내에서 현실화되기는 쉽지 않을 것입니다. 규제가 영향을 미치기 때문입니다.

쿠팡이나 네이버가 오프라인으로 확장하려는 순간 정치권을 가만히 있지 않을 것입니다. 결국 아마존이 홀푸드마켓을 통해 온라인과 오프라인을 통합한 것과 같은 비즈니스모델은 쿠팡이나 네이버보다는 신세계와 롯데에게 유리할 가능성이 큽니다. 단, 신세계와 롯데 등의 오프라인 중심의 기업이 온라인 전환을 효과적으로 이끌어낼 수 있다는 전제에서요.

리테일 업계는 산업과 소비자 행동이 급변하는 중대한 시점에 놓여 있습니다. 오프라인 매장은 온라인 채널과의 유기적인 통합 없이는 경쟁력을 유지하기 어려울 것입니다. 쿠팡이나 네이버는 그동안 온라인으로 큰 성장을 했지만 규제 등의 요인으로 오프라인으로 진출하기가 쉽지 않습니다. 결국 오프라인 중심의 대형마트가 골든타임을 놓치지 않고 온라인으로 전환한다면 새로운 기회를 맞이할 수 있습니다. 이를 위해서는 오프라인 관점에서 온라인을 바라보는 것이 아니라, 온·오프라인 통합 관점에서 비즈니스를 새롭게 정의할 수 있어야 합니다.

사람은 현실 세계에서 살아간다

전자상거래가 처음 태동했을 때 인터넷이 거리와 장소의 종말을 가져올 것이라고 예상하기도 했습니다. 하지만 오프라인은 없어질 수 없다는 것을 그동안의 경험을 통해서 알고 있습니다. 사람들에게 온라인은 오프라인 공간을 대체하기보다는 보완하는 역할을 하고 있기 때문입니다.

구글(thinkwithgoogle.com)에 따르면 모바일 검색의 30% 이상이 위치와 관련된 것이라고 합니다. 광고기업 Chitika가 구글(Google), 야후(Yahoo), 빙(Bing)의 지역 검색량을 비교한 결과 전체 검색량 중 43%가 지역 검색 의도를 가지고 있는 것으로 나타났습니다. 생활밀착 서비스에 강한 네이버도 이와 비슷한 상황일 것입니다. 사람들은 검색을 통해 맛집을 찾거나, 주말에 쇼핑할 장소를 검색해 봅니다. 이때 지도정보에 남겨진 후기나 상품 리뷰를 참고하여 오프라인 매장을 갈지 말지를 결정합니다. 온라인은 오프라인을 대체하기보다 상호보완적인 역할을 하고 있습니다.

사람들이 검색하는 키워드의 많은 부분은 소비활동과 관련되어 있습니다. 근처의 맛집을 찾거나, 데이트할 장소를 찾거나, 주말의 공연정보를 찾기 위해 검색을 합니다. 또는 새 학기를 맞아 노트북이나 새 옷을 하기 위해서도 검색을 합니다. 선택의 범위가 넓고 가격도 저렴한 온라인을 이용하기도 하지만,

오프라인에서 무엇인가 만져보고 확인하고 구매하기 위해서도 온라인을 활용하는 것입니다.

오프라인 중심의 사업자가 온라인으로 전환하기 시작하면서 온라인만 운영하는 곳의 한계점도 나타나고 있습니다. 오프라인 매장이 있다면 사람들의 반응을 직접 살펴볼 수 있고, 마감이 임박한 시간에 할인을 통해 재고를 소진할 수도 있습니다. 그리고 제품력과 인간적인 관계를 바탕으로 고객을 팬으로 만들어나가기도 용이합니다.

온라인의 한계로 높은 광고비와 광고성 콘텐츠에 대한 피로감도 들 수 있습니다. 한때 미디어 커머스를 표방하는 기업들이 재미있는 콘텐츠로 큰 사랑을 받았던 적이 있습니다. 그러나 상품의 품질이 상향평준화되면서 기능적 특징에 대한 차별점을 주장하기 어렵게 되었습니다. 이렇다 보니 사람들의 시선을 붙잡기 위해서 자극적인 콘텐츠를 만들어내기 시작했고, 자극적인 콘텐츠에 지속적으로 노출되었던 사람들의 피로감이 증가하고 있는 것입니다. 이렇게 온라인 콘텐츠에 대한 피로감이 커지게 되면 가장 먼저 판매업체와 브랜드와의 관계를 끊게 됩니다.

오프라인 매장의 디지털 전환

코로나를 지나면서 수많은 오프라인 매장이 온라인으로 전환되기 시작했습니다. 오프라인을 포기한 것이 아니라 네이버

지도 정보(스마트플레이스)와 연결하고, 스마트스토어를 개설하여 온라인 판매도 시작했습니다. 블로그에서 매일매일 발생하는 오프라인의 이야기를 전하기도 하고, 인스타그램을 통해 고객과 적극적으로 소통을 하고 있습니다.

오프라인이 온라인으로 연결되면 더 넓은 도달범위를 바탕으로 판매를 증가시킬 수 있습니다. 고객측면에서도 상품을 쉽게 비교하고, 리뷰를 확인하고, 오프라인에 방문하지 않아도 온라인으로 주문할 수 있다는 장점이 있습니다.

이렇게 오프라인과 온라인이라는 양 날개를 갖게 되면 진행할 수 있는 마케팅 활동도 다양해지고, 이를 바탕으로 고객 충성도를 높이거나 신규 고객을 유치하는 데도 도움이 됩니다.

오프라인 매장이 온라인으로 연결되면 데이터 수집 및 분석도 수월해집니다. 네이버 지도정보(스마트플레이스)에서는 성별과 연령(나이), 시간대와 요일별 방문자 추이, 유입채널, 유입키워드 등의 다양한 데이터를 제공합니다. 이렇게 수집된 정보를 바탕으로 제품과 서비스를 개선하거나, 고객의 선호도를 파악하거나, 신제품을 출시하거나, 데이터를 바탕으로 의사결정하는 데 사용할 수 있습니다.

오프라인을 위한 위치기반서비스

위치정보에 특화하여 비즈니스를 시도한 사례도 여럿 있었는데요. 이를 위치기반서비스(Location based service)라고 합니다. 위치기반서비스는 일반적으로 스마트폰 등으로 수집된 지리적 위치를 활용하여 해당 위치를 기반으로 서비스를 제공하는 비즈니스 모델을 말합니다.

예를 들어 개인의 위치정보를 수집할 수 있게 되면 위치를 기반으로 개인화된 서비스를 제공할 수도 있고, 위치를 기반으로 사용자에게 타기팅 된 광고를 집행할 수도 있습니다. 서비스 제공자는 사용자가 어디에 있는지 파악함으로써 보다 관련성 있고 시기적절한 정보를 제공하여 전반적인 사용자 경험을 향상할 수 있습니다.

위치기반서비스로 주목을 받았던 기업으로 포스퀘어(Foursquare)를 들 수 있습니다. 포스퀘어는 사용자들이 스마트폰을 통해 오프라인 장소에 체크인을 하면 포인트와 배지를 주는 게임화(Gamification) 기능으로 큰 관심을 받았습니다. 그러나 포스퀘어는 사용자들의 체크인 정보를 바탕으로 수익모델을 만들어내는데 실패했습니다. 지역 비즈니스 광고와 거래에 대한 의존도가 예상만큼 수익성이 높지 않았던 것입니다.

위치기반 서비스를 제공하기 위해서는 많은 자원(사람, 시간, 돈)이 필요하며, 서비스 제공만으로는 수익 모델을 만들기에 한계가 있습니다. 결국 위치기반 서비스는 많은 자원을 확보하고 있는 플랫폼들이 다른 서비스와의 연계성 측면에서 운영되고 있습니다. 네이버 지도(스마트플레이스), 카카오맵(카카오매장관리), 당근(

비즈프로필) 등이 대표적인 위치기반 서비스입니다.

한때 지도정보의 강자는 다음(Daum)이었습니다. 그런데 카카오에 다음이 인수된 후 다음지도는 카카오맵으로 통합되었고, 오프라인 매장의 디지털 전환보다는 모빌리티(Mobility) 분야로 방향을 선회하였습니다. 카카오가 지도정보를 택시, 대리운전, 킥보드와 같은 모빌리티 분야로 피봇팅(Pivoting)을 하면서 오프라인에서 영업하던 소상공인들이 네이버로 이동하게 되었습니다.

네이버는 다음(카카오) 보다 지도정보에서는 후발주자였습니다. 그런데 네이버는 오프라인의 다양한 생활밀착형 사업자를 지도정보(스마트플레이스)로 끌어들이면서 대한민국에서 가장 많은 오프라인 정보를 갖고 있는 곳이 되었습니다. 네이버는 스마트플레이스를 중심으로 다양한 서비스를 연동하면서 돈도 벌고 있습니다. 플레이스광고(플레이스검색, 지역소상공인광고)가 대표적인 수익모델이지만, 네이버 예약, 네이버 페이, 스마트스토어 등의 다양한 내부 서비스를 연동하여 서비스를 확장하고 있습니다.

일상생활에서 가장 많이 사용하는 위치기반 서비스로 당근(마켓)도 빼놓을 수 없습니다. 그러나 당근은 중고거래 플랫폼으로 인식이 강합니다. 중고거래로 성장했지만, 중고거래에 갇혀있는데요. 당근마켓에서 '마켓'을 떼고 구인구직, 중고차, 부동산 등의 영역으로 서비스를 확장하고 있지만, 아직까지는 지역소상공인을 대상으로 한 광고 매출이 가장 큰 수익모델입니다.

로컬에 공을 들여온 네이버

네이버의 로컬정보 서비스인 마이플레이스는 단순히 장소를 찾기 위한 목적을 넘어 인스타그램과 같은 SNS로 확장되고 있는 중입니다. 사람들이 남긴 리뷰가 인스타그램과 같은 형식으로 노출되고 지역별, 테마별로 리뷰를 모아서 볼 수 있습니다. 나와 취향이 비슷한 리뷰어를 팔로우해서 리뷰어가 남긴 리뷰를 모아보는 것도 가능합니다.

나와 결이 맞는 사람을 팔로우해서 그들의 이야기를 들었던 인스타그램과 같이 마이플레이스에서도 우리 동네에서 자주 활동하는 리뷰어를 팔로우해서 정보를 얻거나, 나와 취향이 비슷한 리뷰어의 추천을 받아 오프라인 매장을 찾는 것입니다. 리뷰어는 자신이 남긴 리뷰의 조회수가 증가하거나 팔로워가 증가하는 것으로 활동의 재미를 느낄 수 있습니다. 블로그, 인스타그램, 유튜브 등에서 개인 인플루언서가 탄생했던 것처럼, 앞으로는 네이버 마이플레이스 기반의 인플루언서도 탄생할 것입니다.

네이버에서 검색하는 많은 키워드들은 오프라인의 장소와 관련된 것들입니다. 그리고 오프라인에 대한 가장 많은 정보를 갖고 있는 곳도 네이버입니다. 네이버가 마이플레이스를 SNS 서비스로 확장하려는 이유는 비스니스 기회가 있기 때문입니다. 네이버는 마이플레이스에 리뷰어를 팔로우할 수 있는 기능과 전용 프로필을 추가하면서 SNS 서비스로 진화시키고 있습니다. 인스타그램에서 맛집이나 가볼 만한 곳을 둘러본 뒤 네이버를 통해 예약을 하고, 네이버 페이로 결제를 한다면 시너지효과가 클 것으로 기대됩니다.

하이퍼로컬이 만드는 소비방식

하이퍼로컬, 하나의 산업이 되다

하이퍼로컬(Hyperlocal)이란 동네 커뮤니티, 지역 중고거래, 지역광고 등 지역을 중심으로 제공되는 서비스를 말합니다. 당근(마켓)이 대표적인 하이퍼로컬 서비스로 언급되지만, 이 분야에서 오랫동안 공을 들여온 기업은 네이버입니다. 네이버는 오프라인 사업자의 온라인 전환을 지원하는 서비스들과, 네이버 카페를 중심으로 오프라인에 있는 사람들이 서로 연결될 수 있도록 '동네' 서비스를 제공해오고 있었습니다.

하이퍼로컬 서비스는 우리가 사는 곳 근처의 상점, 식당, 서비스에 대한 정보를 제공하거나, 지역 사람들이 서로 물건을 사고팔 수 있게 하거나, 우리 동네의 소식과 이벤트를 알려주는 역할을 합니다. 이를 위해 다양한 참여자를 끌어들이는 것이 필요한데요.

하이퍼로컬의 첫 번째 참여자는 제품과 서비스를 판매하는 사람들입니다. 이들은 식당, 카페, 소매점, 교육, 부동산과 같은 소상공인일 수도 있고, 쓰지 않은 물건을 판매하려는 개인일 수도 있습니다. 이들은 제품과 서비스를 홍보하고, 판매 증진을 꾀하기 위해 플랫폼에 참여합니다.

두 번째 참여자는 제품과 서비스를 구매하려는 사람들입니다. 이들은 지역의 매장에서 제품이나 서비스를 구매하거나 중고제품을 거래하기 위해 플랫폼에 참여합니다. 이 중 일부는 거래과정을 온라인상에 남기는 콘텐츠 생산자가 되기도 합니다.

하이퍼로컬로 의미 있는 성과를 만들어낸 기업은 네이버입니다. 네이버의 지도정보(플레이스)가 성공할 수 있었던 것은 지역 소상공인에게 효율적인 시장 접근 및 광고기회를 제공했기 때문이고, 소비자에게는 지역정보와 서비스에 대한 쉬운 접근을 제공했기 때문입니다.

하이퍼로컬 비즈니스는 서비스를 제공하는 소상공인(기업)과, 플랫폼에서 서비스를 이용하는 사람(소비자)이 동시에 확보되어야 성립될 수 있습니다. 이것은 '닭이 먼저냐, 달걀이 먼저냐'와 같은 일이기 때문에, 일반적으로 초기에는 특정 지역이나 카테고리에 집중합니다. 배달의 민족이 초기에 강남지역을 중심으로, 당근(마켓)이 판교를 중심으로 사업화를 시작했던 이유는 초기 사용자에게 충분한 가치를 제공할 수 있는 기반을 마련해야 했기 때문입니다.

서비스를 제공하는 사람들을 끌어들이기 위해 초기 서비스 제공자에게 무료 광고와 우선순위 노출, 수수료 면제 등의 인센티브를 제공하여 플랫폼 참여를 유도합니다. 지역적 범위를 좁게 하면 사람들의 관심사와 필요에 맞춘 마케팅 캠페인도 수월해집니다. 소비자 할인 쿠폰, 첫 사용자 프로모션 등은 일반 소비자를 끌어들이면서 플랫폼의 인지도를 높이기 위한 것들입니다.

하이퍼로컬과 지도정보 데이터

하이퍼로컬 서비스는 사용자의 위치나 특정 지역에 기반한 정보에서 시작됩니다. 지도 정보를 통해 사용자는 자신이 위치한 곳의 주변 매장, 서비스, 이벤트 등을 쉽게 찾을 수 있게 되고, 소상공인(기업)들은 위치 정보를 활용하여 맞춤형 광고와 할인 정보 등을 제공할 수 있게 됩니다. 사용자에게 관련성 높은 정보를 제공하고 개인화된 경험을 통해 비즈니스기회를 얻게 되는 것입니다.

정확한 지도정보가 있어야 이벤트, 리뷰, 평점 등을 공유하는 것도 가능합니다. 네이버의 경우 지도정보 위에 오프라인 매장들의 정보를 얹고, 사용자들이 경험을 공유할 수 있도록 했습니다. 이를 통해 네이버는 플레이스광고(지도광고) 수익모델을 만들어 냈습니다. 네이버보다 앞서 지도 정보를 제공했던 카카오(Daum)와 SK telecom(티맵)은 모빌리티(Mobility) 분야로 확장되고 있어서, 하이퍼로컬 관점에서 지도 정보의 유일한 승자는 네이버라고 볼 수 있습니다.

지도 정보는 하이퍼로컬 서비스의 핵심 요소로서 오프라인과 온라인을 연결하고, 사용자 경험을 개인화하며, 지역 커뮤니티와 비즈니스의 성장을 지원하는 역할을 합니다. 가장 많은 지도정보를 갖고 있는 곳은 네이버로, 하이퍼로컬 비즈니스에서도 유리한 고지에 있습니다.

네이버의 하이퍼로컬 서비스는 크게 보면 B2C(Business to Consumer)와 C2C(Consumer to Consumer)로 구분됩니다. 네이버 지도, 플레이스, 블로그, 모두(MODOO), 네이버 페이, 네이버 오더, 네이버 톡톡, 스마트 플레이스 등이 오프라인에서 사업을 영위 중인 소상공인(기업)을 위한 B2C 관점의 서비스입니다(네이버 입장에서 보면 B2B2C가 됩니다). 그리고 네이버 카페를 중심으로 제공되었던 '동네 생활'은 소비자와 소비자가 연결될 수 있는 C2C 관점의 서비스입니다.

네이버 지도는 사용자들이 자신의 위치를 기반으로 주변의 상점, 맛집, 병원 등을 찾을 수 있게 해줍니다. 공급자(소상공인 등)

가 사용하는 서비스가 '스마트 플레이스'이고, 소비자가 사용하는 서비스가 'MY 플레이스'인데요. 소비자들은 나만의 장소 리스트를 만들거나, 영수증 리뷰 등으로 방문한 매장에 대한 평점이나 사진 등을 남길 수 있습니다. 이를 통해 사용자들은 주변 사람들의 의견을 참고하여 새로운 장소를 발견하거나, 기존에 알고 있던 장소에 대한 새로운 정보를 얻을 수 있었습니다.

네이버는 쇼핑 서비스 내에 '동네시장 장보기'도 제공하고 있습니다. 동네시장 장보기는 전통시장 상인들의 온라인 판매 서비스인데요. 지역 전통시장에서 파는 신선 식재료와 먹거리를 네이버에서 주문하면 2시간 또는 당일 내에 배달이 됩니다. 네이버는 시장 상인들에게 무료로 플랫폼을 제공하며, 운영과 배송은 스타트업 및 지역 배송업체와 협력하는 구조입니다.

네이버 카페를 중심으로 제공되던 '동네생활'은 C2C 관점의 서비스입니다. 지역이 설정된 카페(커뮤니티) 중 해당 지역을 중심으로 동네의 행사를 알리거나, 동네사람들과 공동구매를 진행하거나, 달리기와 같이 운동을 함께할 수 있는 사람들을 모을 수 있었습니다. 네이버는 동네를 중심으로 소통할 수 있는 플랫폼을 제공함으로써 데이터를 얻고, 이를 바탕으로 광고를 확장하거나 다른 서비스와 연계해 고객들의 체류 시간을 늘릴 수 있습니다.

네이버는 오프라인 매장에 대한 방대한 데이터를 확보하게 되면서 인공지능(AI) 기반 장소 추천 서비스 '스마트어라운드'도 제공하고 있습니다. 스마트어라운드는 현 위치, 시간, 연령·성별 등의 콘텍스트 정보와 지역 내 업체 인기도 그리고 이용자의 취향 등을 분석하여 주변의 맛집·볼거리·놀거리·즐길거리 등을 추천해 줍니다.

당신 근처의 마켓, 당근

당근(마켓)은 사용자가 자신의 주변 지역에서 물건을 사고팔 수 있는 중고 거래 플랫폼으로 시작되었습니다. '당신 근처의 마켓'이라는 초창기 슬로건처럼 사용자의 위치를 기반으로 지역적으로 제한된 거래를 가능하게 해 주었는데요. 이를 통해 신뢰성을 높이고, 거래의 편리성을 제공할 수 있었습니다.

당근이 크게 성장할 수 있게 된 계기는 코로나19 때문입니다. 코로나19는 사회적 거리 두기와 지역 단위의 이동 제한을 가져왔습니다. 이로 인해 사람들은 지역 커뮤니티와 더 밀접하게 연결되고자 하는 욕구가 커졌고, 이는 당근마켓과 같은 지역 기반 서비스에 대한 수요를 증가시켰습니다. 코로나로 인해 오랜 시간 집에 머물게 된 사람들이 사용하지 않는 물건들을 당근을 통해 판매하게 되었고, 구매하는 사람 입장에서는 상대적으로 저렴한 가격으로 동네에서 바로 구매할 수 있었기 때문에 좋은 선택이었습니다.

당근은 수익모델에 대한 염려도 떨쳐냈는데요. 2023년 기준 매출 1276억원, 영업이익 173억원으로 전년 대비 큰 폭의 흑자 전환에 성공했습니다. 그동안 적절한 수익모델을 찾지 못해 장기 적자의 늪에 빠질 수 있다는 우려들이 많았는데요. 사람들의 우려했던 것보다 오프라인 광고 시장이 크다는 것을 증명한 것입니다.

당근 광고를 이용하는 동네 점포는 2023년 기준 80만 곳을 넘어섰다고 합니다. 전단 배포 등 오프라인에 파편화돼 있었던 지역 광고 시장을 온라인으로 전환하는 데 성공했다는 평가가 나옵니다. 물론 당근이 생활권을 기반으로 인근 이용자를 타겟팅해서 광고를 집행할 수 있는 시스템을 고도화했기 때문이기도 합니다.

당근의 수익모델은 사용자층을 기반으로 광고로 확장하거나, 특정 상품의 판매자나 셀러들과 협업하여 서비스에 대한 수수료를 받거나, 상품 매입을 통해 커머스로 확장하는 방안이 있을 수 있습니다. 그러나 커머스로의 확장은 쿠팡과 네이버가 있기 때문에 쉽지 않고, 특정 상품의 판매자나 셀러와 협업하는 방안은 규모의 경제가 실현되기 어려우면서 비용을 증가시키는 요인이기 때문에 한계가 있습니다.

결국 당근이 현재로서는 가장 좋은 선택지로 보이는 것은 로컬을 중심으로 C2C에서 B2C로 서비스를 확장하는 것입니다. 소비자와 소비자가 중고물품을 거래하는 C2C는 사람들을 끌어모을 수는 있지만, 당근(마켓) 입장에서는 수익모델을 만들기가 어렵습니다. 반면 지역의 사업자(소상공인)를 끌어들여서 B2C 방식으로 서비스가 확장하면 보다 다양한 수익모델이 가능해집니다. 사업자등록이 되어 있는 소상공인이 당근을 통해 거래를 한다면 결제수수료를 받을 수도 있고, 광고 서비스도 보다 다양해질 수 있습니다. '당근마켓'에서 '당근'으로 이름을 바꾸고, '당신 근처의 지역생활 커뮤니티'로 슬로건을 변경하면서 알바와 부동산, 중고차 등으로 확장하고 있는 것이 이러한 이유 때문일 것입니다.

당근은 본질적으로 로컬을 연결해 주는 서비스입니다. 삼성전자와 같은 대기업의 광고를 유치하면 단기적으로 매출과 영업이익을 개선할 수 있겠지만, 그렇게 되면 당근의 정체성이 사라질 수 있습니다. 결국 당근은 지역의 소상공인들을 끌어들일 수 있어야 비즈니스모델이 완성되는 것입니다.

해외 하이퍼로컬 서비스들

해외에서도 하이퍼로컬 서비스는 다양하게 존재합니다. 당근의 글로벌 버전으로 불리는 넥스트도어(Nextdoor)는 미국을 시작으로 영국, 네덜란드, 독일, 프랑스 등에서 서비스가 제공되고 있고, 스펙(SPAC·기업인수목적회사) 합병을 통해 나스닥에 상장이 되었습니다. 네이버가 인수하여 화제가 되었던 포시마크(Poshmark), 중국판 당근마켓인 아이후이서우(愛回收), 동네 이웃

끼리 남은 식료품을 무료로 나눌 수 있게 한 영국의 올리오(Olio), 아파트 거주자 중심의 소셜 플랫폼인 미국의 벤 시티(Venn City), 동남아시아의 캐러셀 등이 하이퍼로컬 서비스의 사례입니다.

국내에서는 당근마켓과 유사하게 지역 내에서 물건을 사고 팔 수 있는 헬로마켓, 사용자들이 자신의 지역 사회 내에서 발생하는 다양한 문제를 공유하고, 해결 방안을 모색할 수 있도록 돕는 우리동네파출소, 지역 기반의 이벤트 및 할인 정보를 제공하는 모아데이 등 버티컬 서비스들도 다수 존재하고 있습니다.

하이퍼로컬 서비스가 앞으로도 계속 성장할 가능성이 높은 첫 번째 이유는 기술의 발전입니다. 모바일 기기와 위치 기반 기술의 지속적인 발전은 하이퍼로컬 서비스의 핵심 동력이 됩니다. 이러한 기술을 활용해 사용자에게 더욱 개인화되고 정확한 지역 정보를 제공할 수 있으며, 이는 사용자 경험을 향상하고 서비스의 가치를 높여주게 됩니다.

두 번째 이유는 소비자 행동의 변화에서 찾을 수 있습니다. 소비자들은 점점 더 개인화되고 맞춤화된 경험을 요구하고 있습니다. 하이퍼로컬 서비스는 이러한 니즈를 충족시키며, 지역 커뮤니티와의 연결성을 강화하고, 지역 경제에 기여하는 방식으로 발전할 것입니다.

세 번째 이유는 지속가능성 측면입니다. 지속 가능성과 지역 경제 활성화에 대한 관심이 높아지면서, 지역 비즈니스와 생산자를 지원하는 하이퍼로컬 서비스의 중요성이 커지고 있습니다. 이러한 서비스는 소비자에게 지역 내에서 생산된 제품과 서비스를 손쉽게 이용할 수 있게 하며, 지역 경제를 활성화시키는 요인이 됩니다.

커머스 관점의 하이퍼로컬, 허마센셩

허마센셩(Hema Xiansheng, 盒马鲜生)은 알리바바 그룹이 운영하는 신선 식품 및 온·오프라인 통합 커머스 플랫폼입니다. 2015년 중국 상하이에서 첫 매장을 오픈한 이래, 허마센셩은 빠르게 확장하여 중국 전역에서 하이퍼로컬 기반 서비스를 제공하고 있습니다.

허마센셩의 가장 큰 특징은 로컬 기반입니다. 사용자가 애플리케이션을 통해 신선 식품 등을 주문하면 3km 이내에 위치한 소비자에게는 30분 내에 배달을 해줍니다. 이것이 가능한 것은 오프라인 매장이 있기 때문입니다. 허마센셩 매장이 판매장소이면서 배송 센터 역할을 하고 있는 것인데요. 고객은 매장에서 직접 쇼핑을 할 수도 있고, 온라인으로 주문 후 매장에서 상품을 픽업할 수도 있습니다. 허마센셩의 모델은 오프라인 매장의 경험과 온라인 쇼핑의 편리성을 결합한 방식입니다.

국내에 있는 동네 슈퍼마켓과 다른 점은 다양한 기술을 활용하고 있다는 점입니다. 허마센셩은 알리바바의 데이터 분석 기술을 활용하여 고객의 구매 이력과 선호도를 분석하고, 이를 바탕으로 맞춤형 상품 추천과 프로모션을 제공합니다. 또한 로지스틱스(Logistics)와 재고 관리 등에 기술을 적용하여 운영 효율성을 높이고 있습니다.

허마셴셩은 로컬을 기반으로 커머스를 제공하려는 기업들에게 다양한 시사점을 제공합니다. 커머스 관점의 하이퍼로컬 서비스는 신속한 배달, 온라인과 오프라인의 유기적인 결합, 그리고 데이터 기반의 맞춤형 서비스를 제공할 수 있어야 합니다.

신속한 배송(배달)은 하이퍼로컬의 가장 큰 특징입니다. 새벽배송, 당일배송 등 빠르게 받아볼 수 있는 서비스들은 이미 많이 있습니다. 그러나 지금 배송해 주는 것은 아니기 때문에 신선 식품에는 한계가 있습니다. 반면 허마셴셩은 매장에서 3km 이내에 위치한 소비자는 30분 이내에 배송해 주기 때문에 '지금'이라는 적시성을 충족해 줍니다.

허마셴셩이 일반적인 커머스와 차별화되는 지점이 신선 식품에 집중하고 있다는 것입니다. 과일이나 채소, 해산물 등 신선 식품을 배달서비스로 이용하기에는 한계가 있습니다. 소비자들은 자신의 눈으로 확인할 수 있는 것을 선호합니다. 허마셴셩은 내가 거주하는 지역에 오프라인 매장을 운영하고 있기 때문에 믿고 주문할 수 있게 되는 것입니다. 허마셴셩은 로컬에서 소비자와 지역 상인들을 연결하여 수익모델을 만들고 있는 것입니다.

유통산업발전법에 발목이 잡힌 기업들

미국의 인스타카트나 중국의 허마셴셩 사례를 분석해 보면 우리나라에는 왜 이런 사례가 많지 않을까 하는 생각이 듭니다. 실제 국내에서는 대형마트와 편의점을 중심으로 한 오프라인 사업자와 배달플랫폼 사업자가 다양한 방식으로 하이퍼로컬에 진입을 했었습니다. 그러나 대부분은 성장이 답보 상태에 있거나 사업을 축소하고 있는 중입니다.

이는 판매하는 상품의 특성 때문이기도 하고, 조직 구조 때문이기도 합니다. 물론 유통산업발전법과 같은 규제도 큰 영향을 미치고 있습니다. 그러나 규제와 같은 외부환경은 기업이 컨트롤할 수 없는 요인이고, 동일한 환경에서 성과를 내고 있는 기업들도 있기 때문에 규제 때문이라고 단정하기 어렵습니다.

예를 들어 올리브영은 즉시 배송 서비스인 '오늘드림'을 앞세워서 폭풍 성장을 하고 있는 중입니다. 이런 흐름을 더욱 강화하기 위해 도심형 물류 거점(MFC)에 더 많은 투자를 하고 있는데요. 올리브영이 높이 평가받는 이유는 유통기업 중에서 거의 유일하게 디지털 전환에 성공한 기업이기 때문입니다. 온·오프라인을 연결하는 옴니채널을 흉내 낸 기업은 많았지만 올리브영처럼 완벽하게 해낸 기업은 없습니다.

하이퍼로컬 비즈니스의 중요한 전환점은 유통산업발전법이 될 것입니다. 온라인 중심의 이커머스가 오프라인 유통을 넘어

서면서 규제완화에 대한 의견이 힘을 받고 있습니다. 유통산업 발전법이 완화되어 대형마트의 새벽시간 근무와, 오프라인 매장의 물류기지 활용이 가능해진다면 중국의 허마셴셩과 같은 비즈니스가 가능해집니다. 이렇게 되면 현재 오프라인 매장을 촘촘히 갖고 있는 편의점, 주유소, 대형마트, 대형마트·SSM(기업형 슈퍼마켓) 등이 하이퍼로컬 서비스의 강자가 될 것입니다.

2부

로컬을 활용하는 방법들

> 라이프스타일을 제안하는 편집숍

온라인도 성숙기에 접어들다

온라인 커머스 기업들이 오프라인에 관심을 가지는 이유
는 온라인 시장이 성숙기에 접어들었기 때문입니다. 연평균
20~30% 이상씩 성장하던 시절에는 온라인 수요를 감당하기에
도 정신이 없었기 때문에 오프라인에 관심을 가질만한 여력이
없었습니다. 그리고 효율성 측면에서 본다면 오프라인은 온라
인에 비해 효율성이 낮을 수밖에 없습니다.

그러나 코로나를 기점으로 수많은 기업들이 디지털로 전환
하면서 온라인 성장률에 한계를 보이고 있습니다. 코로나 이전
에 오프라인과 온라인의 유통 비율이 9:1 정도였다면, 코로나

이후는 6:4 정도 수준으로 온라인이 오프라인과 대등한 힘을 갖게 되었습니다. 온라인 침투율이 40% 수준이라는 것은 들어올 사람은 다 들어왔다라는 의미입니다. 즉, 경쟁은 심화되었지만 소비자들이 지출할 수 있는 총량의 한계로 온라인 쇼핑 거래액이 더 이상 늘어나지 않고 있습니다. 이러다 보니 동일한 예산으로 과거와 같은 성과를 거두기도 어렵게 되었습니다.

유통에서 커버리지(Coverage)란 어떤 제품이나 브랜드가 시장 내에서 어느 정도의 범위나 접근성을 가지고 있는지를 나타내는 용어입니다. 즉, 제품이나 서비스가 얼마나 넓은 지역이나 고객층에 도달할 수 있는지를 의미합니다. 온라인 쇼핑몰은 편리성과 접근성, 다양한 선택, 커스터마이징과 추천 알고리즘으로 오프라인의 수요를 빠르게 잠식했지만 커버리지에 한계를 보이고 있습니다. 필요한 상품을 쿠팡에서 주문하기도 하지만 사람들은 여전히 가족과 친구와 연인들과 오프라인에서 시간을 보내고 있기 때문입니다.

기업이 자사몰(D2C)을 중심으로 디지털 마케팅으로 성장하기에는 한계가 있는데, 이는 사람들이 여전히 현실 세계에서 살아가고 있기 때문입니다. 결국 온라인 커머스 기업들은 오프라인 시장으로 눈을 돌릴 수밖에 없게 되었고, 이것이 플래그십 스토어와 편집숍, 팝업스토어 등으로 강화되고 있는 것입니다.

플래그십 스토어와 편집숍은 브랜드의 이야기와 정체성을 강화하고, 고객에게 독특한 쇼핑 경험을 제공할 수 있다는 장점이 있습니다. 물론 온라인 쇼핑몰은 메타버스를 통해서 현실세계의 경험을 제공하려고 하고 있지만 아직은 그 수준이 미흡합니다. 결국 오프라인은 온라인으로 달성하기 어려운 브랜드 충성도와 인지도를 구축하는 데 도움이 됩니다.

오프라인 매장을 통해 온라인 쇼핑몰과 연계된 옴니채널 전략을 구현할 수도 있습니다. 고객은 온라인으로 제품을 검색하고, 오프라인 매장에서 제품을 체험한 뒤 구매할 수 있으며, 반대의 경우도 가능합니다. 이는 채널 간의 시너지를 창출하며 전체적인 판매와 고객 경험을 향상하는 효과가 있습니다. 예를 들어 무신사 홍대점은 온라인의 경험으로 오프라인까지 확장했습니다. 지하 1층에서 지상 3층까지 약 463평 규모의 홍대점에서는 상품의 QR코드를 찍으면 적립금을 포함해 온라인에서 받던 개인별 혜택을 그대로 받을 수 있도록 하고 있습니다.

오프라인은 새로운 제품이나 서비스를 시장에 테스트하고 즉각적인 고객 피드백을 얻는 데에도 효과적입니다. 이를 통해 브랜드는 제품 개발과 개선을 위한 중요한 인사이트를 얻을 수 있습니다.

개성과 희소성을 판매하는 매장들

편집숍은 소비자들의 라이프스타일에 맞는 상품을 구비해 놓고 판매하는 매장을 의미합니다. 유사한 표현으로 콘셉트 스토어(Concept store), 멀티 브랜드 숍(Multi brand shop), 셀렉트 숍(Select shop)이라고도 불립니다. 흔히 한 공간에 2개 이상의 브랜드 제품을 모아서 판매하는 형태이지만 신발, 악세사리, 향수처럼 특정 카테고리에 집중하는 편집숍들도 있습니다.

편집숍은 운영자가 원하는 형태로 진행되는 경우가 많으며, 브랜드 측은 위탁판매나 대리판매 등의 형식으로 편집숍 주인과 협력하게 됩니다. 한 매장에서 여러 개의 브랜드가 취급되다 보니 자칫 잘못하면 정체성이 모호해질 수 있습니다. 따라서 상품별 브랜드 스토리와 분위기를 자연스럽게 융화시켜서 취향을 제안하는 것이 중요합니다. 지금의 소비자들은 무조건 유명한 브랜드만을 쫓기 보다는 자신의 정체성을 표현할 수 있는 개성과 희소성을 선호하기 때문입니다.

편집숍의 시초로는 패션 잡지 엘르(Elle)와 보그(Vogue)에서 오랫동안 에디터로 일해 온 카를라 소차니(Carla Sozzani)가 1990년에 이탈리아 밀라노에 오픈한 10 꼬르소 꼬모(10 Corso Como)를 들 수 있습니다. 10 코르소 코모의 시작은 카를라 소차니가 뉴욕과 런던에서 사 모은 사진들을 전시하기 위해 오픈한 카를라 소차니 갤러리(Galleria Carla Sozzani)입니다. 이때만 해도 이탈리아에서는 사진이 예술로 취급되지 않던 시기였고, 오프라인 전시장도 쇼핑센터와는 먼거리에 위치해서 많은 어려움이 있었다고 합니다.

카를라 소차니는 거창한 목표를 갖고 시작한 것이 아닙니다.

자신이 수집한 사진들을 전시하고, 잡지를 만들면서 경험한 것들을 공유하면서 오프라인에서 살아 숨쉬는 매거진을 만들고 싶었던 것입니다. 처음에는 사진을 전시하는 갤러리로 시작했지만, 1991년에 디자인 및 패션 관련 제품들을 판매하기 시작했고, 1998년에는에는 카페를, 그리고 2003년에는 작은 호텔로 증축을 하고, 2009년에는 옥상 정원을 만드는 형태로 발전해 온 것입니다. 지금은 전세계에서 매장을 운영하고 있는 글로벌 브랜드로 성장하였습니다.

10 꼬르소 꼬모는 동네의 작은 편집숍이 어떻게 성장할 수 있는지에 대한 전형적인 모습을 보여주고 있습니다. 처음에는 창업자 개인의 관심사를 중심으로 매장이 운영됩니다. 이후 오프라인 매장에 다양한 콘텐츠들이 채워지면서 창업자 개인의 팬덤 중심 비즈니스에서 소비자들에게 다양한 라이프스타일을 제안하는 형태로 비즈니스가 확장됩니다.

왜 편집숍이 주목받고 있는가?

편집숍은 기존에 없던 카테고리가 아닙니다. 10 코르소 코모(10 Corso Como)는 30여 년 전에 이탈리아에서 편집숍을 시작했고, 국내에서도 한남동, 이태원, 신사동을 중심으로 다양한 편집숍들이 운영되고 있었습니다. 그렇다면 왜 최근 편집숍이 주목받고 있는 것일까요?

가장 큰 이유는 사람들의 라이프스타일이 변했기 때문입니다. 소득 수준이 높아지면서 자신만의 삶을 살아가려는 사람들이 증가하게 되었습니다. 남들에게 보여지는 모습보다는 자기 만족과 취향이 중요해지는 것이지요. 이러한 것을 라이프 스타일(Life Style)이라고 정의합니다. 한 개인의 라이프스타일에는 생각하고, 행동하고, 살아가는 모습이 모두 담겨 있습니다.

편집숍이 주목받는 또 다른 이유는 인스타그램과 페이스북 같은 SNS 영향 때문입니다. 사람들은 매일 자신의 일상을 SNS에 올립니다. 올리는 사진들이 자신을 표현하고 라이프스타일을 이야기하는 것이지요. 아이러니한 점은 남들과 비슷해지는 것을 싫어하면서도 다른 이들이 올린 사진에 영향을 받는다는 것입니다. 예를 들어 페이스북 친구가 가로수길 편집숍 매장 정보를 올리면 그 위치를 물어보게 됩니다. 이후 인스타그램, 네이버 등을 통해 추가 정보를 확인한 후 자신의 라이프스타일에 맞는다고 여겨지면 그 매장을 방문하게 되는 것이죠. 이런 SNS 영향력으로 인해 소비 취향의 동질화 현상이 나타나기도 합니다.

편집숍은 Z세대와도 연관이 있습니다. 편집숍은 단순히 다양한 브랜드 제품을 한데 모아 판매하는 것이 아니라, 숍의 정체성과 가치관에 맞는 상품을 선별하여 큐레이션함으로써 고유의 세계관을 구축합니다. 이는 Z세대가 자신의 개성을 표현하려는 성향과 맞아떨어집니다.

편집숍 자체가 취향을 제안하는 형태이다 보니 힙한 느낌이 있습니다. 실제로 편집숍에 가보면 백화점이나 온라인몰에서는 접하기 힘든 개성 있는 상품들이 가득합니다. 주인장의 안목으로 큐레이션(Curation) 되었기에 매장마다 개성을 엿볼 수 있어 재미가 있습니다.

편집숍을 브랜드로 키우는 곳들

최근에는 백화점을 비롯한 유통기업들이 앞다퉈 해외 편집숍을 들여오거나 자체 브랜드 편집숍을 운영하고 있습니다. 예를 들어 갤러리아백화점은 압구정로데오 명품관에 프레드 시갈 서울을 열었습니다. 프레드 시갈은 디자이너 프레드 시갈(Fred Segal)이 1961년 미국 LA에서 설립한 전통 라이프스타일 편집숍입니다. 초기에는 청바지 등 의류를 주로 팔다가 뷰티, 생활용품, 팝아트 작품 등으로 영역을 넓혀왔습니다. 밥 딜런, 엘비스 프레슬리 등이 프레드 시갈의 옷을 착용했고, 1964년 비틀스가 방문하면서 세계적으로 유명해졌습니다.

롯데백화점 강남점에는 더 콘란 샵(The Conran Shop)이 있습니다. 더 콘란 샵은 디자이너 테렌스 올비 콘란(Terence Orby Conran)이 1974년 영국에서 설립한 곳으로 영국, 프랑스, 일본, 한국 등에 운영중입니다. 더 콘란 샵은 '일상의 평범한 것들'로, 다채로운 라이프스타일 상품을 제안합니다. 300여 개 프리미엄 브랜드와 200여 가지 라이프스타일 상품을 판매하고 있습니다.

신세계백화점은 패션 편집숍 분더샵(BOONTHESHO)을 운영 중입니다. 분더샵은 알렉산더 맥퀸, 마르니 등 최고 브랜드를 소개해왔습니다. 최근 라이프스타일 영역으로 확장해 가구 등을 판매하고 있죠. 신세계는 이외에도 피숀, 케이스스터디 등 다양한 편집숍 브랜드를 운영하고 있습니다.

편집숍을 대기업만 하는 것은 아닙니다. 최근 소비 트렌드를 보면 규모가 큰 매장이 작은 가게를 이긴다고 볼 수 없습니다. 접근성이 좋지 않아도, 매장의 정체성이 명확하다면 소비자들은 기꺼이 찾아옵니다. 성수동 골목길의 매장들이 자신만의 색깔로 대형 자본과 경쟁하는 모습을 쉽게 볼 수 있습니다. 서초구 서래마을의 루밍, 가로수길의 챕터원, 용산구 이태원로의 에이치픽스 등도 유명 편집숍입니다.

중요한 건 매장 운영자의 경쟁력으로 주인장의 팬덤이 있어야 합니다. 상품 품질만으로는 편집숍을 운영하기 어렵습니다. 대부분 상품이 비슷해진 상황에서 품질만으로는 설득력이 떨어지기 때문입니다. 백화점 편집숍과 차별화된 주인장의 안목과 인간적 소통이 있다면 작은 매장도 대형 자본과 경쟁할 수 있습니다. 고객 라이프스타일에 맞는 상품을 갖추고 유니크(Unique)한 매장을 만들면 국내를 넘어 전 세계로 뻗어 나갈 수 있을 것입니다.

온라인도 편집숍이 대세로 자리 잡다

편집숍은 온라인으로도 확장되고 있습니다. 무신사, W컨셉, 29CM 등이 대표적인 온라인 편집숍으로 시작한 곳입니다. 온라인은 물리적 한계 없이 다양한 브랜드를 판매할 수 있다는 장점이 있습니다. 하지만 명확한 컨셉을 갖고 있다는 점에서 오프라인 편집숍과 동일합니다.

예를 들어 W컨셉은 2030 여성을 타깃으로 하는 신세계의 온라인 편집숍으로, 개성 있고 트렌디한 디자이너 브랜드를 판매합니다. W컨셉의 객단가는 저가로 판매하는 온라인 쇼핑몰보다는 높은 것으로 알려져 있습니다. 백화점에 가기에는 부담되지만 남들과 똑같은 것도 꺼리는 사람들이 주 고객층입니다. W컨셉은 신세계에 인수되어 운영중에 있습니다.

29CM와 스타일쉐어도 온라인 편집숍으로 시작된 곳들입니다. 디지털 환경에 익숙하고 유행을 좇는 MZ세대(밀레니얼+Z세대)를 중심으로 성장하였고 무신사에 인수되었습니다.

온라인 편집숍에서 제안하는 라이프스타일이란, 단순히 상품을 판매하는 것을 넘어 소비자의 취향과 가치관, 삶의 방식까지 아우르는 총체적인 스타일 제안을 말합니다. 이들은 감각적이고 세련된 상품 큐레이션, 상품과 연계된 콘텐츠를 제공하여 성장하고 있습니다.

브랜드는 플래그십 스토어로

신논현역 방향에서 강남역 방향으로 대로를 걷다 보면 CJ올리브영, 카카오프렌즈, 이니스프리, 더바디샵, 라인프렌즈, 러쉬, 무인양품 등의 매장을 만날 수 있습니다. 대부분 젊은층을 대상으로 하는 플래그십 스토어(Flagship Store)입니다. 플래그십 스토어는 브랜드 성격을 가장 잘 표현해내는 단독 매장을 의미하는데요. 단순히 상품을 파는데 그치지 않고 해당 브랜드가 지닌 문화와 가치를 체험할 수 있게 꾸며놓았습니다. 기업 입장에서 플래그십 스토어는 일종의 전략 매장인 셈입니다.

우리나라의 경우 유동인구가 많이 몰리는 명동, 강남, 가로

수길에 플래그십 스토어가 많이 있습니다. 명품 브랜드들은 주로 청담동에, 화장품 브랜드들은 명동에, 옷과 가방 브랜드는 홍대에 많이 위치하고 있는데요. 명동은 외국인 관광객들이 많고, 홍대는 젊은층과 패션 피플들이 많습니다. 한남동을 중심으로 이태원에 플래그십 스토어를 오픈하는 곳도 많아지고 있습니다. 요즘 한남동은 예전의 모습과 달라졌습니다. 대로변에 하나둘 들어선 패션 브랜드 플래그십 스토어를 시작으로 매장마다 감각적인 분위기로 꾸며져 있습니다.

플래그십 스토어는 1990년대 후반부터 마케팅 활동이 제품에서 브랜드로 이동하면서 전 세계적으로 확산되었습니다. 해외 명품 브랜드들이 매장을 오픈하기 전 소비자 반응을 살펴보기 위해 운영했던 안테나 숍이 플래그십 스토어로 진화한 것으로 볼 수 있습니다. 지금은 플래그십 스토어가 다양한 종류로 세분화되어 한마디로 정의하기 어렵습니다. 그러나 대도시 중심의 쇼핑 중심가에 위치하고, 매장 디자인과 인테리어에 중점을 두며, 다양한 이벤트를 통해 경험을 제공한다는 특징이 있습니다.

온라인이 아무리 배송이 빨라도 오프라인을 따라잡을 수는 없습니다. 오프라인에서는 지금 당장 필요한 것을 구매할 수 있고, 구매한 물건이 마음에 들지 않아도 반품 과정을 거치지 않아도 됩니다. 매장을 둘러보다 깜빡했던 제품을 구매할 수도 있고, 기대하지 않았던 상품을 발견하는 재미도 있습니다. 이러한 경험은 온라인에서 제공할 수 없는 것이기에 오프라인은 여전히 매력적인 채널입니다. 유통업체가 다양한 브랜드를 혼합한 편집숍으로 고객을 끌어들인다면, 제조업체는 플래그십 스토어로 고객을 끌어들이는 것입니다. 플래그십 스토어에서는 브랜드의 인지도와 호감도를 높일 수 있기 때문입니다.

플래그십 스토어가 증가하는 이유

플래그십 스토어가 증가하는 첫 번째 이유는 브랜드만의 정체성을 전달해야 하기 때문입니다. 매일 수도 없이 많은 제품과 브랜드가 출시되는 상황에서 '우리는 다르다'라고 이야기해도 소비자들은 관심조차 주지 않습니다. 광고를 내보내고 프로모션을 진행하는 것만으로는 브랜드 이미지 향상에 한계가 있습니다. 이에 기업들은 한 공간에서 브랜드의 탄생 스토리와 변천 과정을 보여주면서 다양한 경험과 한정판 제품 등을 통해 포괄적인 경험을 제공하기 시작했습니다. 이를 통해 브랜드 홍보 효과와 이미지를 높일 수 있습니다. 플래그십 스토어는 브랜드가 고객에게 전달하고자 하는 최대 가치를 나타내는 공간입니다. 과거 오프라인 매장이 제품과 서비스를 판매하는 공간에 불과했다면, 플래그십 스토어는 브랜드 경험을 종합적으로 전달하려 합니다.

두 번째는 체험 마케팅의 중요성이 커지고 있기 때문입니다.

체험 마케팅이란 다양한 채널을 통해 브랜드를 경험하도록 하는 것입니다. 체험을 해본 소비자들은 그 경험이 미래 소비에도 영향을 미칩니다. 체험은 소비자의 브랜드 경험을 디자인하는 것이라 할 수 있는데, 플래그십 스토어는 이 과정에서 공간의 역할을 합니다.

플래그십 스토어에서는 다양한 제품이 제공됩니다. 예를 들어 패션 브랜드 MCM 매장에서는 나만의 여행 가방, 보석상자 등을 제작할 수 있는데, 주문서를 통해 가죽 종류, 디자인을 직접 정할 수 있습니다. 화장품 브랜드 프리메라 플래그십 스토어에서는 구입한 제품 뚜껑에 원하는 이미지와 문구를 넣어 나만의 화장품을 만들 수 있습니다.

체험 과정에서 편안히 머무를 수 있도록 휴식 공간을 제공하고 전시회 등을 진행하기도 합니다. 매장에 오래 머물게 함으로써 자연스럽게 구매를 유도하거나 브랜드를 알아가게 하려는 것입니다. 예를 들어 마몽드 플래그십 스토어에서는 앉아서 화장을 고칠 수 있는 파우더룸(Powder room)을 운영하고 있고, 뉴발란스는 상품 판매 공간 한켠에 음료 자판기와 여러 개의 테이블을 배치해 휴식 공간을 제공하고 있습니다.

세 번째는 온라인에서 성장한 브랜드들의 시장 확대 측면입니다. 무신사, W컨셉, 29CM뿐만 아니라 요가복 업체 안다르, 친환경 패션 브랜드 비비위비(beberlyby) 등도 오프라인 매장을 오픈하고 있습니다. 이들의 공통점은 온라인에서 마니아층을 확보한 브랜드로, 오프라인에서 소비자와 접점을 늘리며 채널을 다변화하려는 것입니다. 온라인에서 성공을 맛본 브랜드들이 충성도 높은 고객층을 발굴하고 지속적인 관계를 형성하기 위해 오프라인으로 영역을 넓혔습니다. 온라인몰의 영향력이 오프라인 유통채널을 넘어섰기 때문입니다. 이제 온라인몰은 오프라인을 본격적으로 공략하기 시작했습니다.

네 번째는 광고에 대한 불신 때문입니다. 소비자들은 하루에도 수도 없이 많은 광고와 메시지에 노출됩니다. 그렇다 보니 광고 자체에 대한 거부감이 있습니다. 반면 자신의 경험이나 아는 사람의 추천은 비교적 신뢰합니다. 여기서 아는 사람은 실제 아는 사람만을 의미하지 않습니다. 페이스북 친구, 인스타그램 팔로워 등이 해당됩니다. 아는 사람이 주는 정보는 효과가 있습니다. 온라인에서 활동하는 인플루언서들은 유행에 민감한 사람들입니다. 기업들은 화려한 플래그십 스토어를 만들어 놓고 블로거와 인플루언서들을 끌어들임으로써 입소문 효과를 노리고 있습니다.

다섯 번째는 MZ세대 때문입니다. MZ세대는 새로운 소비권력으로, 자신에게 가치가 있다고 여겨지는 것에 기꺼이 지갑을 엽니다. 이전 세대보다 풍요롭게 자란 MZ세대는 어렸을 때부터 다양한 것을 접하며 안목이 높아지고 취향이 확고해졌습니다. 이들은 광고나 브랜드 이미지에 휘둘리지 않고 본인의 가치 판단에 따라 제품을 구매합니다. 편의점에서는 적은 금액이라도 혜택을 활용하면서도, 가치가 있다고 생각하면 몇십만 원이 넘는 상품도 사는 식입니다. 자신의 신념을 소비에 반영하는 세대이면서, 남을 의식하기보다 자신의 만족도에 더 가치를 부여하는 세대입니다.

대안적 소비, 환경, 신념, 명분, 스토리 등이 소비에 영향을 미치기 시작하면서 기업들은 자신만의 이야기를 들려주기 위해 플래그십 스토어에 정성을 들이고 있습니다.

플래그십 스토어의 한계점

브랜드를 갖고 있는 기업들은 한번쯤 플래그십 스토어를 만들고 싶어합니다. 그러나 플래그십 스토어는 여러 가지 한계점도 존재합니다.

대표적으로 높은 초기 투자 비용을 들 수 있습니다. 브랜드가 자체 매장을 개설할 때는 인테리어 디자인, 직원 고용, 재고 관리 등에 많은 비용이 발생합니다.

두 번째는 운영상의 리스크가 존재합니다. 매출 부진, 직원 관리 등 운영상 어려움 등은 직접적인 영향을 줍니다. 특히 매장이 위치한 지역의 경제 상황이 나빠지거나 경쟁 브랜드가 인근에 생기는 경우, 매출에 큰 타격을 입을 수 있습니다.

세 번째는 위치 선정의 어려움입니다. 브랜드 이미지에 적합한 최적의 위치를 찾기 어렵습니다. 예를 들어 럭셔리 브랜드가 고객층이 밀집한 고급 쇼핑가에 매장을 오픈하고자 할 때, 높은 임대료나 경쟁 브랜드와의 위치 경쟁 등으로 인해 적합한 매장을 확보하기 어려울 수 있습니다.

네 번째는 제한된 타깃 고객층입니다. 브랜드 정체성에 맞는 제품군으로 인해 고객 기반의 범위가 제한될 수 있습니다. 예를 들어 고급 수제 가방만을 판매하는 브랜드의 경우, 가격대가 높아 일반 대중보다는 소득 수준이 높은 층에게만 어필해야 합니다.

다섯 번째는 브랜드 정체성 유지의 어려움입니다. 브랜드 정체성을 유지하면서 새로운 것을 시도하거나 변화를 주기가 어렵습니다. 예를 들어 전통적인 가치를 중시하는 브랜드가 트렌디한 제품을 출시하고자 할 때, 기존 고객층의 반발이나 브랜드 정체성이 훼손될 수 있습니다.

플래그십 스토어, 어떻게 활용할 것인가?

플래그십 스토어는 일반 매장에 비해 높은 임대료와 운영 비용이 발생하므로, 장기적 관점에서 수익성을 고려해야 합니다. 이를 위해 누가 고객인지, 매장을 어디에 열지, 얼마나 벌 수 있을지 꼼꼼히 분석해 접근해야 합니다. 구매력 있는 고객이 지속적으로 방문할 수 있는 입지여야 하며, 상권의 발전 가능성, 임대 조건 등을 면밀히 검토해야 합니다.

두 번째는 매장 운영, 고객 서비스 등 분야에서 전문성 있는 인력을 확보해야 합니다. 판매하는 것은 제품일 수 있지만, 고객들은 서비스를 통해 통합적 경험을 합니다. 플래그십 스토어의 디자인이 하드웨어라면, 매장을 운영하는 사람들은 소프트웨어에 해당합니다. 고객에게 최상의 경험을 제공하고 브랜드 가치를 효과적으로 전달하기 위해서는 매장 운영과 고객 서비스 분야의 전문성이 필수적입니다.

세 번째는 입지 분석입니다. 플래그십 스토어는 단순히 눈에 띄는 자리가 아니라, 브랜드 특성과 목표에 부합하는 최적의 위치를 찾는 것이 중요합니다. 이를 위해 철저한 상권 분석, 고객 조사 등이 선행되어야 하며, 장기적 관점에서 전략적 의사결정이 필요합니다. 주변 상권 분위기, 건물 외관 등도 브랜드 이미지와 조화를 이뤄야 합니다.

네 번째는 기존 고객층과 새로운 고객층을 모두 끌어들일 수 있는 제품 구성을 기획해야 합니다. 이를 위해 매장 내 이벤트, 체험 마케팅 등을 통해 차별화된 쇼핑 경험을 제공해야 합니다.

다섯 번째는 콜라보레이션, 한정판 제품 등 새로운 시도를 통해 유연성을 확보해야 합니다. 다른 브랜드나 예술가와 협력하거나, 한정판 제품을 출시하여 매장의 매력도를 높여야 합니다. 한정판이나 매장 단독 상품 등을 선보이면 희소성과 매력도가 높아집니다.

앞으로의 플래그십 스토어는?

플래그십 스토어는 이제 단순한 오프라인 매장이 아닌, 브랜드의 가치와 경험을 제공하는 복합 문화 공간으로 진화하고 있습니다. 매장 내 다양한 이벤트와 프로그램을 통해 고객 인게이지먼트(Engagement, 총체적 고객경험)를 높이고, 브랜드 로열티를 제고해야 합니다. 단순히 제품을 구매하는 것을 넘어, 브랜드에 대한 애착과 충성도를 갖게 하는 것이 핵심입니다.

더불어 플래그십 스토어는 옴니채널 전략의 중심 허브로서, 온라인과 오프라인을 아우르는 일관된 고객 경험을 설계하는 데 주력하고 있습니다. 매장에서의 체험과 모바일, SNS 등 디지털 채널을 연계하여 고객 여정을 끊김없이 연결하는 것이 중요한 과제입니다.

나아가 플래그십 스토어는 이종 브랜드와의 협업과 콜라보레이션을 통해 새로운 가치를 창출하는 플랫폼으로 발전할 것으로 기대됩니다.

결국 플래그십 스토어는 브랜드 경험을 혁신하고 고객과의 소통을 극대화하는 종합적인 브랜드 플랫폼으로서, 온·오프라인을 유기적으로 연계하는 허브 역할을 수행하게 될 것입니다.

로컬 스토리를 담아내는 로코노미

지역 고유의 가치를 재발견하다

로코노미(Loconomy)는 로컬(Local)과 이코노미(Economy)의 합성어로, 지역 경제를 활성화하고 지역 고유의 가치를 창출하는 비즈니스 모델을 의미합니다. 이는 단순히 지역 상품을 소비하는 것을 넘어서, 해당 지역의 문화, 전통, 그리고 특색을 반영한 상품과 서비스를 개발하고 판매하는 경제 활동을 포괄합니다.

로코노미의 등장은 글로벌화와 디지털화가 가속화되는 현대 사회에서 지역 고유의 가치와 지속 가능한 발전을 중요하게 여기는 사회경제적 트렌드입니다. 전 세계적으로 동일한 상품과 서비스가 넘쳐나는 가운데, 소비자들은 점점 더 자신만의 독특한 경험과 개성을 반영할 수 있는 상품과 서비스를 찾고 있습니다. 이러한 소비자의 욕구는 지역 고유의 문화와 제품에 대한 관심으로 이어지며, 로코노미는 이러한 수요를 충족시키는 중요한 방법으로 부상했습니다.

또한, 로코노미는 지역 경제의 활성화에 기여함으로써 지역 사회의 발전과 지역 간 격차 해소에 중요한 역할을 합니다. 지역 상품과 서비스의 개발 및 판매는 지역 내 일자리 창출, 지역 브랜드 가치 상승, 그리고 지역 문화 보존 및 전승에 기여합니다. 이는 궁극적으로 지역과 중앙 간의 균형 있는 발전을 촉진하고, 지속 가능한 경제 성장의 기반을 마련합니다.

커머스의 미래를 로컬에서 찾는 이유가 바로 여기에 있습니다. 로코노미는 단순한 경제 활동을 넘어서 문화적 가치와 지속 가능성을 중시하는 현대 사회의 필수적인 요소로 자리잡고 있습니다. 이러한 흐름은 기업과 소비자 모두에게 새로운 기회와 도전을 제시하며, 앞으로도 커머스 분야에서 중요한 변화와 혁신을 이끌 것으로 예상됩니다.

자본으로 확장되는 로코노미

그동안 하나로마트(농협)나 지자체 등에서 운영하는 로컬 매장(로컬푸드)과 최근의 로코노미 트렌드는 다소 차이가 있습니다. 로컬 매장은 주로 지역 농협이나 지자체 등에서 운영을 하고 있습니다. 공공기관에서 운영되다 보니 판매 수수료가 낮다는 장점은 있었지만, 대형 유통업체만큼의 전문적인 매장 운영 능력이나 경험이 부족했습니다. 지역에만 초점을 맞추다 보니 제품 라인업 및 가격 경쟁력도 부족했습니다. 로컬 매장에서 판매하는 상품들은 소비자들이 일상적으로 구매하는 제품보다 가격이 비쌌고, 제품의 다양성도 부족했습니다.

반면 최근의 로코노미 트렌드는 지역의 스토리를 기반으로 선택과 집중, 그리고 자본을 중심으로 확장되고 있습니다. '진도 대파 크림 크로켓 버거'가 대표적입니다. 진도 대파 크림 크로켓 버거는 맥도널드가 버거 맛도 살리고 우리 농가도 살리는 로컬 소싱 프로젝트 Taste of Korea(한국의 맛) 일환으로 출시된 메뉴입니다. 일반 대파보다 맛과 향이 진한 진도 대파를 활용한 이 버거는 으깬 감자와 송송 썬 진도 대파가 박힌 크림치즈로 속을 채운 크로켓이 특징입니다. 출시 후 한 달 만에 150만 개 이상이 판매되었고, 판매 종료 후 고객들의 요청으로 재출시되기도 했습니다.

CU편의점이 연세우유와 협업하여 출시한 '한라봉 생크림빵'은 제주도와 우도에서만 판매되었음에도 불구하고 품절 대란을 일으켰고, 스타벅스는 상생 음료 프로젝트의 일환으로 옥천의 특산물인 단호박과 공주의 특산물인 밤을 사용한 라떼 메뉴를 선보이기도 했습니다.

로코노미가 로컬푸드와 차이점

로코노미 트렌드와 전통적인 로컬 매장의 비즈니스 모델은 지역 경제 활성화라는 공통된 목표를 가지고 있지만, 접근 방식에서 차이를 보입니다. 로코노미는 제품 자체뿐만 아니라 그 제품이 만들어지는 배경, 지역의 문화와 전통 등의 스토리를 중요한 가치로 삼습니다. 이를 통해 소비자는 단순히 물건을 구매하는 것이 아니라, 그 지역의 이야기와 문화를 경험하게 됩니다. 이러한 스토리텔링은 제품의 차별화를 이루고, 소비자의 감성을 자극하여 브랜드 충성도를 높입니다.

로코노미 비즈니스 모델은 디지털 마케팅과 소셜 미디어를 적극적으로 활용합니다. 이를 통해 지역의 제한을 넘어 전국적, 때로는 글로벌한 소비자에게 도달할 수 있습니다. 또한, 온라인 플랫폼을 통한 소비자와의 직접적인 소통은 제품 개발 및 개선에 있어 실시간 피드백을 가능하게 합니다.

로코노미 트렌드는 소비자 행동의 변화, 지역 고유의 문화와 제품의 재발견, 지역 경제 활성화 등과 맞물려 꾸준히 성장할 것입니다. 하지만 로컬이라는 이름만으로는 판매가 되지 않습니다. 맥도널드나 스타벅스 등과 협업할 수 있는 지역이나 상품은 한정적입니다. 로코노미 트렌드가 마케팅 활동을 넘어 하나의 비즈니스 모델로 성장하려면 지역에 다양한 편집 매장이 존재해야 합니다.

편집 매장은 다양한 브랜드와 제품을 선별하여 판매하는 공간으로, 브랜드들이 단독으로 하기 어려운 여러 가지 영역을 제공함으로써 독특한 수익 모델을 만들어갈 수 있습니다. 편집숍은 고객에게 다양한 브랜드의 제품을 한곳에서 비교하고 경험할 수 있는 기회를 제공하며, 이는 고객의 편의성을 높이고 브랜드 인지도를 증가시킬 수 있는 장점이 있습니다. 또한, 편집숍은 특정 라이프스타일이나 취향을 반영한 제품들을 큐레이션함으로써 목표 고객층에게 강력한 매력을 발휘할 수 있습니다.

편집 매장이 성공하기 위해서는 매장과 판매하는 특산품에 대한 독특한 이야기를 만들어야 합니다. 각 제품의 유래, 제조 과정, 지역적 특성 등을 강조하여 고객에게 감동을 주고, 제품 구매를 통해 그 이야기의 일부가 될 수 있도록 합니다.

로컬에서 무엇을 제공해야 하나?

관계적인 측면에서 로컬 매장은 지역 커뮤니티와 협력하여 지역 행사, 축제 등에 참여하고, 지역 생산자와 긴밀히 협력하여 신뢰할 수 있는 제품 소싱을 확보해야 합니다. 이를 통해 지역 경제에 기여하고, 고객과 지역 사이의 긍정적인 관계를 촉진할 수 있습니다.

소비자 측면에서는 체험형 쇼핑이 제공되어야 합니다. 매장을 단순한 구매 장소가 아닌, 고객이 직접 제품을 체험하고 배울 수 있는 공간으로 만들어야 합니다. 예를 들어, 시음회, 제품 제조 워크숍, 지역 문화 소개 이벤트 등을 개최하여 고객 참여를 유도할 수 있습니다. 더 나아가 고객의 취향과 요구를 파악하여 개인화된 쇼핑 경험을 제공해야 합니다. 이를 통해 고객 충성도를 높이고, 입소문을 통한 자연스러운 홍보 효과를 기대할 수 있습니다.

온라인 마케팅 및 온라인 판매 채널도 운영되어야 합니다. 네이버 스마트플레이스(지도 정보)에 매장 정보를 등록하고, 판매 상품에 대한 스토리를 블로그, 인스타그램, 유튜브 등을 통해 제공할 수 있어야 합니다. 또한 스마트스토어 등을 통한 온라인 판매 채널도 있어야 합니다. 온라인 채널을 활용해 지역 밖의 고객에게도 도달할 수 있어야 하고, 재구매를 하고 싶은 사람들이 손쉽게 구매할 수 있도록 해야 합니다.

유연한 상품 구성과 재고 관리는 운영적인 측면에서 중요합니다. 아무리 매력적인 상품이라도 시간이 지나면 식상해지기 마련입니다. 시즌별, 트렌드에 따른 상품 구성의 유연한 조정이 필요하며, 이를 위해서는 효율적인 재고 관리도 병행되어야 합니다.

로컬은 글로벌을 지향해야 한다

로코노미에서 지역적 특성은 브랜드의 정체성을 형성하는

핵심 요인입니다. 지역의 고유한 특성을 살린 제품과 서비스는 소비자들에게 새로운 경험을 제공하고, 이를 통해 브랜드의 차별화된 가치를 만들어냅니다. 그러나 지역의 특산품이든, 지역의 상품을 모아놓고 판매하는 편집숍이든 로컬에서 시작했지만 글로벌을 지향해야 합니다.

로컬이 글로벌을 지향해야 하는 이유는 차별화가 동질화되기 때문입니다. 춘천 감자빵이 대표적인 사례입니다. 감자와 똑같은 모양으로 만들어진 춘천 감자빵은 수없이 많은 시행착오를 거쳐 만들어졌고, 200억 원이 넘는 매출을 올릴 정도로 크게 성공했습니다. 그러나 춘천 감자빵이 성공하자 수많은 유사 제품이 쏟아져 나왔습니다. 물론 경쟁자의 출현으로 감자빵을 모르던 사람들도 감자빵을 알게 되었기 때문에 경쟁자의 출현을 무조건 나쁘게만 볼 수는 없습니다.

춘천 감자빵이 크게 성공할 수 있었던 이유는 로컬에만 머무르지 않았기 때문입니다. 감자는 강원도의 풍토와 문화를 담고 있는 키워드로 감자빵의 정체성을 형성합니다. 그러나 젊은층을 공략하기 위해 콘텐츠를 입히면서 유명해지기 시작했고, 마켓컬리와 백화점 등에 입점하면서 큰 성장을 이룰 수 있었습니다.

로컬 제품이 하나의 브랜드로 성장하기 위해서는 장인정신과 품질이 필요합니다. 유럽의 명품 브랜드가 대표적인데요. 예를 들어 이탈리아의 구찌(Gucci), 프랑스의 샤넬(Chanel) 등은 지역적 특성과 전통적인 장인 정신을 기반으로 글로벌 시장에서 독보적인 위치를 차지했습니다.

유럽 명품 브랜드들의 성장 과정은 로컬에서 시작한 지역 상품들에게 시사하는 바가 큽니다. 로코노미 관점에서 볼 때, 글로벌화가 지역적 정체성의 소멸을 의미하지 않으며, 오히려 글로벌 시장에서 지역의 독특한 가치를 강조하고 확장할 수 있는 기회를 제공합니다. 지역적 특성과 문화가 글로벌 브랜드의 경쟁력을 강화할 수 있음을 보여주며, 이는 로컬과 글로벌의 상호 보완적 관계를 의미합니다.

로컬 브랜드는 출발점 자체가 지속가능성에 있습니다. 현대 소비자들, 특히 밀레니얼 세대와 Z세대는 지속가능성과 사회적 책임을 중시하는 경향이 있습니다. 이들은 자신의 구매가 환경에 미치는 영향을 고려하고, 제품 생산 과정의 윤리적 기준을 따집니다.

로코노미 브랜드가 성공하기 위해서는 이러한 가치를 제품과 서비스에 반영하고, 이를 명확하게 커뮤니케이션하는 것이 필수적입니다. 이는 로코노미가 지향하는 지역 경제 활성화와 자원의 지속가능한 사용이 소비자들의 가치와 일치한다는 점에서 장점이 될 수 있습니다.

물론 이를 위해서는 디지털 마케팅과 소셜 미디어 등의 힘을 활용해야 합니다. 소셜 미디어는 지역 브랜드가 전 세계 소비자들과 직접 소통할 수 있는 강력한 도구로, 브랜드 스토리텔링과 지역 문화 전파에 큰 역할을 합니다. 인스타그램, 페이스북, 유튜브 등을 통해 지역의 이야기와 제품 제작 과정, 브랜드가 추구하는 가치를 공유함으로써 글로벌 소비자들의 관심과 신뢰를 얻을 수 있습니다.

로코노미는 단순히 로컬 제품을 판매하는 것을 넘어 지역의 문화와 정체성을 전파하고, 글로벌 시장에서 차별화된 가치를 제공할 수 있는 기회입니다. 성공적인 로코노미 비즈니스 모델을 구축하기 위해서는 지역성과 글로벌 지향성을 조화롭게 결합해야 하며, 이를 통해 지속가능한 성장과 발전을 이룰 수 있을 것입니다.

브랜딩과 마케팅에 활용되는 로컬

장소를 브랜딩에 활용하는 기업들

최근 들어 특정 장소를 브랜딩 소재로 활용하는 사례가 증가하고 있습니다. 장소 브랜딩은 단순히 로고나 슬로건을 만드는 것을 넘어서, 그 장소의 독특한 가치와 특성을 발굴하고, 이를 통해 장소의 독특한 이야기를 만들어내는 과정입니다. 이 과정에서 그 장소의 역사, 문화, 풍경, 사람들, 그리고 그 장소에서 만들어지는 제품과 서비스 등이 모두 중요한 요소가 됩니다.

장소 브랜딩은 로컬 커머스와도 밀접한 관련이 있습니다. 로컬 커머스는 지역의 특산품이나 서비스를 활용하여 지역 경제를 활성화하는 활동인데, 이는 장소 브랜딩을 통해 그 장소의 가치를 높이고, 그 장소에 대한 긍정적인 인식을 확산하는 데 큰 도움이 됩니다.

또한, 오프라인 매장에서의 경험은 소비자에게 그 장소의 브랜드를 체험할 수 있는 중요한 기회를 제공합니다. 특히, 그 장소의 문화를 반영한 디자인, 지역 특산품을 활용한 제품, 그리고 그 장소의 이야기를 전달하는 서비스 등을 통해 소비자에게 기억에 남는 경험을 제공할 수 있습니다.

장소 브랜딩의 대표적 사례로 스타벅스코리아를 들 수 있습니다. 스타벅스는 집과 사무실 이외에 '제3의 공간'이라는 개념으로 수많은 경쟁자를 제치고 독보적인 위치에 오를 수 있었습니다. 그런데 스타벅스가 한 단계 더 진화한 행보를 보이고 있습니다. 공간의 개념을 지역의 역사와 문화까지 담은 공간으로 확장하고 있는 것입니다.

30년간 방치되어 있던 경동시장 내 경동극장을 리모델링한 경동 1960점이 대표적입니다. 경동시장은 1960년에 조성된 전통시장이고, 시장 한가운데 시장의 이름을 딴 경동극장이 있었습니다. 그런데 1990년대 복합상영관 시대가 열리면서 경쟁에 밀리기 시작했고, 1994년에 폐업하게 됩니다. 경동 1960점은 매장명에서 알 수 있듯이 매장 곳곳에 시간의 흔적이 남아 있습니다. 매장에 들어오려면 극장 복도를 지나 옛날 문을 열어야 하고, 천장과 벽도 옛 건물 그대로입니다. 고객들이 앉는 의자와 소파는 기존 상영관 좌석에 놓여있던 계단을 그대로 살려냈고, 바리스타들이 음료를 만드는 공간은 극장 스크린이 있던 무대입니다. 바리스타들이 무대에 올라 커피를 만드는 모습을 연출해 고객들이 공연을 즐길 수 있도록 한 것입니다.

스타벅스코리아는 지역의 특성을 살린 스페셜 스토어를 계속해서 확대해가고 있습니다. 경복궁점은 한국의 전통 주거 형태인 한옥 스타일로 디자인되어 전통과 현대가 조화를 이룬 독특한 분위기를 자아냅니다. 부산 해운대점은 바다를 바라보는 탁 트인 전망에서 해운대의 아름다운 해변과 스타벅스의 커피를 즐길 수 있는 경험을 제공합니다. 대구 종로고택점은 1919년에 지어진 고급 한옥을 새롭게 단장했는데, 지붕 서까래와 대들보, 기둥, 마루 등 기존 건축 자재를 최대한 보존했습니다.

스타벅스가 진행하고 있는 것과 같은 장소 브랜딩은 특정 지역이나 도시의 이미지를 구축하고 관리하는 과정을 말합니다. 이는 해당 장소의 인지도를 높이고, 관광객이나 투자자를 유치하는 데 도움이 됩니다. 장소 브랜딩은 그 장소의 문화, 역사, 경치, 특색 등을 강조하여 그곳의 독특한 매력을 전달하는 것을 목표로 하는데, 기업 측면에서는 장소와 브랜드를 연결지을 수 있어야 합니다.

지역 특성을 반영한 상품 개발

기업이 장소와 브랜드를 연결 짓는 가장 대표적인 방법이 지역의 특성을 반영한 상품을 개발하는 것입니다. 아모레퍼시픽이 대표적인데요. 아모레퍼시픽의 이니스프리는 '제주도의 순수함'이라는 브랜드 아이덴티티를 가지고 있습니다. 이니스프리의 많은 제품들은 제주도에서 자라는 식물들을 주요 성분으로 사용하고 있습니다.

예를 들어, 이니스프리의 대표 상품 중 하나인 제주 녹차 라인은 제주도에서 직접 재배한 녹차를 주요 성분으로 사용하고 있습니다. 또한, 제주 토종 미생물 효모 라인은 제주도의 토종 미생물인 효모를 활용하여 피부의 생기를 회복시키는 데 도움을 줍니다. 이 외에도 제주 화산송이 라인, 제주 감귤 라인 등 제주도의 자연을 활용한 다양한 제품 라인을 선보이고 있습니다.

이렇게 이니스프리는 제주도의 자연환경과 지역 특성을 반영한 제품 개발을 통해 소비자들에게 '제주도의 순수함'이라는 브랜드 경험을 제공하고 있습니다. 이는 브랜드 이미지를 강화하고, 동시에 제주도의 매력을 세계에 알리는 데 기여하고 있다고 볼 수 있습니다.

이니스프리와 같은 접근은 해외에서도 많이 사용되는데요. 스웨덴의 스킨케어 브랜드인 포레오(FOREO)는 고유의 브랜드 아이덴티티와 스웨덴의 청정한 자연환경을 반영한 제품으로 전 세계적인 인기를 끌고 있습니다.

포레오는 피부 관리를 위한 혁신적인 기술과 디자인을 지향하는 브랜드로, 대표적인 제품인 '루나'는 T-Sonic™ 펄세이션 기술을 적용한 페이셜 클렌징 브러시입니다. 이 제품은 피부를 깊숙이 클렌징하면서도 부드럽게 관리해 주어, 전 세계적으로 많은 사랑을 받고 있습니다. 또한, 포레오는 스웨덴의 청정한 자연환경을 제품에 반영하고 있습니다. 스웨덴의 깨끗한 물과 공기, 청정한 자연환경에서 얻은 성분을 제품에 활용하여, 사용자들에게 건강하고 깨끗한 피부를 선사하고 있습니다.

이렇게 스웨덴의 청정한 자연환경을 제품에 반영함으로써, 포레오는 브랜드의 가치를 높이고 독특한 브랜드 체험을 제공하고 있습니다. 이러한 포레오의 전략은 소비자들에게 스웨덴의 청정한 자연을 체험할 수 있는 기회를 제공하며, 동시에 브랜드 이미지를 강화하는 데 크게 기여하고 있습니다.

이니스프리와 포레오가 전체적인 전략 측면에서 접근한다면 마케팅 측면에서 활용되는 사례도 다양합니다. 예를 들어 롯데제과는 부산의 대표 음식인 밀면을 모티브로 한 '부산 밀면 칩', 제주도의 특산품인 한라봉을 활용한 '제주 한라봉 젤리' 등 지역 특성을 반영한 지역 한정판 과자를 선보여 많은 인기를 끌었습니다. 코카콜라는 일본의 다양한 지역에서 유명한 과일이나 특산품을 활용해 지역 한정판 음료를 출시하여 큰 호응을 얻기도 했습니다.

물론 장소 브랜딩이 모두 성공하는 것은 아닙니다. 장소 브랜딩이 의도한 효과를 거두지 못한 이유는 몇 가지로 정리해볼 수 있습니다.

첫 번째는 지역의 역사나 문화를 무시한 경우입니다. 북한산에서 판매하는 기념품이나, 계룡산에서 판매하는 기념품에 큰 차이가 없는 것과 같습니다. 지역의 역사, 문화, 전통 등을 무시하고 장소 브랜딩을 진행하면, 그 장소의 원래 가치가 희석되기 마련입니다.

두 번째는 지역사회와의 소통이 부족한 경우입니다. 장소 브랜딩은 그 장소의 주민들과 적극적으로 소통하며 진행되어야 합니다. 그러나 이런 소통이 부족할 경우, 브랜딩이 지역 주민들의 반발을 불러왔을 때 그 브랜딩은 실패로 이어질 수 있습니다.

세 번째는 과도한 상업화를 들 수 있습니다. 브랜딩이라는 과정 자체가 직접적인 판매와는 차이가 있습니다. 브랜딩은 사람들의 마음속에 자리잡는 과정이기 때문에 과도한 상업화는 그 장소의 독특한 특성을 희석시키곤 합니다. 또한 그 장소를 방문하는 사람들에게 부정적인 인상을 줄 수 있습니다. 이는 장기적으로 보면 그 장소의 브랜드 가치를 떨어뜨리는 요인이 됩니다.

로컬에서 성장하는 브랜드

특정 지역이나 장소를 중심으로 활동을 하는 로컬 크리에이터들도 증가하고 있습니다. 로컬 크리에이터는 그들이 살고 있는 지역의 특성, 문화, 역사 등을 이해하고 이를 기반으로 다양한 제품이나 서비스를 제공하는 사람들을 말합니다. 이들은 지역 특색을 살린 제품 개발로 지역 경제에 기여하며, 동시에 그 지역의 매력을 널리 알리는 역할을 합니다.

로컬에서 활동하는 사례로 경상북도 칠곡군 왜관읍에 있는 므므흐스가 주목받고 있습니다. 므므흐스는 폐허로 버려진 마늘 공장을 수제 햄버거 매장으로 개장한 곳인데요. 므므흐스는 폐허로 버려진 마늘 공장을 수제 햄버거 매장으로 개장한 곳인데요. '므므흐스 부엉이버거'는 알레르기가 심한 아내를 위해 남편이 몸에 좋은 식재료를 공수해 만든 햄버거에서 시작되었습니다.

주변 사람들에게도 인기를 끌자 이를 지켜본 아내가 햄버거를 남녀노소 즐길 수 있는 건강한 메뉴로 만들어야겠다고 다짐합니다. 그리고 경남 밀양의 흑마늘 진액, 왜관읍의 친환경 토마토 등 지역 농가에서 직접 조달한 건강한 식재료로 므므흐스만의 차별화된 햄버거를 만들었습니다. 므므흐스가 만든 수제 버거는 당뇨가 있는 임산부, 소화가 잘 안 되는 노인들까지 안심하고 즐길 수 있는 햄버거로 인기를 끌고 있습니다.

특산품이 아닌 서비스를 개발하는 사례도 증가하고 있는데요. 제주 해녀의 부엌이 대표적입니다. 해녀의 부엌에서는 해녀의 삶과 역사, 그리고 그들의 지속가능한 생태계 보존에 대한 노력 등을 연극 등의 형태로 이야기합니다. 이를 통해 소비자들에게 제주의 문화와 역사에 대한 이해를 높이는 기회를 제공합니다. 또한 해녀의 부엌에서는 제주 해녀가 직접 잡은 싱싱한 해산물을 사용하여 요리를 제공합니다. 이는 제주의 청정한 자연환경과 해녀 문화를 반영하며, 이를 통해 소비자들에게 제주의 독특한 매력을 전달합니다. 해녀의 부엌은 제주의 자연과 문화를 반영한 제품과 서비스를 제공함으로써 제주의 브랜드 가치를 높이고 지역 경제에 기여하는 로컬 크리에이터의 활동을 잘 보여주는 사례입니다.

물론 수많은 로컬 크리에이터는 빛을 보지 못합니다. 로컬 크리에이터가 지역 특성을 반영하여 상품을 출시하더라도 소비자들의 선택을 받지 못하는 이유는 시장조사의 부족을 들 수 있습니다. 여기서 말하는 시장조사에는 고객 가치와 시장성을 모두 포함합니다. 하지 않아도 되는 일을 생산적으로 한다면 의미가 있을까요? 마찬가지로 고객들이 필요로 하지 않는 제품이나 서비스를 만드는 것이 의미가 있을까요? '내가 할 수 있으니까'가 아니라, '소비자들이 필요로 하는' 것을 만들어야 합니다. 소비자들의 니즈나 선호를 제대로 파악하지 못하고 개발한 상품은 소비자들의 관심을 끌지 못하기 마련입니다.

시장조사를 위해 필요한 것이 고객을 구체적으로 정의하는 것입니다. "모두에게 좋아요"라는 말은 "저는 고객들이 무엇을 원하는지 모릅니다"와 같은 의미입니다. 상품 개발 초기 단계에서 타깃 고객을 정확히 설정하고, 그들의 니즈를 충족시키는 제품을 개발하는 것이 중요합니다.

품질, 가격 경쟁력, 마케팅 역량

로컬 크리에이터는 지역의 특색 있는 재료와 스토리를 활용하여 차별화된 상품을 만들어냅니다. 수작업의 경우 만든 사람의 스토리가 함께 포함되기 때문에 정성스럽다는 장점이 있습니다. 그러나 안정적인 생산 역량과 품질관리가 미흡한 경우도 있습니다. 로컬에서 추구하는 가치나 스토리만으로 지속적인 구매를 이끌어내기는 어렵습니다.

로컬 크리에이터의 상품이 시장에서 선택받고 입소문을 타기 위해서는 무엇보다도 품질이 뒷받침되어야 합니다. 품질은 양보할 수 없는 절대가치로 여겨집니다. 여기서 절대가치란 고객이 제품이나 서비스를 평가할 때 고려하는 핵심적인 요소로, 제품의 성능, 내구성, 안정성, 사용 편의성 등이 포함됩니다. 이러한 절대가치는 고객 만족도와 직결되며, 나아가 재구매 의사나 추천 여부에도 큰 영향을 미칩니다.

가격 경쟁력도 필요합니다. 명품이 비싼 가격에 거래되는 것은 상징성이 있기 때문이고, 사람들이 명품임을 알아봐주기 때문입니다. 원가 등이 비싼 문제를 극복하지 못하고 '우리 상품은 프리미엄을 지향합니다'라고 주장해도 고객이 받아들이지 않습니다. 희소성, 의미와 가치, 스토리와 같은 비가격적 요소를 부각시켜 한 두번은 판매할 수 있지만 지속되기는 어렵습니다. 상품 가격에 경쟁력이 없다면, 소비자들은 비슷한 제품 중 가격이 더 저렴한 것을 선택할 가능성이 높습니다. 가격은 소비자 구매 결정에 큰 영향을 미치는 요인 중 하나입니다.

로컬 크리에이터에게는 마케팅 역량도 필요합니다. 여기서 마케팅은 인스타그램이나 유튜브 등 SNS만을 의미하지 않습니다. 성공적인 마케팅을 위해서는 로컬 크리에이터가 시장을 잘 이해하고, 적절한 마케팅 전략을 세우며, 제품 품질을 유지하고, 필요한 자원을 확보하는 것이 중요합니다. 지역이나 장소에 대한 충분한 이해가 있다해도, 시장에 대한 이해가 부족하면 마케팅은 실패할 수 있습니다. 제품이나 서비스의 타깃 고객을 정확히 파악하지 못하거나, 고객 요구와 기대에 맞추지 못한 제품을 제공했기 때문입니다.

트렌드로 성장한 워케이션

워케이션(Workation)은 Work와 Vacation의 합성어로, 글로벌 팬데믹 이후 주목받기 시작한 트렌드입니다. 디지털 기술의 발전은 인터넷이 연결되는 환경이라면 어디서든 업무를 수행할 수 있게 만들었고, 이는 여행을 즐기면서도 업무를 병행할 수 있는 워케이션을 가능하게 했습니다. 이러한 워케이션은 일과 휴식을 한 번에 충족시키는 새로운 라이프스타일로 자리잡고 있습니다.

워케이션의 등장 배경은 디지털 전환과 원격근무의 확산, 그리고 코로나19 팬데믹으로 인한 생활 패턴 변화에서 찾을 수 있습니다. 코로나19 이후 고정된 사무실 근무보다 유연한 근무 환경을 선호하는 경향이 두드러졌고, 이에 따라 일과 쉼을 동시에 만족시킬 수 있는 워케이션이 주목받게 되었습니다.

비즈니스 측면에서 워케이션은 생산성 향상, 직무 만족도 향상, 이직률 감소, 비용 절감 등의 효과가 있습니다. 시간과 장소의 제약이 줄어들면 근로자들은 집중력을 높여 더 창의적인 일을 할 수 있습니다. 워케이션은 일과 휴식을 동시에 즐기면서 근로자 만족도를 높이며, 이는 이직률 감소로 이어집니다. 기업은 비싼 임대료를 내며 사무실을 유지할 필요 없고, 근로자는 출퇴근 비용을 절감할 수 있습니다.

워케이션은 지역 관광 측면에서도 효과가 있습니다. 강원도 속초시는 2023년 11월 '글로벌 워케이션 수도' 선포식을 열고 휴양형 대표도시로 조성하겠다고 발표했습니다. 관광 활성화와 생활인구 증가 등의 효과가 기대되기 때문입니다. 서울이나 수도권 거주민들이 속초시에서 워케이션을 하면 체류인구가 증가하여 지역 숙박업, 음식업, 관광업 등 경제에 이바지합니다.

워케이션의 장점은 일과 휴식을 동시에 충족할 수 있다는 것입니다. 일상에서 벗어나 휴식을 취하면서도 업무를 병행함으로써, 일상 스트레스를 해소하고 새로운 환경에서 창의력을 촉진시킬 수 있습니다. 물론 이를 위해서는 유연한 근무 환경과 원격근무 가능 업종이어야 합니다. 워케이션은 디지털 기술의 발전을 기반으로 합니다.

워케이션의 단점은 업무와 휴식의 경계가 모호하다는 것입니다. 휴식 중에도 업무 압박을 느끼면 정상적인 휴식이 어려워질 수 있습니다. 여행 환경이 업무 집중을 방해할 수도 있고, 휴식이 필요한 시간에도 업무를 처리해야 할 경우 충분한 휴식을 취하기 어렵습니다.

워케이션이 문화로 자리잡기 위해서는 환경 조성이 선행되어야 합니다. 근태 위주 업무 평가에서 벗어나 성과 중심으로 전환되어야 하며, 사용자와 근로자 간 신뢰가 필요합니다. 고용주는 재택근무 중에도 업무가 효과적으로 완수될 것이라 믿어야 하고, 근로자는 상사의 지원과 리소스 제공을 확신해야 합니다.

워케이션을 활용하려는 지자체는 업무 공간 인프라를 조성해야 합니다. 여기서 공간이란 주변 부대시설이 갖추어진 곳을 말합니다. 대중교통 접근성이 좋고 숙박, 식당 등 편의시설이 있어야 선택받을 수 있습니다. 인프라 구축으로 워케이션 근로자들의 지역 소비를 이끌어 내야 합니다.

워케이션 비즈니스 모델은?

로컬스티치의 시작은 2013년 서교동의 작은 주택을 개조하여 지역 상점 서비스와 유휴 공간을 연결한 골목형 호텔입니다. 2015년 리빙(Living)과 워킹(Working)에 함께(Co)의 의미를 담아 코리빙&코워킹 브랜드 로컬스티치를 설립했습니다. 2023년 상반기 기준, 월간 1,400명 이상의 멤버십 이용자와 26개 운영 지점, 1.6만 평 운영 면적, 임대율 93%의 실적을 내고 있습니다.

로컬스티치의 수익 모델은 첫째, 부동산 개발입니다. 부동산 개발은 자본지출(CAPEX) 방식을 사용하는데, 건물주를 투자자로 참여시켜 건물 개선이나 업그레이드에 필요한 자금을 투자하도록 합니다. 이를 통해 상업적 가치를 높이려는 전략입니다. 예를 들어 건물주에게 공간 활용이나 시설 개선 방안을 제안하면, 건물주가 투자해 건물을 개선하거나 업그레이드할 수 있습니다. 이렇게 하면 건물주는 단기적 비용 부담이 있지만 장기적으로 건물 가치를 높여 안정적 수익을 얻을 수 있습니다.

두 번째는 공간 운영 매출입니다. 마스터 리스 방식으로 운영하는데, 분양 후 임대 운영 업무를 대행하고 수익금을 일정 비율로 나누는 것입니다. 이 방식은 위워크가 활용했던 것으로, 건물주와 장기 계약 후 그 공간을 다시 단기로 임대해 차액을 수익으로 삼습니다.

세 번째는 멤버십 매출입니다. 로컬스티치 회원은 전국 로컬스티치 공용 시설을 이용할 수 있습니다. 서울 소공(小エ)에서 일하다 통영으로 갈 수 있는 식입니다. 통영점에는 100명 이상 동시 사용 가능한 코워킹 공간과 회의실이 있습니다.

네 번째는 입주 사업자의 매출 연동 임대료입니다. 로컬스티치에 입주한 기업을 '리테일'이라 부르는데, 고정 임대료가 아닌 매출에 따라 임대료를 받습니다. 이 방식은 리테일의 초기 비용과 경영 리스크를 줄여주고, 로컬스티치 입장에서는 리테일 성장을 지원하는 체계를 갖출 수 있습니다.

어드레스(ADDress)는 주거를 구독 형태로 선보인 일본 기업입니다. 월 4만 엔(약 45만 원) 비용으로 일본 전국 약 40여 곳의 거점에서 일정 기간 머무를 수 있습니다. 한 집에서는 최대 7일, 한 사람이 예약할 수 있는 최대 기간은 14일로 제한됩니다.

어드레스의 구독 모델은 셰어하우스와 다릅니다. 셰어하우스는 계약된 한 곳만 이용 가능하지만, 어드레스는 플랫폼 내 모든 주거 공간을 이용할 수 있습니다.

주요 고객은 도시를 떠나 자유롭게 일하고자 하는 사람들입니다. 지방 생활을 꿈꾸지만 한 곳에 발이 묶이는 것을 부담스러워하죠. 어드레스 구독료에는 기본 설비와 공과금, 택배 대행 등 편의가 포함됩니다. 각 지역 거점에는 '집 지킴이' 관리자가 있어 현지 생활 적응을 돕습니다. 어드레스는 시골과 민가 빈집을 사들이거나 임대하고, 호텔, 게스트하우스, 차량 공유 업체 등과 제휴를 맺고 있습니다.

어드레스와 같은 공유모델을 이야기 하자면 위워크를 배놓을 수 없습니다. 그런데 공유경제의 상징이었던 위워크(미국)는 파산했습니다. 가장 큰 이유는 높은 운영 비용과 수익성 부족했기 때문입니다.

위워크는 건물을 소유하지 않고 건물주와 장기 계약하는 방식으로 운영되었습니다. 건물주에 지급하는 임차료 외에도 위워크 컨셉에 맞게 시설을 개선하거나 편의시설에 추가 투자해야 했습니다. 이렇다 보니 위워크는 다른 공유 오피스보다 비용이 높을 수밖에 없었습니다. 위워크(코리아)의 임대료는 다른 곳에 비해 1.5~2.3배 높은 수준이었습니다.

하지만 경쟁이 있는 상황에서 위워크가 아무리 매력적인 공간과 편의시설을 갖추었다 해도 지나치게 높은 가격을 책정하기는 어려웠을 것입니다. 위워크코리아는 2022년 기준 매출 1,229억 원, 영업이익 393억 원을 달성했지만, 건물주가 제공했던 렌트프리(무상 임차) 기간이 끝나가고 있어 진짜 실력을 발휘해야 하는 시기가 오고 있습니다.

위워크의 사업 구조는 단순했습니다. 접근성 좋은 지역의 건물을 장기 계약으로 빌린 후, 1인 기업, 스타트업 등에 다시 단기로 임대하는(전대차) 방식입니다. 예를 들어 건물주에게 월 10만 원에 빌린 후 단기 공간 수요자에게 15만 원, 18만 원, 20

만 원에 임대해 운영비, 초기 투자비, 인건비 등을 회수하는 식입니다.

또한 초기에는 인테리어 등 추가 투자가 필요해 운영이 불안정할 수밖에 없습니다. 이 때문에 공유 오피스 사업자는 건물주에게 렌트프리(무상 임차 기간)를 요구합니다. 예를 들어 한 달 임대료가 10만 원이라면 1년치 120만 원을 지급해야 하는데, 4개월 렌트프리를 받아 80만 원만 내거나, 120만 원을 내고 16개월을 사용하는 식입니다. 렌트프리 기간 동안 초기 운영비를 확보할 수 있지만, 단기 임차인에게는 렌트프리를 적용하지 않습니다. 위워크의 계약서를 보면 1년 차 6개월, 2년 차 5개월 등 렌트프리 내용이 있습니다.

수익모델이 중요한 이유

공유경제 대표주자 위워크의 파산은 여러 교훈을 남깁니다. 매출 증가에 비례하지 않는 무분별한 확장은 재무적 불안정을 초래합니다. 신규 매장이 안정화되기 전에 또 다른 매장을 오픈하면 자금 운영에 문제가 생길 수밖에 없습니다.

경영환경 변화로 기존의 성장, 혁신, 내수 중심 생각에서 벗어나 수익성, 안정성, 글로벌화를 중시하게 되었습니다. 높은 운영비용과 수익성 부족을 외형 확장을 통한 규모의 경제 논리로 대체할 수 없게 된 것입니다.

과거 자금이 풍부했을 때 위워크는 무분별한 확장으로 성장성 지표를 내세워 투자를 받았지만, 시장은 이제 재무 건전성을 요구하고 있습니다. 위워크 파산은 단순한 한 기업의 흥망성쇠가 아니라, 지속가능한 성장, 책임감 있는 리더십, 현실적인 가치 평가의 중요성에 대한 교훈을 남겼습니다.

위워크 사례에서 알 수 있듯이, 워케이션 비즈니스 모델도 높은 초기 투자 비용과 운영 비용 등의 문제를 안고 있습니다. 로컬스티치와 같은 기업이 수익성 있는 비즈니스 모델을 만들어가기 위해서는 꾸준한 혁신과 효율화 노력이 필요할 것으로 보입니다.

또한 워케이션 수요층이 점차 늘어나면서 이들의 니즈를 충족시킬 수 있는 다양한 비즈니스 모델이 등장할 것으로 예상됩니다. 어드레스와 같이 주거 구독 서비스를 제공하거나, 워케이션 전문 리조트, 패키지 상품 등 새로운 형태의 상품과 서비스가 선보일 것입니다. 이에 따라 워케이션 시장은 더욱 다양해지고 경쟁도 치열해질 전망입니다.

결과적으로 워케이션 비즈니스 모델을 성공적으로 운영하기 위해서는 수익성 확보를 위한 전략과 함께 차별화된 상품 및 서비스를 지속적으로 개발해 나가야 할 것입니다. 단순한 공간 제공을 넘어 고객 니즈에 부합하는 가치를 제시해야 시장에서 경쟁력을 확보할 수 있을 것입니다.

오프라인에서 길을 찾는 D2C 브랜드

소비자에게 직접 판매하는 D2C

화장품은 오랫동안 오프라인을 중심으로 유통되었습니다. 향을 맡아보고, 내 피부에 맞는지 확인하고, 색상이나 모양 등을 확인해봐야 했기 때문입니다. 자주 사용하던 브랜드나 상품이 아니라면 온라인으로 화장품을 구매하는 것 자체가 낯선 일이었습니다.

그런데 온라인과 SNS를 중심으로 정보를 얻고 커뮤니케이션하는 방식이 일반화되면서 중간 유통 과정 없이 브랜드가 소비자에게 직접 판매하는 D2C 방식이 크게 증가하였습니다.

D2C에 구독(Subscription) 모델을 도입하여 성장한 브랜드로

톤28을 들 수 있습니다. 톤28은 소비자가 홈페이지를 통해 무료 피부 진단을 신청하면 바를거리 가이드(뷰티 컨설턴트)가 직접 찾아가거나(비대면 방식인 전화로도 진행) 피부 부위별(T존, U존, O존, N존) 데이터를 측정한 후 기후 알고리즘으로 화장품을 맞춤 제조합니다. 이렇게 완성된 맞춤형 제품을 10일 안에 배송해줍니다. 이런 방식은 과거 방문 판매와 유사한 부분이 있습니다.

톤28 입장에서 바를거리 가이드 운영은 비용 증가로 볼 수 있지만, 개인화된 화장품을 제공하고 관계를 형성하면 이탈률이 낮아지는 장점이 있습니다. D2C 방식이어서 유통 수수료를 절감할 수 있기에 바를거리 가이드 운영이 가격 상승으로 이어지지 않습니다. D2C 브랜드들은 SNS를 통해 소비자들을 자사 판매 플랫폼으로 유인하여 판매로 연결합니다. 유통 과정이 생략되다 보니 가격 경쟁력이 높고 소비자 의견에 민감하게 반응할 수 있습니다.

D2C 비즈니스모델의 한계점

물론 D2C 방식에는 한계가 있습니다. D2C로 소비자 정보를 확보해 고객 경험을 개선한다는 것은 기업의 바람일 뿐입니다. 소비자는 편리한 것을 취사선택하므로 D2C 방식으로 구매하기도 하고, 오프라인을 이용하기도 하며, 쿠팡이나 네이버 같은 플랫폼을 이용하기도 합니다.

기업이 D2C에 과도하게 의존하면 시장 변화에 취약해질 수 있습니다. 도매 유통 파트너와 협력하여 다양한 고객층을 확보하고 리스크를 분산시켜야 합니다. 이는 물류 및 재고 관리와도 연관되어 있는데, 자체 물류 시스템 구축에는 막대한 비용과 시간이 들어갑니다. 구축한 물류 시스템에 물동량이 감소하면 높은 고정비를 감당해야 합니다. 결국 D2C와 함께 기존 유통 파트너의 인프라를 활용하는 것이 효율적입니다.

유통 파트너가 필요한 또 다른 이유는 오프라인의 중요성 때문입니다. 온라인이 오프라인과 대등한 채널로 성장했음에도, 오프라인은 여전히 중요한 역할을 합니다. 고객들은 제품을 직접 보고, 만지고, 착용해볼 수 있는 오프라인 매장 경험을 원하므로, 유통 파트너와 협력이 필수적입니다. 나이키가 다양한 브랜드 및 리테일러와 협업하여 제품과 서비스를 선보이는 이유가 시장에서 영향력을 유지하기 위함입니다.

밀레니얼이 열광하는 브랜드, 글로시에

D2C 방식으로 성장 후 오프라인 플래그십 스토어와 팝업 스토어로 고객 접점을 강화하고 있는 기업은 미국의 글로시에(Glossier)입니다. 글로시에는 미국 내에서 단순한 뷰티 브랜드 이상의 의미를 갖고 있습니다. 유명 블로거 에밀리 와이즈(Emily Weiss)가 창업한 기업으로, 밀레니얼 여성들 사이에서 종교처럼

추종(Cult status)하고 광신적으로(Fanatical) 지지받고 있습니다. 팬들은 글로시에 로고가 새겨진 60달러 후드티를 사 입고, 인증샷을 인스타그램에 올리기도 합니다.

글로시에의 첫 번째 특징은 소비자와의 소통입니다. 창업자인 에밀리 와이즈가 유명 블로거 출신이라 SNS 커뮤니케이션이 탁월합니다. 실제로 커뮤니케이션 담당 부서에서 SNS 문의에 5분 이내로 회신하는 정책을 펼치고 있습니다.

글로시에는 자사 뷰티 커뮤니티를 형성하며 소비자 피드백을 반영한 신제품을 지속 출시하고 있습니다. 스킨케어 밀키 젤리 클렌저가 대표적인데, '꿈의 세안제는 무엇인가?'라는 블로그 게시글에 달린 수천 개의 답글을 바탕으로 만들어졌습니다.

글로시에는 인스타그램을 중심으로 마케팅을 진행하며, 소비자 피드백을 확인하고 관련 게시물을 리그램(Regram)합니다. 이를 통해 인스타그램에 글로시에 관련 콘텐츠 게시가 더욱 활발해집니다. 긍정, 부정 피드백 모두에 적극적으로 대응하여 고객들에게 좋은 이미지를 심어주고 있습니다.

두 번째 특징은 인플루언서 역할의 앰베서더(Ambassador)입니다. 앰베서더는 개인 웹페이지에서 뷰티 습관과 글로시에 제품을 공유하며, 신규 고객 유치 시 10% 할인 혜택이 제공됩니다. 앰베서더 자신에게도 금전적 보상이 있습니다. 앰베서더가 되면 글로시에가 선택한 뷰티 전문가라는 상징성을 얻게 되어 부러움의 대상이 되기도 하고 본인 SNS 성장에도 도움이 됩니다.

세 번째 특징은 오프라인 매장입니다. 미국 내 플래그십 스토어와 다른 도시의 팝업 스토어가 있습니다. 오프라인 매장에서는 인기 제품 테스트와 에디터의 화장품 루틴 컨설팅 서비스를 제공합니다. 상품을 통해 유대관계를 맺고 공통의 관심사로 고객을 연결하고 있습니다.

글로시에 매장은 시그니처 분홍색으로 꾸며져 있고, 분홍색 슈트를 입은 오프라인 에디터가 고객을 돕습니다. 사진 인증샷 공간도 마련되어 있어 방문객들이 제품을 체험하고 이를 공유하도록 하는 자연스러운 마케팅 효과를 내고 있습니다.

최근 온라인 중심 브랜드들의 오프라인 팝업 스토어 운영이 늘고 있습니다. 글로시에가 2019년 런던 코벤트가든에서 약 2.5개월간 운영한 'Glossier London' 팝업 스토어가 대표 사례인데, 운영 기간 동안 10만 명 이상의 쇼핑객이 방문하여 평균 25분 이상 체류하며 제품을 체험하고 구매했습니다.

글로시에 팝업 스토어 성공 요인

D2C 브랜드가 오프라인 팝업스토어를 활용하는 것은 온라인 전용 채널의 한계를 극복하고, 브랜드의 다양한 측면을 확장할 수 있는 전략적 수단입니다. 이는 고객 관계를 강화하고, 브랜드 충성도를 높이며, 전반적인 사업 성장에 기여할 수 있습니다.

글로시에 팝업 스토어가 성공한 요인으로 첫째, 브랜드 정체성 구현을 들 수 있습니다. 시그니처 컬러인 분홍색을 활용한 인테리어와 제품 패키징에서 영감을 받은 디자인으로 브랜드 일관성을 유지했습니다.

둘째, 인스타그래머블(Instagramable)한 공간 연출입니다. 팝업 스토어 내 포토존과 인스타그램 최적화 공간을 마련하여 방문객들이 자발적으로 사진을 찍고 SNS에 공유하도록 유도, 입소문 마케팅 효과를 극대화했습니다.

셋째, 체험형 메이크업 서비스입니다. 메이크업 아티스트의 일대일 서비스를 통해 고객들이 제품을 직접 체험해보고 브랜드와 긴밀한 관계를 형성할 수 있었습니다.

넷째, 커뮤니티 이벤트 개최입니다. 메이크업 튜토리얼, 토크쇼 등 다양한 이벤트를 열어 글로시에 팬들에게 특별한 브랜드 경험을 제공하고, 신규 고객 유치에도 기여했습니다.

다섯째, 희소성 있는 제품 판매입니다. 런던 팝업 스토어에서만 구매 가능한 한정판 제품과 기프트 세트를 내놓아 구매 욕구를 자극했습니다.

글로시에의 런던 팝업 스토어는 브랜드 경험 제공, 고객 소통 강화, 커뮤니티 구축 등의 측면에서 성공적인 마케팅 사례로 평가받고 있습니다. 특히 방문객들이 SNS를 통해 매장 경험을 활발히 공유하면서, 온라인 D2C 브랜드의 한계를 극복하고 고객 접점을 확대한 사례라고 볼 수 있습니다.

팝업 스토어와 O4O 전략 결합

D2C 브랜드는 SNS 마케팅, 인플루언서 마케팅 등 온라인 마케팅에 강점이 있습니다. 하지만 단순히 온라인에만 의존하다 보면 브랜드 성장에 한계가 있습니다. 이에 D2C 브랜드들은 팝업 스토어와 같은 오프라인 채널을 통해 고객 접점을 확대하고 있습니다.

D2C 브랜드의 팝업 스토어 활성화 배경에는 O4O(Online-to-Offline-to-Online)전략이 있습니다. O4O는 소비자가 온라인과 오프라인 경험 사이에서 원활하게 이동하며 쇼핑을 할 수 있도록 하는 전략입니다. O4O는 OMO(Online Merges with Offline)와 유사하지만, 고객의 구매 여정을 더 확장하여 온라인에서 시작해 오프라인으로 이동하고 다시 온라인으로 돌아오는 순환 과정을 강조합니다.

O4O 전략을 활용하는 D2C 브랜드들은 오프라인 매장을 단순한 판매 공간이 아닌 마케팅 수단으로 활용하고 있습니다. 팝업 스토어의 인테리어와 체험 요소, 제품 디스플레이 등을 브랜드 철학과 가치를 드러낼 수 있게 기획하는 것이죠.

이를 통해 방문객들이 브랜드를 이해하고 공감하도록 하며, SNS에 방문 경험을 자발적으로 공유하게 됩니다. 결과적으로 브랜드 인지도와 호감도가 제고되는 마케팅 효과까지 거두게 되는 것입니다. D2C 브랜드에게 팝업 스토어는 이제 단순 매출 창구가 아닌, 온라인과 오프라인을 연결하는 허브 역할을 하고 있습니다.

팝업스토어와 O4O 전략이 결합되면 다양한 방식으로 고객 참여를 높일 수 있습니다. 그리고 여기에서 확보된 데이터를 바탕으로 오프라인과 온라인의 고객경험을 통합할 수 있게 됩니다. 팝업스토어를 통해 고객과 직접 만나볼 수 있는 접점이 생기는 것이고, 이를 통해 브랜드에 대한 관심을 높여가면서 충성고객을 만들어갈 수 있는 계기가 되는 것인데요. 이러한 경험을 고객들이 자신들의 SNS에 공유함으로써 입소문이 만들어집니다.

3부

어떻게
브랜딩할 것인가?

거래가 아닌 관계, 재화가 아닌 경험

소비자가 중심이 되는 경험 경제

오늘날 우리는 경험 경제라는 패러다임 속에 살고 있습니다. 제품의 품질이나 성능만으로는 더 이상 차별화가 어려워진 시대, 소비자들은 이제 자신만의 특별한 경험과 가치에 주목하기 시작했죠. 덴마크의 미래학자 롤프 옌센(Rolf Jensen)은 "사람들은 더 이상 물건 자체를 사는 것이 아니라 그 안에 담긴 이야기와 감성, 가치를 구매한다"고 말했습니다. 기업이 경쟁력을 유지하기 위해서는 제품의 기술적 우수성을 넘어 고객의 마음을 사로잡는 스토리텔링이 필수가 된 것이죠.

이제 기업에게 중요한 것은 단순히 무엇을 파느냐가 아니라 고객과 어떤 관계를 맺느냐의 문제입니다. 일회성 거래를 넘어 고객이 원하는 경험을 제공하고 지속적인 유대를 쌓아가는 것, 그것이 경험 경제 시대를 이끌어갈 브랜드의 조건이 되었습니다. 우리는 상품(Goods)에서 경험(Experience)으로, 거래(Transaction)에서 관계(Relationship)로 소비의 중심축이 이동하는 대전환의 시기를 맞이하고 있는 셈이죠.

그리고 이 변화의 한가운데에는 바로 MZ세대가 있습니다. 이들은 이전 세대에 비해 물질적으로 풍요로운 환경에서 자라났습니다. 어릴 때부터 해외여행을 통해 다양한 문화를 경험했고, 유튜브나 인스타그램 같은 디지털 플랫폼을 통해 세상과 소통하며 성장했죠. 다양성에 대한 이해와 포용력도 남다른 세대입니다. 인종, 국적, 성 정체성 등 사회적 이슈는 물론이고 개개인의 취향과 개성까지도 존중하는 태도를 보입니다.

무엇보다 이들은 디지털 환경에서 자라난 디지털 네이티브(Digital Natives) 세대입니다. 스마트폰과 소셜미디어는 일상의 필수품이나 다름없고, 정보 검색과 네트워킹은 이들에게 마치 숨 쉬는 것처럼 자연스러운 일이죠. 이들은 그 누구보다도 방대한 정보의 바다를 헤엄치며 성장해온 세대라 할 수 있습니다.

이처럼 MZ세대는 이전 세대와는 전혀 다른 소비 가치관과 라이프스타일을 지닌 주체로 떠오르고 있습니다. 이들에게 소비란 단순히 필요를 채우는 행위가 아닌, 자아를 표현하고 관계를 맺는 사회적 활동에 가깝습니다. 나아가 윤리적 소비, 가치 소비를 추구하며 기업의 사회적 책임까지도 요구하는 등 그 영향력은 경제 영역을 넘어 사회 전반으로 확장되고 있는 중이죠.

이런 변화 속에서 브랜드는 더 이상 일방적으로 메시지를 전달하는 것이 아니라, MZ세대와 끊임없이 소통하고 공감하는 존재가 되어야 합니다. 그들의 취향과 가치관에 귀 기울이고, 그들이 열광할 만한 경험과 스토리를 디자인하는 것. 그것이 바로 브랜드의 생존 전략이 될 것입니다.

물론 이는 결코 쉬운 과제가 아닙니다. MZ세대의 니즈는 빠르게 변화하고 있고, 그들의 안목과 기준은 이전 세대보다 한 차원 높아졌으니까요. 하지만 변화의 흐름에 기민하게 대응하고 새로운 소비자와 진정성 있게 소통하려 노력하는 브랜드라면, 이 전환기를 기회로 만들 수 있을 것입니다.

MZ세대의 부상은 비즈니스 영역에만 국한된 변화가 아닙니다. 이는 사회 전반의 인식과 문화 지형까지 바꾸어 놓고 있는 거대한 물결입니다. 그들이 이끄는 새로운 시대, 경험과 가치를 중시하는 소비의 시대. 우리는 지금 그 격동의 한가운데 서 있습니다.

개인화된 고객 경험을 제공하는 것

커피 산업은 큰 변화의 물결 속에 있습니다. 단순히 커피를 파는 것을 넘어, 고객에게 특별한 경험을 선사하는 것이 중요해진 것인데요. 이런 상황 속에서 스타벅스의 리저브 매장은 개인화된 커피 경험을 제공하면서 꾸준히 성장하고 있습니다. 리저브 매장에 들어서면, 고객은 곧바로 나만을 위한 바리스타를 만나게 됩니다. 취향을 물어보고, 그날의 기분에 어울리는 커피를 추천해주는 1:1 맞춤형 서비스 등을 제공합니다. 이것을 컨슈머 커뮤니케이션(Consumer Communication)이라고도 할 수 있습니다. 고객의 목소리에 귀 기울이고, 피드백을 실시간으로 반영하는 쌍방향 소통 방식입니다. 이는 일방적 메시지 전달에 머물렀던 기존 브랜드 커뮤니케이션 뛰어넘는 것이죠.

물론 리저브 매장은 프리미엄 시장 공략이라는 스타벅스의 전략과도 맞닿아 있습니다. 커피에 대한 전문성과 열정을 겸비한 최고의 바리스타, 고객의 시선을 사로잡는 매장 인테리어, 심지어 원두 선택을 돕는 작은 카드 하나까지. 리저브 매장의 모든 요소는 커피를 넘어선 차별화된 가치, 프리미엄을 전달하기 위한 다양한 장치들이 설계되어 있습니다.

특히 주목할 점은 감각적 경험 디자인입니다. 분쇄된 원두를 직접 시향케 하는 것은 단순히 커피를 마시는 것을 넘어, 오감으로 커피를 느끼게 하는 연출입니다. 후각은 인간의 감정과 기억에 가장 직접적으로 작용하는 감각이죠. 스타벅스는 이 점을 놓치지 않고 리저브 경험 속에 녹여냈습니다. 이는 최근 부상하는 감각 마케팅 트렌드와도 일맥상통하는 부분입니다.

이처럼 스타벅스 리저브는 커피 시장의 변화와 소비자 트렌드를 예리하게 반영한 전략적 공간입니다. 단순히 제품과 서비스를 파는 것을 넘어, 개인화된 경험과 가치를 디자인한다는 점, 그리고 브랜드와 소비자 간 소통과 공감의 새 지평을 연다는 점에서 리저브는 커피 산업의 혁신 모델로 평가받고 있습니다.

즐거운 러닝 경험을 제공하는 곳

스포츠 브랜드 시장의 경쟁이 날로 치열해지는 가운데, 단순히 좋은 제품을 만드는 것을 넘어 특별한 경험을 제공하는 것이 차별화의 핵심 열쇠로 부상하고 있습니다. 그중에서도 나이키는 '즐거운 러닝 경험'이라는 차별화된 가치로 러닝 트렌드를 선도하며 독보적 위상을 공고히 하고 있는데요. 스포츠를 통한 개인의 성장과 도전, 그리고 커뮤니티의 힘을 극대화하는 나이키만의 전략을 들여다보겠습니다.

국내에서 열리는 휴먼 레이스, 위 런 서울, 우먼스 하프 마라톤 등 나이키의 러닝 이벤트는 단순한 스포츠 행사를 넘어 하나의 축제로 자리매김했습니다. 특히 MZ세대를 중심으로 건강과 웰빙, 그리고 자기 계발에 대한 관심이 커지면서, 나이키 러닝 이벤트는 개인의 도전과 성취를 격려하는 문화 트렌드의 상징처럼 여겨지고 있습니다.

나아가 나이키 런 클럽(NRC)은 나이키가 제공하는 러닝 경험의 깊이를 한 차원 높였습니다. 단순히 이벤트성 행사에 그치지 않고, 개개인의 러닝 목표와 수준에 맞춘 맞춤형 트레이닝 프로그램을 제공하는 것이죠. 이는 러닝에 입문하는 초보자부터 숙련된 러너까지 모두를 아우르는 포용적 접근입니다. 나이키의 슬로건 Just Do It은 바로 이런 나이키 런 클럽을 통해 개개인의 도전으로 구현되고 있습니다.

유통업체와의 갈등, 재고 증가 등으로 한 발 뒤로 물러선 D2C 전략도 나이키가 고객 경험을 한 단계 더 업그레이드할 수 있는 원동력입니다. 자사몰을 통해 직접 고객 데이터를 수집하고 분석함으로써, 개인화된 상품 추천은 물론 온·오프라인을 아우르는 매끄러운 고객 경험을 설계해내고 있는 것이죠. 모바일 앱 사용자 데이터를 기반으로 운영되는 나이키 라이브 매장은 온·오프라인 시너지의 성공 사례로 꼽힙니다.

이처럼 러닝 이벤트부터 디지털 앱, D2C에 이르기까지 나이키가 구축해온 고객 경험의 생태계는 스포츠 브랜드의 새로운 지평을 열어가고 있습니다. 단순히 제품을 파는 것이 아니라 스포츠를 즐기는 방식 자체를 변화시키고, 개인과 브랜드 간 깊은 연결과 참여를 이끌어내고 있기 때문이죠. 이는 요즘 MZ세대 소비자들이 추구하는 의미 있는 소비, 가치 소비의 방향성과도 맞닿아 있습니다.

Just Do It은 어쩌면 나이키 그 자체를 가장 함축적으로 보여주는 슬로건인지도 모르겠습니다. 기술과 트렌드의 변화 속에서도, 본질을 향한 혁신의 여정을 멈추지 않는 나이키. 그들이 만들어갈 스포츠 경험의 미래는 우리 모두에게 영감을 불어넣을 것입니다.

총체적인 경험을 제공하는 룰루레몬

최근 건강과 웰빙에 대한 관심이 높아지면서, 단순히 운동복을 파는 것을 넘어 총체적인 웰니스 경험을 제공하는 브랜드가 주목받고 있습니다. 그 선두주자로 떠오른 브랜드는 요가계의 샤넬로 불리는 룰루레몬(Lululemon)입니다. 1998년 캐나다에서 설립된 이 브랜드는 '생활에 변화를 주는 제품과 체험을 통해 모두가 행복하고 건강한 삶을 누릴 수 있도록 한다'는 철학으로 체험 마케팅의 새로운 지평을 열고 있습니다.

사실 룰루레몬의 체험 프로그램 대부분은 요가복 판매와 직접적인 관련이 없습니다. 요가와 필라테스는 물론, 꽃꽂이, 선물 포장법, 건강 식단, 복싱 등 매우 다양한 활동이 포함되어 있습니다. 이러한 프로그램은 룰루레몬이 단순히 제품을 파는 것이 아니라, 고객의 라이프스타일 전반에 스며드는 브랜드 경험을 제공하려는 전략을 보여줍니다. 나아가, 이러한 체험을 통해 고객 간 자발적인 커뮤니티가 형성되며, 이것이 핵심입니다.

소비자들은 단순히 제품의 기능이나 디자인만 보고 구매 결정을 하는 것이 아니라, 브랜드나 기업이 추구하는 가치관, 신념, 철학에 공감하고 이에 부합하는 소비 행동을 하기 때문에 룰루레몬의 커뮤니티 중심 전략은 더욱 빛을 발하고 있습니다. 브랜드와 같은 가치관을 공유하는 사람들이 모여 교류하고 의미 있는 경험을 나누는 과정 자체가 브랜드 로열티로 이어지기 때문입니다. 룰루레몬은 바로 이러한 체험의 커뮤니티화를 통해 단순히 제품을 넘어선 브랜드 애착을 이끌어내고 있습니다.

한편, 룰루레몬은 옴니채널 전략을 통해 온라인과 오프라인을 아우르는 시너지 효과도 창출하고 있습니다. 매장에서의 특별한 경험이 온라인 구매로 자연스럽게 연결되는 한편, 디지털 플랫폼을 통해 수집한 고객 데이터는 다시 매장 운영에 활용되어 선순환 구조를 만들고 있습니다. 이는 모바일 기반의 초연결 소비가 일상화된 MZ세대의 구매 행태에 최적화된 전략입니다.

오늘날 패션 산업의 경쟁이 갈수록 치열해지는 가운데, 기능적 차별화만으로는 한계가 있습니다. 감성과 경험, 그리고 가치관까지 아우르는 총체적 브랜드 경험을 제공할 때만이 진정한 차별화와 지속 가능한 성장을 이룰 수 있습니다. 룰루레몬은 바로 이러한 경험 경제 시대의 승자로 떠오르고 있습니다.

룰루레몬의 성공은 이제 패션 브랜드를 넘어 모든 기업이 주목해야 할 시대적 화두를 던지고 있습니다. 앞으로의 소비는 더욱 개인화되고, 가치 지향적으로 변화할 것입니다. 이에 부응하기 위해 브랜드는 제품과 서비스, 나아가 브랜드 스토리까지 유기적으로 아우르는 총체적 경험을 설계하는 혁신을 거듭해야 합니다. 단순히 물건을 파는 것이 아니라, 의미 있는 변화를 이끌어내는 일종의 라이프스타일 디자이너로서의 역할이 중요합니다. 룰루레몬의 도전은 캐나다를 넘어 전 세계로 이어지고 있습니다. 고객의 일상 속으로, 그들의 마음속 깊이 스며드는 브랜드가 되기 위한 끊임없는 혁신의 여정에 주목할 필요가 있습니다.

고객 경험과 맥락적(Context) 사고

맥락을 파악하고 민감하게 반응하는 것

과거에는 제품의 품질이나 성능 같은 사용자 경험(User eXperience)에 초점이 맞춰졌다면, 이제는 이를 둘러싼 브랜드 경험(Brand eXperience) 전반으로 시야를 넓혀야 할 때입니다. 소비자들은 제품을 탐색하고 구매하는 순간부터, 사용하고 나아가 추천하기까지 모든 접점에서 브랜드를 경험하게 되는데요. 각 접점에서의 경험이 일관되고 유기적으로 연결될 때, 비로소 강력한 브랜드 로열티가 형성될 수 있습니다.

이를 위해서는 온·오프라인, 그리고 제품-서비스 간 경계를 허무는 통합적 사고가 필요한 때입니다. 요즘 소비 트렌드의 핵심인 옴니채널이 대두된 것도 같은 맥락인데요.

그러나 여기서 간과하지 말아야 할 것이 있습니다. 바로 맥락(Context)인데요. 소비자의 상황과 감정, 니즈는 끊임없이 변화하기 마련입니다. 같은 브랜드, 같은 제품이라도 소비자가 처한 맥락에 따라 경험의 질은 천차만별일 수 있죠. 따라서 진정한 통합 경험을 설계하기 위해서는, 단순히 채널을 통합하는 것을 넘어 소비자 개개인의 맥락을 면밀히 파악하고 이에 민감하게 반응하는 공감의 자세가 필요합니다.

소비자의 맥락을 제대로 꿰뚫어보는 브랜드만이 차별화된 경험을 제공할 수 있습니다. 일례로 나이키는 결코 신발만 파는 게 아닙니다. 스포츠 영웅을 동경하고 스포츠의 가치를 믿는 소비자들의 열망을, 나아가 그들의 삶의 태도 자체를 파고드는 거죠. 신발은 이런 거대한 맥락 속에서 브랜드 경험을 완성하는 매개체에 불과합니다.

스타벅스 역시 마찬가지입니다. 맛과 품질만 보자면 스타벅스를 능가하는 커피 전문점은 많지만, 소비자들이 기꺼이 스타벅스를 찾는 이유는 따로 있습니다. 분주한 일상 속 작은 여유, 제3의 공간에서 누리는 자유로움 같은 맥락 말이죠. 스타벅스는 이런 고객의 감성적 니즈를 포착해 공간 경험이라는 차별화된 가치를 제안하고 있습니다.

이처럼 고객의 상황과 감정을 섬세하게 읽어내고, 이에 부합하는 맥락적 경험을 디자인하는 것. 그것이 바로 브랜드 충성도를 높이고 지속 가능한 성장을 이끄는 핵심 전략이 될 것입니다. 무엇보다 요즘 소비자들은 자신만의 취향과 가치관, 라이프스타일을 적극 표현하고 이에 공감하는 브랜드와 깊이 있는 관계 맺기를 원하는 것으로 알려져 있는데요. 맥락 기반의 경험 디자인은 바로 이 같은 욕구를 정조준할 수 있는 전략적 무기가 될 수 있을 것입니다.

물론 이는 결코 쉬운 과제가 아닙니다. 빅데이터와 AI 등 첨단 기술을 활용해 개개인의 상황과 감정을 실시간으로 포착하는 역량, 그리고 이를 바탕으로 유의미한 경험을 창조할 수 있는 크리에이티브까지. 조직의 전방위적 혁신이 요구되는 작업이기 때문인데요. 그러나 브랜드 경쟁력의 원천이 제품에서 경험으로 무게중심을 옮겨가는 지금, 맥락 중심 사고야말로 필수불가결한 혁신의 자세가 되어야 할 것입니다.

경험의 시대, 브랜드의 역할과 고객과의 관계 또한 근본적으로 재정의되고 있습니다. 이제 브랜드는 제품과 서비스를 넘어, 고객의 삶에 의미 있는 변화를 불어넣는 라이프스타일 디자이너로서 진화해야 하는 시점입니다. 그 모든 여정의 시작점에 바로 맥락에 대한 통찰이 자리하고 있습니다. 상황과 감정의 디테일까지 꿰뚫어 보는 통찰, 그리고 이를 창의적 경험으로 구현해내는 실행력. 그것이 바로 브랜드가 품어야 할 새로운 시대의 약속이자 과제일 것입니다.

발견, 선택, 경험, 공유의 과정

콘텍스트는 어느 날 갑자기 생겨난 개념이 아닙니다. 오래전부터 소비자의 시간 또는 상황 정보를 토대로 개인화된 서비스를 제공한다는 의미로 널리 사용되어 왔습니다. 이 개념이 인공지능(AI)을 만나면서 더욱 활성화되고 있는 것입니다. 소비자의 상황과 감정, 니즈를 면밀히 분석해 개인화된 경험을 제공할 수 있게 된 것입니다.

요즘 소비자들에게 제품 그 자체만으로는 감동을 주기 어려워졌습니다. 이들은 제품을 사용하면서, 나아가 일상의 순간순간 브랜드와 교감하기를 바라는데요. 점심을 먹고, 영화를 보고, 책을 읽는 모든 경험이 SNS에 실시간으로 공유되는 지금, 시장의 주인공은 제품에서 경험으로 완연히 그 무게중심을 옮겨가고 있습니다. 이런 변화 속에서 브랜드가 소비자와 깊이 있는 관계를 만들어가기 위해서는 이른바 발견-선택-경험-공유로 이어지는 콘텍스트의 고리를 섬세하게 엮어내는 것이 중요해졌습니다.

먼저 발견은 콘텍스트 마케팅의 시작점이라 할 수 있습니다. 우연한 듯 자연스럽게 다가오는 것 같지만 사실 알고리즘과 데이터에 기반한 정교한 타깃팅의 결과물인 경우가 많은데요. 최근에는 AI 큐레이션, AR·VR 기술 등을 활용해 소비자의 상황과 취향에 맞는 콘텐츠를 능동적으로 발견하게 하는 전략도 주목받고 있습니다.

발견이 자연스럽게 선택으로 이어지는 것 또한 중요합니다. 정보의 홍수 속에서 선택은 점점 더 어려워지고 있습니다. 이런 상황에서 영향력 있는 지인의 추천이나 진정성 있는 리뷰 콘텐츠는 구매 결정에 있어 더욱 강력한 영향력을 발휘하게 됩니다. 요즘 많은 브랜드들이 마이크로 인플루언서, 고객 후기 마케팅 등에 공을 들이는 이유이기도 합니다.

이렇게 발견과 선택을 거쳐 제품을 구매한 소비자에게 있어 경험의 질은 브랜드와의 장기적 관계를 좌우하는 분수령이 됩니다. 제품 사용 과정에서의 만족도는 물론, 구매 전후 고객 서비스까지. 온·오프라인을 아우르는 총체적 경험을 일관되고 매력적으로 디자인해야 합니다. 이는 기술과 데이터에 기반한 고객 경험(Customer eXperience) 혁신으로 구현되고 있습니다.

소비자들은 이렇게 발견-선택-경험한 것들을 자신만의 방식으로 공유하며 선순환의 고리를 만들어갑니다. 단순히 좋아요를 누르는 것부터 진솔한 후기를 남기는 것, 나아가 재창조 콘텐츠를 만들어내는 것까지. MZ세대 소비자들에게 이런 자발적 공유야말로 브랜드에 대한 애정과 신뢰의 표현인데요. 브랜드 입장에서는 이런 공유가 데이터와 인사이트를 축적하고, 나아가 다른 소비자들의 발견으로 이어지는 선순환 구조를 만드는 원동력이 될 수 있습니다.

이처럼 콘텍스트 마케팅은 발견-선택-경험-공유의 연결고리를 만드는 일련의 여정이라 할 수 있는데요. 여기서 중요한 것은 이 모든 과정이 유기적으로, 끊김 없이(Seamless) 연결되어야 한다는 점입니다. 마치 살아 숨 쉬는 하나의 유기체처럼 말이죠. 이는 기획자, 개발자, 디자이너, 마케터 등 조직 구성원 모두가 협업하여 창조해가야 할 브랜드 경험 혁신의 여정이기도 합니다.

물론 이 모든 과정의 중심에는 브랜드 고유의 아이덴티티와 가치가 자리해야 합니다. 일관성 없는 메시지와 경험은 브랜드 신뢰도에 치명적인 악영향을 미칠 수 있기 때문인데요. 따라서 콘텍스트 마케팅의 진정한 목표는 첨단 기술과 창의적 아이디어로 무장한 브랜드 고유의 관점과 전문성으로 소비자의 일상 속 문제를 해결하고 새로운 가치를 제안하는 것에 있다고 할 수 있겠습니다.

고객 경험을 제공한다는 것은?

브랜드가 제공하는 총체적 경험 그 자체가 곧 상품이자 마케팅입니다. 긍정적 경험은 SNS를 통해 빠르게 확산되어 브랜드 인지도와 호감도를 높이는데 결정적 역할을 하게 되는데요. 바야흐로 고객 경험 디자인이 기업 성패를 좌우하는 차별화 요인이라고 할 수 있습니다.

소비자들은 브랜드와의 상호작용성을 더욱 중시하고 있습니다. 이들은 단순히 제품을 구매하는 것이 아니라 브랜드와 능동적으로 소통하고 공감하길 원하는데요. 브랜드 입장에서는 고객 여정의 모든 접점에서 일관되고 매력적인 경험을 제공함으로써 이들의 마음을 사로잡아야 하는 과제를 안게 되었습니다.

기술 발전은 이러한 고객 경험 혁신에 더할 나위 없이 중요한 동력이 되고 있습니다. 그러나 기술 그 자체로는 부족합니다. 기술은 고객에게 의미 있는 가치와 경험을 선사할 때 비로소 진가를 발휘하게 되죠. 빅데이터와 AI 기술로 고객의 행동 패턴과 선호도를 분석하고 이를 바탕으로 맞춤형 콘텐츠와 서비스를 제공하는 것, 나아가 이러한 경험이 자연스럽게 입소문과 바이럴로 이어지도록 하는 것. 그것이 바로 기술 기반 고객 경험 혁신의 핵심이라 할 수 있습니다.

이 과정에서 기업들이 주목해야 할 개념이 바로 진실의 순간(Moment of Truth)입니다. 고객이 브랜드와 접하는 순간순간, 특히 결정적 순간에 느끼는 감정과 인상이 브랜드에 대한 태도를 좌우한다는 뜻인데요. 크게 두 가지 유형이 있습니다. 하나는 고객이 처음 제품이나 서비스를 접하는 순간, 다른 하나는 구매 후 직접 사용해보면서 경험하는 순간이죠.

애플스토어의 지니어스 바(Genius Bar)는 첫 번째 유형의 진실의 순간을 잘 활용한 사례로 꼽힙니다. 단순 판매에 그치지 않고 고객이 제품을 직접 체험하고 궁금증을 해소하는 과정 자체를 하나의 가치 있는 경험으로 승화시킨 혁신인 것이죠. 나아가 제품 구매 후 고객 경험을 어떻게 관리할 것인가의 문제 또한 중요해졌습니다. 소비자들이 자신의 경험을 SNS에 활발히 공유하는 지금, 개별 고객 경험이 또 다른 잠재 고객의 구매 의사결정에 미치는 영향력은 어마어마하기 때문입니다.

이처럼 기업들은 이제 고객 여정의 전 과정에 걸쳐 진실의 순간들을 파악하고 관리해야 하는 시대를 맞이했습니다. 제품 디자인부터 매장 내 전시, 사용 편의성까지. 모든 접점에서 최상의 경험을 제공하기 위한 노력이 필요해진 것이죠. 이는 결코 마케팅 부서만의 몫이 아닙니다. 상품 기획자, 디자이너, 개발자, 영업사원 등 조직 구성원 모두가 고객 경험이라는 하나의 목표를 향해 긴밀히 협업해야 할 때입니다.

무엇보다 중요한 것은 고객에 대한 공감과 이해의 자세입니다. 단순히 최신 기술을 도입하고 화려한 이벤트를 여는 것이 능사가 아닙니다. 고객이 정말 원하는 것은 무엇인지, 그들의 삶의 맥락에서 브랜드는 어떤 의미와 역할을 지닐 수 있을지 끊임없이 고민해야 하죠. 이를 위해서는 데이터에 기반한 분석과 통찰, 그리고 브랜드와 고객을 잇는 스토리텔링 능력 또한 필수적입니다.

변화의 속도가 더욱 빨라진 디지털 시대, 더욱 까다로워진 소비자들. 브랜드와 고객의 관계 또한 근본적으로 재정의되고 있습니다. 일방적 메시지 전달자에서 양방향 소통의 파트너로,

제품 공급자에서 경험 디자이너로. 브랜드는 이제 고객의 삶 속에 스며들어 함께 호흡하는 존재로 거듭나야 하는 시점에 와 있습니다. 그리고 그 변화의 시작점에는 바로 진실의 순간을 꿰뚫어 보는 통찰의 힘이 자리하고 있습니다.

데이터, 기술, 그리고 창의성을 바탕으로 고객의 마음을 움직이는 브랜드 경험을 디자인하는 일. 그것이 바로 우리에게 주어진 시대적 과제이자, 고객과의 오래가는 관계를 만들어가는 열쇠가 아닐까요. 고객과 가장 가까운 곳, 진실의 순간에서 혁신은 시작됩니다.

사람들의 마음속에 인식되는 것

로컬(Local)은 지역 자체의 매력을 판매하는 것으로 지역의 독특한 문화, 전통, 특색 있는 제품들이 연상됩니다. 그러나 중요한 것은 로컬이 사람들의 마음속에 어떻게 인식되는지, 즉 브랜딩이 얼마나 효과적으로 이루어지고 있는지를 아는 것입니다. 로컬 자체가 아니라 로컬을 통해 사람들의 마음속에 인식되는 것이 중요한 것인데요. 브랜드가 소비자의 마음속에 강력한 이미지를 구축할 때, 그 브랜드는 지역이나 장소를 넘어서 성장할 수 있습니다.

브랜딩은 단순히 로고와 시각적 아이덴티티에 관한 것이 아니라 스토리를 만들고 잠재고객과 정서적으로 연결되는 것입니다. 지역 또는 지역적 특성을 내러티브(Narrative)에 성공적으로 통합해야 고객들과 더 깊은 정서적 관계를 형성할 수 있습니다. 이는 지역의 역사, 문화, 전통, 사람들의 생활 방식, 자연환경 등 지역만의 고유한 요소들을 이야기 속에 잘 배치하여 사람들이 그 지역에 대해 더 잘 이해하고 공감할 수 있게 만드는 것을 말합니다.

예를 들어 오설록은 제주도의 특색을 살린 브랜드입니다. 오설록은 제주의 청정 자연을 반영하여 높은 품질의 녹차를 생산하고, 이를 통해 제주도의 이미지와 연결 짓는 마케팅 전략을 사용했습니다. 녹차밭을 방문하는 관광 코스로 개발하고, 녹차를 이용한 다양한 제품을 개발하여 제주도의 자연과 문화를 소비자에게 전달하는 성공적인 사례로 볼 수 있습니다.

오설록처럼 본질적으로 로컬도 중요하지만, 여러 요소를 종합하여 소비자의 마음속에 일관성 있고 매력적이며 기억에 남는 이미지로 만드는 것은 브랜딩입니다. 브랜딩의 진정한 힘은 지역적 뿌리를 포함하여 제품이나 비즈니스의 본질을 요약하고 전달하여 지속적인 인상을 남길 수 있는 능력에 있습니다.

감성적인 연결과 브랜드 스토리텔링을 통해 소비자에게 강한 인상을 남기고, 그들의 일상에 자연스럽게 스며들어 브랜드 충성도를 높이는 것이 필요합니다. 예를 들어, 스위스 시계나 벨기에 초콜릿과 같이 특정 산업에서 품질이 좋기로 유명한 지역에서 생산된 제품은 고유한 가치와 명성을 지니고 있습니다. 이러한 지역적 정체성을 활용하여 고유한 판매 제안을 만들 수 있습니다.

스위스 시계는 정밀한 기계공학과 뛰어난 장인정신의 결합으로 전 세계적으로 인정받고 있습니다. 16세기 제네바에서 시작된 스위스 시계 제조업은 수백 년 동안 지속된 전통과 혁신을 통해 성장해 왔습니다. 스위스는 시계 제조에 필요한 정밀 기술, 고급 소재에 대한 접근성, 그리고 엄격한 품질 관리로 유명합니다.

스위스 시계의 브랜딩은 스위스 메이드(Swiss Made)라는 표시를 통해 강화되며, 이는 고품질, 신뢰성, 그리고 세련됨을 상징합니다. 또한, 스위스 시계 산업은 지속적인 기술 개발과 디자인 혁신을 통해 시계를 단순한 시간 측정 도구가 아닌 럭셔리 아이템으로 포지셔닝하였습니다.

벨기에 초콜릿은 세계에서 가장 뛰어난 품질을 자랑하며, 벨기에 메이드(Belgium Made)는 최고급 초콜릿의 대명사로 여겨집니다. 벨기에는 17세기부터 초콜릿 제조 기술을 발전시켜 왔으며, 고급 코코아 원두 사용, 전통적인 제조 방법, 그리고 창의적인 맛과 디자인으로 유명합니다.

벨기에 초콜릿은 그 자체가 하나의 문화로, 선물용으로도 매우 인기가 높습니다. 벨기에의 초콜릿 제조사들은 철저한 품질 관리와 지속 가능한 코코아 원두 조달에 중점을 두어 고유의 브랜드 가치를 유지하고 있습니다.

로컬에서 세계적인 기업이 되다

롤렉스(Rolex), 오메가(Omega), 태그호이어(TAG Heuer) 시계는
어느 나라 브랜드일까요? 바로 스위스입니다. 롤렉스는 고급
시계의 대명사로, 뛰어난 기술과 디자인으로 세계적인 명성을
얻고 있죠. 오메가는 스포츠 타이밍과 우주 탐사에 사용되는 시
계로 유명합니다. 올림픽에서 선수들의 기록을 측정하는 시계
가 오메가입니다. 태그호이어는 고성능 스포츠 시계로 포지셔
닝되어 있습니다.

스위스 시계는 장인정신을 중심으로 로컬을 출발점에 두고
있지만, 기술을 중심으로 끊임없이 혁신한 결과이기도 합니다.
예를 들어, 롤렉스는 최초의 방수 시계를 만든 것으로 알려져 있
고, 오메가는 우주선에서 우주인들의 임무에 사용된 역사를 가
지고 있으며, 태그호이어는 크로노그래프(Chronograph)의 발전을
이끈 시계입니다. 크로노그래프는 일반적인 시간 표시 기능 외
에 스톱워치 기능을 가진 복잡한 시계 메커니즘을 말하는데, 한
이벤트에서 여러 시점을 동시에 측정할 수 있는 분할 타이밍, 진
행 중인 타이밍을 리셋하지 않고 즉시 다시 시작할 수 있는 플
라이백 기능, 두 개의 독립적인 스톱워치 메커니즘을 포함하여
복잡한 시간 측정이 가능한더블 크로노그래프 등이 태그호이어

로부터 시작된 것입니다.

로컬에서 시작해서 사람들의 마음속에 명확하게 인식된 브랜드로 이솝(Aesop)을 들 수 있습니다. 이솝은 호주 멜버른에서 탄생한 고급 스킨케어 브랜드입니다. 1987년에 설립된 이솝은 천연 재료를 사용한 고품질의 스킨케어, 헤어케어, 바디케어 제품으로 유명합니다. 이솝의 제품 개발 철학은 식물 기반의 성분과 실험실에서 만들어진 화합물을 결합하여 과학적 접근을 통한 효과적인 제품을 만드는 것에 중점을 두고 있습니다.

이솝의 브랜딩은 매우 독특하며, 각 매장의 인테리어 디자인은 그 지역의 문화와 건축적 특성을 반영하여 설계되는 것으로 유명합니다. 이는 소비자들에게 특별한 쇼핑 경험을 제공하고, 브랜드의 철학과 가치를 전달하는 데 중요한 역할을 합니다.

제품 포장 또한 이솝의 강점 중 하나입니다. 미니멀리즘을 기반으로 한 디자인은 시각적으로 깔끔하고 세련된 느낌을 주며, 제품의 고급스러움을 강조합니다. 또한, 이솝은 지속 가능성에도 중점을 두고 있으며, 재활용 가능한 포장재를 사용하고 환경 보호를 위한 다양한 노력을 하고 있습니다. 이솝은 전 세계적으로 많은 팬을 보유하고 있으며, 특히 도시적이고 현대적인 라이프스타일을 추구하는 소비자들 사이에서 인기가 높습니다.

이솝은 호주의 전통을 브랜딩의 핵심 요소로 활용하고 있고, 천연 성분과 윤리적 소싱을 강조하여 진정성과 지속 가능성을 중시하는 소비자들의 공감을 얻고 있습니다. 이러한 것을 시장세분화, 타겟팅, 포지셔닝 측면에서 분석해 볼 수 있습니다.

이솝의 인구통계학적 정보는 전형적인 소비자는 중상위 소득층으로, 가격보다 품질을 중요시하는 사람들입니다. 이솝은 남녀 모두에게 어필하며, 스킨케어 루틴과 사용하는 제품에 주의를 기울이는 다소 젊고 도시적인 인구층을 끌어들이고 있습니다. 심리학적 특성으로는 고급스러움, 품질, 미적 경험을 중시하는 소비자에게 초점을 맞추고 있습니다. 이러한 고객은 대개 환경을 중시하고 윤리적으로 공급되는 천연 재료를 선호합니다.

시장세분화 변수를 기준으로 이솝이 타겟팅하는 고객은 단순히 스킨케어 제품을 찾는 것이 아니라 고급 스킨케어를 원하는 사람들로 타깃으로 하고 있습니다. 이를 조금 더 구체화하면 제품의 품질, 성분, 브랜드 평판 등 품질에 민감한 사람, 지속 가능성과 윤리적 소싱 등 환경 및 윤리에 민감한 사람, 독특한 디자인과 패키징 등 독특한 소매경험을 중시하는 사람으로 군집화 해볼 수 있습니다.

타겟고객을 보다 구체적으로 바라보는 방법이 페르소나(Persona)입니다. '지속 가능성과 윤리적 소싱 등 환경 및 윤리에 민감한 사람'은 추상적이지만, '서울에 사는 32세, 여성, 김지은'씨로 타겟고객을 정의하면 포지셔닝 전략을 수립하는데 도움이 됩니다. 물론 페르소나가 한 명일 필요는 없습니다. 여러 명의 페르소나로 가설을 세운 후 마케팅 실행방안을 구체화하는 것입니다.

어떻게 인식될 것인가? 포지셔닝

목표로 하는 시장과 페르소나가 구체화되었다면 이를 바탕으로 기업이 인식되고자 하는 포지셔닝 맵을 작성해야 합니다. 포지셔닝 맵에서 중요한 것은 가로축과 세로축을 어떻게 설정하느냐입니다. 가로축과 세로축은 해당 산업이나 시장에서 고객들이 중요하게 생각하는 속성이나 가치를 반영해야 합니다.

예를 들어, 스킨케어 제품의 경우 가로축을 '효능'으로, 세로축을 '안전성'으로 설정할 수 있습니다. 효능은 제품이 약속한 효과를 얼마나 잘 달성하는지를 나타내며, 안전성은 제품이 피부에 자극이나 부작용 없이 사용할 수 있는지를 나타냅니다. 이 두 속성은 스킨케어 제품을 선택할 때 고객들이 중요하게 고려하는 요소입니다.

포지셔닝 맵에서 자사 브랜드의 위치를 표시하고, 경쟁사들의 위치도 함께 표시합니다. 이를 통해 자사 브랜드가 경쟁사와 비교하여 어떤 위치에 있는지, 그리고 목표로 하는 위치와의 차이를 파악할 수 있습니다. 만약 현재 위치와 목표 위치 간에 차이가 있다면, 그 차이를 좁히기 위한 마케팅 전략을 수립해야 합니다.

포지셔닝 맵은 브랜드 전략을 시각화하는 데 도움이 되는 도구입니다. 이를 통해 브랜드의 현재 위치와 지향점을 명확히 할 수 있고, 경쟁사와의 차별화 포인트를 파악할 수 있습니다. 또한 마케팅 커뮤니케이션 및 제품 개발 방향을 설정하는 데에도 유용하게 활용할 수 있습니다.

그러나 포지셔닝 맵을 작성할 때는 몇 가지 주의해야 할 점이 있습니다. 우선, 가로축과 세로축에 선정된 속성이 해당 시장에서 정말로 중요한 속성인지 면밀히 검토해야 합니다. 고객의 니즈와 동떨어진 속성을 선정한다면 포지셔닝 맵은 큰 의미를 갖기 어려울 것입니다.

또한 포지셔닝 맵은 어디까지나 브랜드 전략을 수립하기 위한 도구일 뿐, 그 자체가 목적이 되어서는 안 됩니다. 포지셔닝 맵을 통해 도출된 인사이트를 실제 마케팅 활동에 반영하고, 지속적으로 시장의 변화와 고객의 반응을 모니터링하며 전략을 업데이트해 나가는 것이 중요합니다.

포지셔닝은 단순히 마케팅 메시지를 통해 전달되는 것이 아니라, 제품의 품질, 가격, 유통, 고객 서비스 등 브랜드의 모든 접점에서 일관되게 구현되어야 합니다. 브랜드가 약속한 가치를 제품과 서비스를 통해 실제로 전달할 때, 비로소 고객의 마음속에 의미 있는 포지션을 확보할 수 있을 것입니다.

포지셔닝 위치가 결정되면 이를 실행하기 위한 방안을 도출해야 합니다. 멋진 그림을 그린다고 그렇게 인식되는 것이 아니기 때문에 이를 실행할 수 있는 방안이 있어야 하는 것인데요. 실행방안은 기업의 전략과 고객의 구매여정을 모두 고려해야 합니다.

구매여정에서 경험을 제공

기업의 마케팅 전략이 결정되었다면 고객의 구매 여정에서 마케팅 활동을 진행하면 됩니다. 이때 온라인 중심의 이커머스와 오프라인 매장의 구매 여정은 각각 다른 특성이 있다는 것을 고려해야 합니다.

이커머스 구매 여정은 주로 디지털 환경에서 이루어지며, 소비자는 인식 단계에서부터 정보 탐색, 결정, 구매, 후속 단계까지 온라인 상에서 모든 과정을 처리합니다. 소비자는 검색 엔진, 소셜 미디어, 온라인 광고를 통해 제품을 발견하고, 온라인 리뷰와 제품 설명을 통해 정보를 수집합니다. 이어서 온라인에서 가격을 비교하고 제품을 선택하여 결제하며, 제품을 받은 후 온라인을 통해 후기를 남기기도 합니다.

반면, 오프라인 매장 구매 여정은 직접적인 제품 체험과 인간적 상호작용에 초점을 맞춥니다. 고객은 매장 광고나 지인의 추천을 통해 매장을 방문하고, 제품을 직접 보고 체험합니다. 매장 직원과의 대화를 통해 추가적인 정보를 얻고, 제품을 선택하여 즉시 결제를 진행합니다. 구매 후에는 필요한 경우 쉽게 매장을 방문하여 서비스를 받거나 교환 및 반품을 할 수 있는 장점이 있습니다.

이 두 구매 경로는 각각의 장단점을 가지고 있으며, 현대의 소비자들은 상황에 따라 이커머스와 오프라인 매장 간에 자유롭게 이동합니다. 이커머스는 시간과 장소에 구애받지 않는 편리함과 정보 접근성이 뛰어난 반면, 오프라인 매장은 직접 제품을 체험하고 즉각적인 구매가 가능하다는 점에서 각각 고유의 가치를 제공합니다. 많은 비즈니스들은 두 채널을 통합하여 다채널 전략을 구사함으로써 더욱 풍부하고 편리한 쇼핑 경험을 제공하고 있습니다. 이러한 통합적 접근 방식은 소비자가 브랜드와의 상호작용을 더욱 깊이 있고 만족스럽게 느낄 수 있도록 돕습니다.

오프라인 리테일의 변신

<u>오프라인의 장점을 활용하다</u>

이커머스의 영향력이 커지면서 전통적인 오프라인 리테일이 중요한 순간을 맞이하고 있습니다. 적응하지 못해 몰락하는 곳들도 있지만, 디지털 전환을 통해 새로운 가능성을 찾아가는 곳들도 있습니다. 이에 대한 사례로 아마존에 대항해 새로운 길을 찾아낸 월마트를 들여다 볼 필요가 있습니다.

월마트는 아마존 때문에 한 동안 힘든 시간을 보내야 했고, 오프라인 문법으로 아마존에 대응할 수 없다는 생각으로 2016년에 제트닷컴(Jet.com)을 인수합니다. 이후 제트닷컴을 별도 브랜드로 유지하면서 아마존에 대항을 합니다. 그러나 시간이 지남에 따라 제트닷컴의 기술과 인재, 역량 등을 월마트에 통합하기 시작하고, 월마트의 온라인 쇼핑 경험, 공급망 물류, 개인화 알고리즘을 개선해 나갑니다. 그리고 2020년에 제트닷컴 서비스를 종료합니다. 월마트닷컴(walmart.com)을 통한 이커머스 매출이 크게 증가하면서 별도의 브랜드가 필요 없게 되자 내려진 결정입니다.

여러 시행착오를 통해 월마트가 찾아낸 것은 옴니채널 전략입니다. 월마트의 가장 큰 장점은 미국 전역에 오프라인 판매장을 갖고 있다는 것입니다. 오프라인 매장을 고객 픽업 및 당일 배송 거점으로 활용하면서 월마트는 아마존이 할 수 없는 고객 경험을 제공하기 시작합니다.

대표적인 것이 BOPIS(Buy Online, Pick up In-Store)입니다. BOPIS는 상품 주문과 결제는 온라인에서 하고, 오프라인 매장에서(혹은 별도 창구에서) 주문한 제품을 픽업하는 방식을 말합니다.

이 방식은 고객이 월마트 사이트(또는 모바일 앱)에서 주문, 주문 시 고객이 택배대신 가까운 월마트 매장에서 수령하는 옵션 선택, 주문된 상품의 품목준비(매장에서 상품을 준비하거나, 재고가 없는 경우 창고에서 상품을 가져옴), 주문이 준비되면 이메일과 앱을 통한 알림 제공, 지정된 장소에서 주문한 상품을 픽업(일부 매장에서 고객이 직접 차량으로 상품을 가져갈 수 있도록 도로변 픽업서비스 제공)하는 순서로 서비스가 제공됩니다. 온라인에서 구매 후 오프라인 매장에서 수령하는 BOPIS은 배송비를 절약하거나 택배를 기다리지 않아도 되는 장점이 있습니다.

BOPIS가 고객 입장에서 배송시간을 단축해 준다면, 월마트 입장에서는 기존의 리소스를 더 효율적으로 사용할 수 있도록 해줍니다. 아마존과 같은 이커머스 업체가 제공하는 빠른 배송과 경쟁할 수 있도록 해주는 것인데요.

이 방식은 고객이 평소처럼 온라인으로 주문을 하면, 주문처리를 대형 중앙 창고가 아닌 월마트 오프라인 매장 네트워크에서 주문을 처리합니다. 고객과 가까운 위치에서 재고를 갖고 있는 매장이 주문을 처리하는 방식입니다. 지역 매장을 소형 물류센터로 활용함으로써 더 빠른 배송이 가능합니다. 이 전략은 재고를 보다 효과적으로 관리하는데 도움이 됩니다. 대규모의 중앙 창고는 줄이면서 매장에서 이미 보유하고 있는 재고를 사용하게 됩니다. 이 방식으로 월마트는 기존의 리소스를 더 효율적으로 사용할 수 있고, 아마존과 같은 이커머스 업체가 제공하는 빠른 배송시간과 경쟁을 할 수 있게 됩니다

이커머스와 오프라인 매장을 통합하려는 월마트의 전략은 광범위한 매장 네트워크를 활용하여 더 편리하고 빠른 서비스, 온라인과 오프라인 소매의 장점을 결합한 원활한 쇼핑 경험을 제공하는 것입니다. 월마트의 온·오프라인 채널 간 시너지 효과는 앞으로 더욱 커질 것으로 보입니다.

오프라인이 나아가야할 방향

대형마트나 백화점 같은 오프라인 유통업계의 위기는 오래 전부터 이야기되어 오던 것입니다. 코로나19로 인해 시간이 빨라진 것이고, 누적된 문제가 수면 위로 드러난 것일 뿐입니다. 이커머스의 잠재력은 2000년대 중분 이후부터 감지되었고, 2010년 아이폰 이후 폭발적으로 성장했습니다. 오프라인 중심의 유통기업에게는 상당한 시간이 있었음에도 불구하고 과거의 방법을 답습하거나, 이커머스에 소극적으로 대응하면서 기회를 놓친 것입니다.

늦은 감이 있지만 오프라인이 나아가야 할 방향은 명확합니다. 더서울현대에서 보는 것과 같이 오프라인은 온라인이 제공할 수 없는 경험을 제공해야 합니다. 커머스 관점에서 온라인이 오프라인을 넘어서고 있지만, 사람들은 여전히 현실세계에서 살아갑니다. 내일 아침 먹을 식재료를 새벽배송으로 구매하는 경우도 있지만, 가족과 친구와 연인과 즐거운 시간을 보내기 위해 오프라인 매장을 찾기도 합니다. 오프라인 매장은 온라인이 할 수 없는 것을 해야 합니다.

여기에는 오프라인 매장의 강점을 살린 온라인 플랫폼 전략, 통합적인 구매여정관리, 온·오프라인을 결합한 가치사슬 통합 등의 있을 수 있습니다.

첫 번째 오프라인 매장의 강점을 살린 온라인 플랫폼 전략에는 자체 브랜드인 PB 상품 강화, 오프라인 매장별 재고 현황 파악과 픽업 가능 여부 등을 실시간으로 제공, 멤버십 제도를 통한 락인(Lock-in) 등이 있습니다. 물론 이런 것들을 제공하기 위해서는 자사 비즈니스 모델에 대한 정확한 분석이 필요합니다.

두 번째는 통합적인 구매여정관리(Customer Journey Mapping)입니다. 소비자들의 구매행동은 다양한 행태로 나타납니다. 마트에 들렀다가 세일 상품을 구매하는 경우도 있고, 인스타그램에서 광고로 노출된 상품을 구매하는 경우도 있습니다. 소비자가 온라인을 중심으로 활동한다면체류시간이나 상품 탐색 시간, 구매결정에서 결제까지 걸리는 시간 등을 측정하여 각 단계별 서비스를 고도화할 수 있습니다. 그러나 소비자의 오프라인 행동을 측정하는 것은 어려 어려움이 있습니다. 따라서성공적인 구매여정관리를 위해서 다양한 기술을 도입해야 하고 온·오프라인을 통합한 시스템 운영이 필요합니다.

세 번째는 이런 것들을 실행할 수 있는 밸류체인(Value Chain)이 필요합니다. 일은 그럴듯한 미사여구로 하는 것이 아니기 때문에 실행관점에서 밸류체인 하나하나를 만들어야 합니다. 예를 들어 온라인 주문이 증가하면 서버와 같은 인프라가 갖춰져야 하고, 주문량을 소화할 수 있는 물류 공간과 공급망이 필요합니다. 안정적인 공급망 구축을 위해서는 정확한 수요예측과 적정 재고관리가 필요합니다. 그리고 이런 것들을 위해서는 데이터 확보를 통한 학습과정 등을 필요로 합니다.

오프라인 유통의 위기라고 부르지만 유통은 유통 나름의 순기능을 갖고 있습니다. 유통은 생산자와 소비자가 다른 문제, 생산지와 소비지가 다른 문제, 생산시간과 소비시간이 다른 문제를 해결해 줍니다.

소규모 로컬 매장을 늘리는 노드스트롬

리테일 아포칼립스(Retail Apocalypse)는 오프라인 소매업의 몰락을 의미하는 표현입니다. 실제 거의 모든 리테일은 온라인의 영향력이 커지면서 시련의 시간을 보내고 있습니다.

그러나 오프라인 매장이 디지털로 전환하면서 새로운 형태의 경쟁력을 만들어가는 곳들도 있습니다. 미국 노트스트롬 백화점은 소형 로컬매장인 노드스트롬 로컬(Nordstrom Local)을 늘려가고 있습니다. 고객에게 더 가까이 다가가고, 더 개인적이면서 즐거운 쇼핑 경험을 제공하며, 오늘날의 쇼핑 방식에 적응하기 위한 것입니다. 이는 빠르게 변화하는 리테일 업계에서 살아남고자 하는 것이기도 합니다.

노트스트롬이 로컬 매장을 늘리는 첫 번째 이유는 고객에게 더 가까이 다가가기 위함입니다. '우리'보다는 '나'에 대한 관심은 꾸준히 증가하고 있었습니다. 백화점이 가족, 친구, 연인과 함께 시간을 보내는 '우리'에 가까운 곳이라면, 로컬은 '나'에게 초점이 맞추어진 곳입니다. 개인적이면서 집과 가까운 곳에서 쇼핑경험을 제공하려면 대형매장이 아닌 로컬 매장이 효과적입니다.

두 번째는 보다 개인적인 터치가 가능합니다. 로컬 매장에서는 단순히 상품을 판매하는 것에 그치지 않습니다. 개인 스타일링 서비스도 제공하고, 온라인으로 주문한 상품을 받아볼 수도 있습니다. 내가 무엇을 좋아하는지를 알고 쇼핑 경험을 특별하게 만들어주는 개인 쇼핑 도우미가 있는 것과 같습니다.

세 번째는 온라인과 오프라인을 연결하기 위함입니다. 온라인으로 상품을 주문하고 매장에서 직접 입어볼 수 있습니다. 사이즈가 맞지 않으면 반품이나 수선을 요청할 수 있습니다. 이러한 옴니채널 전략은 쇼핑을 매우 유연하고 재미있게 만들어 줍니다.

네 번째는 경험 요소 때문입니다. 쇼핑은 무엇을 '구매한다' 외에도 '입어본다' '만져 본다' '나와 어울리는지 확인한다'와 같은 경험적 요소가 많이 포함되어 있습니다. 노트스트롬 로컬 매장에서는 스타일에 대한 조언을 받거나 편안한 쇼핑 분위기를 즐기기 위해서 매장을 방문할 수 있습니다. 이를 위해서 매장에서는 엄선된 상품군에만 집중합니다. 양이 아닌 질에 중점을 두기 때문에 쇼핑이 덜 부담스럽고 더 즐거워집니다.

다섯 번째는 공간 및 비용을 절약할 수 있습니다. 대형 백화점은 사람들을 끌어들이기 위한 다양한 부대시설을 필요로 합니다. 도심에 위치한다면 땅값이 매우 높을 수밖에 없습니다. 반면 로컬 매장은 유지관리할 공간과 상품수가 줄어듭니다. 많은 상품수를 진열하지 못하더라도 온라인몰과 연계해서 운영할 수 있기 때문에 대형매장보다 비용을 절감할 수 있습니다.

식재료와 레스토랑을 결합한 공간

식료품점은 쇼핑과 식사의 두 가지 장점을 결합한 그로서란트(Grocerant)로 확장되고 있습니다. 그로서란트는 식재료(Grocery)와 레스토랑(Restaurant)을 결합한 단어로 내가 매장에서 선택한 식재료가 즉석에서 음식으로 조리되어서 맛볼 수 있는 곳을 말합니다.

그로서란트는 온라인 쇼핑 채널과 치열한 경쟁으로 매출이 줄고 있는 대형매장들이 새로운 출구전략으로 속속 도입하고 있습니다. 세계적으로 유명한 그로서란트 마켓으로는 스웨덴 스톡홀름의 어번델리(Urban Deli), 영국 런던의 데일스포드 오가닉(Daylesford Organic), 미국 뉴욕의 일 부코 엘리멘트리(Il Buco Alimentari)등이 있고, 국내에서는 갤러리아 백화점이 고메이494를, 신세계백화점이 베키아에누보(대전)를, 현대백화점이 이탈리(판교)를, 롯데백화점이 PECK(에비뉴엘 월드타워점) 등을 운영하고 있습니다.

그로서란트의 핵심은 편리함과 신선함입니다. 한 곳에서 식료품 쇼핑과 맛있는 식사를 모두 해결할 수 있고, 매장에서 구입한 식재료로 만들어지기 때문에 신선함이 보장됩니다. 그로서란트에서는 단순히 음식을 먹는 것 외에도 다양한 경험이 제공됩니다. 요리 시연이나 와인 시음회 등을 통해 새로운 음식이나 문화를 접할 수 있습니다.

그로서란트가 일반 대중시장으로 진입하기 위해서는 가성비를 갖춰야 하지만, 트렌드 측면에서 성장 가능성은 충분합니다. 내가 선택한 식재료를 밀키트로 만들어주거나, 테마와 접목한 다이닝 세트를 제안을 해주거나, 현지 요리사(셰프)와 협업한 상품을 제안해 준다면 구매가치는 충분합니다. 주요 목표고객은 간단한 식사가 필요한 사람이나, 새로운 맛을 찾는 사람들, 여유로운 식사 경험을 즐기려는 사람들입니다.

설치와 수리를 지원해 주는 긱스쿼드

집이나 사무실에 인터넷으로 연결되는 제품이 몇 개나 되시나요? 빠른 기술발전으로 하나의 제품에 적응되기 무섭게 새로운 제품이 출시됩니다. 그리고 제품에 문제가 생기면 혼자서 해결하기 어려운 일들도 증가하고 있습니다.이런 시장의 문제에서 시작된 것이 베스트바이의 긱스쿼드(GeekSquad)입니다. 베스트바이를 통해서 판매되는 전자제품의 설치와 수리 등을 지원해 주는 버티컬 서비스입니다.

베스트바이가 긱스쿼드와 같은 버티컬 서비스를 강화하는

이유는 맞춤형 솔루션이 필요하기 때문입니다. 기술이나 사용 환경이 복잡해지면서 개인이 해결할 수 있는 문제의 수준을 넘어서고 있습니다. 제품 사용에 문제가 생기는 상황을 가정해 놓고 천편일률적으로 대응하기에는 한계가 있습니다. 고객이 소유하고 있는유형에 맞게 전문서비스를 제공한다면 사람들은 베스트바이에서 구매해야 하는 이유가 생깁니다. 고객들은긱스쿼드를 통해 시간을 절약할 수 있을 뿐만 아니라 끊임없는 사용환경을 보장받을 수 있습니다.

스마트홈 기기부터 홈시어터까지, 긱스쿼드는 가정과 사무실 내 상담과 설치를 제공합니다. 단순히 제품을 판매하는 것이 아니라 맞춤형 기술 경험을 제공합니다. 전문화된 역량을 갖추고 있는 사람들이네트워크 설정부터 사이버 보안, IT 지원과 같은 서비스를 제공합니다. 이는 서비스 제공이 매뉴얼 중심의 수직적 방식에서 상황에 맞춘 수평적으로 바뀌고 있다는 의미이기도 합니다.

공간에 브랜드를 담는 기업들

공간을 브랜딩 활동에 활용한 대표적인 사례가 젠틀몬스터입니다. 2014년 큰 인기를 얻었던 '별에서 온 그대'에서 주인공인 천송이가 젠틀몬스터 선글라스를 쓰고 나오면서 국내는 물론 중화권에서도 폭발적인 인기를 얻게 됩니다. 이후 드라마

PPL 등으로 단기간에 소비자에게 관심을 끄는 것은 지속성을 가지기 어렵다고 판단하고 플래그십스토어를 통해서 브랜드 경험을 제공하게 됩니다. 논현동에서 시작한 쇼룸은 청담동과 홍대로 확장하면서 많은 주목을 받았습니다.

젠틀몬스터가 공간 브랜딩의 대표 사례로 자주 언급되는 이유 중 하나는 판매하고 상품을 전면에 내세우지 않는다는 것입니다. 초현실적인 예술작품으로 꾸며진공간에서 '젠몬다움'을 경험할 수 있도록 한 것인데요. 북촌에서는 오래된 목욕탕을 개조해 'BATH HOUSE'라는 공간으로 새롭게 탄생시켰고, 홍대 쇼룸에서는 매월 다른 테마의 예술공간을 선보였습니다. 25일마다 매장 디스플레이 콘셉트를 바꾸는 '퀀텀 프로젝트'는 2년 5개월 동안 무려 26번의 프로젝트를 선보였습니다. 공간 브랜딩을 당장의 매출보다는 고객의 시간을 확보하는데 집중한 것입니다.

매일매일 수도 없이 많은 제품과 브랜드들이 출시되고 있는 상황에서 '우리는 다르다'라고 이야기해도 소비자들은 관심조차 주지 않습니다. 광고를 집행하고 1+1 프로모션 등을 진행하는 것으로는 브랜드 이미지를 향상하기에 한계가 있습니다. 이에 기업들은 한 공간에서 브랜드 탄생 스토리와 변천과정을 보여주면서 다양한 경험과 한정판 제품 등을 통해 포괄적 경험을 제공하기 시작한 것입니다.

한 공간에서 오롯이 브랜드의 정체성을 보여주면서 자연스럽게 브랜드를 인지하도록 하는 것인데요. 이를 통해 브랜드 홍보효과와 이미지를 향상할 수 있습니다. 플래그십 스토어는 브랜드가 고객에게 전달하고자 하는 최대의 가치를 나타내는 중요한 공간입니다. 과거에 오프라인 매장이 제품과 서비스를 판매하는 공간에 불과했다면플래그십 스토어는 브랜드 경험을 종합적으로 전달하려는 것입니다.

오프라인을 과거와 같이 판매장소로만 생각해서는 안됩니다. 오프라인 공간은 브랜드 정체성과 가치를 반영해야 합니다. 브랜드의 색상, 로고, 디자인 요소 등을 공간에 포함시켜 일관된 브랜드 아이덴티티를 구축해야 합니다. 이를 통해 소비자들은 공간을 보고 브랜드를 인식하게 됩니다.

고객의 지갑이 아닌 시간을 잡기 위해서는 고객경험이 필요합니다.고객들이 제품이나 서비스를 직접 체험하고 상호작용할 수 있는 기회를 제공하거나, 편리한 시설과 서비스를 제공하여 고객들의 만족도를 높여야 합니다. 고객경험 과정에서고객들이 원활하게 이동하고 탐색할 수 있는 구조를 갖추는 것도 중요합니다. 공간 내의 시각적인 흐름과 감각적인 조화를 고려하여 공간을 조성해야 합니다.

브랜드 공간은 마케팅 및 홍보에도 활용되어야 합니다. 공간 내에서 이벤트나 프로모션을 개최하거나, 소셜미디어를 통해 공간의 이미지를 홍보함으로써 브랜드 인지도를 높일 수 있습니다. 이를 위해서 공간의 지속적으로 관리도 필요합니다. 공간의 청결 유지, 시설의 정기적인 점검 및 유지보수, 고객들의 피드백에 대한 대응 등을 통해 공간의 품질과 브랜드 이미지를 유지해야 합니다.

| 로컬이 기술을 만나다 |

디지털 기술을 활용한 가치 제공

디지털 기술의 발전은 기업에게 비용 절감과 생산성 향상이라는 가시적인 이점을 제공합니다. 셀프계산대와 같은 기술은 인건비를 줄이고, 일정 수준의 서비스를 유지하면서도 효율성을 높일 수 있습니다. 특히 이직률이 높거나 계절적 수요 변동이 큰 업종에서는 더욱 큰 효과를 기대할 수 있죠.

그러나 디지털 기술의 진정한 가치는 단순히 비용 절감에만 있는 것이 아닙니다. 오히려 고객에게 새로운 가치를 제공하고, 브랜드와의 관계를 강화하는 데 있습니다. 인공지능(AI)과 빅데이터 분석을 통해 개별 고객의 선호도와 구매 패턴을 파악하여 맞춤형 상품과 프로모션을 제안할 수 있습니다. 이는 고객 만족도와 브랜드 충성도 제고로 이어집니다.

증강현실(AR)이나 가상현실(VR) 기술은 고객에게 몰입도 높은 쇼핑 경험을 선사합니다. 가구점에서 AR로 내 집에 가구를 배치해 보거나, 의류 매장에서 VR로 옷을 가상 피팅해 보는 식이죠. 이는 고객 참여도와 구매 전환율 향상에 기여합니다.

나아가 디지털 기술은 온라인과 오프라인의 경계를 허물고 끊김없는 쇼핑 경험, 즉 옴니채널을 가능케 합니다. 고객은 온라인에서 상품을 검색하고, 오프라인 매장에서 체험한 후, 모바일로 결제하는 등 보다 유연한 쇼핑이 가능해집니다. 이는 고객 편의성을 극대화하고, 브랜드와의 접점을 확대하여 궁극적으로 매출 증대로 이어질 수 있습니다.

이처럼 디지털 기술은 단순한 비용 절감 수단을 넘어, 고객 가치 창출과 브랜드 경쟁력 강화의 핵심 동력으로 자리잡고 있습니다. 기업들은 디지털 트랜스포메이션을 통해 기술 중심이 아닌 고객 중심의 사고로 전환해야 합니다. 부서 간 경계를 허무는 협업, 빠른 실험과 피드백을 통한 학습 등 조직 문화와 업무 방식의 변화가 뒷받침되어야 합니다. 무엇보다 이를 일회성 프로젝트가 아닌, 지속적인 혁신의 과정으로 인식하는 것이 중요합니다. 디지털 기술을 통해 고객에게 차별화된 가치를 제공하고 시장을 선도하는 혁신 기업으로 거듭나는 것, 그것이 디지털 시대를 헤쳐나갈 기업들의 과제일 것입니다.

기술로 고객 경험을 혁신하는 기업들

디지털 기술을 활용한 고객 경험 혁신은 통합적 관점에서 접근해야 합니다. 미국 유통 체인 타깃(Target)은 드라이브 업 서비스(Drive-Up Service)라는 서비스를 선보였습니다. 고객이 온라인으로 상품을 주문하면, 매장의 전용 주차 공간에서 기다리기만 하면 됩니다. 직원이 주문 상품을 차까지 가져다 주죠. 내릴 필요도, 짐을 들 필요도 없어 바쁜 현대인들에게 큰 호응을 얻고 있습니다.

현대백화점은 스마트주차 시스템으로 주차 관련 불편을 해소했습니다. 빈 주차공간 안내부터 요금 정산까지, 모바일 앱 하나로 모든 주차 과정을 처리할 수 있게 된 거죠. 전 과정을 디지털화함으로써 고객에게 새로운 쇼핑 경험을 제공하고 있습니다.

AR, VR 기술도 매장 내 고객 경험 향상에 적극 활용되고 있습니다. 실제 세계와 디지털 세계를 결합한 몰입형 쇼핑 경험을 제공하는 식입니다. VR로 내 집에 가구를 배치해 보고, AR로 옷을 가상 피팅해 보는 서비스가 대표적 사례죠.

이러한 기술들은 개인화된 서비스와 고객 만족도 제고에 기여합니다. 하지만 이를 위해서는 데이터 기반 의사결정 구조, 고객 참여 유도 장치, 옴니채널 등이 동반되어야 합니다.

데이터 기반 의사결정을 위해서는 고객 데이터 수집과 분석을 통해 선호도, 행동 패턴, 구매 이력 등을 파악해야 합니다. 예컨대 노드스트롬은 매장 내 와이파이를 활용해 고객 동선과 체류 시간을 분석하고, 이를 매장 레이아웃과 상품 배치에 반영하고 있습니다.

물론 개인화된 서비스를 위해서는 개인정보 보호 문제도 해결해야 합니다. 데이터 수집 목적을 고객에게 명확히 알리고 동의를 구해야 하며, 수집된 데이터를 안전하게 보호할 수 있어야 합니다. 고객 스스로 자신의 데이터를 통제할 수 있는 권한도 부여해야 합니다. 애플은 고객이 자신의 정보에 액세스하고, 수정 및 삭제할 수 있는 기능을 제공함으로써 고객과의 신뢰를 쌓아가고 있습니다.

피지털(Phygital) 리테일의 부상

피지털 리테일은 오프라인 매장에 디지털 기술을 접목해 새로운 고객 경험을 창출하는 매장을 의미합니다. 매장 내에서 스마트폰 앱으로 상품을 검색하고 결제할 수 있고, AI가 고객 취향을 분석해 맞춤형 상품을 추천해주기도 합니다. AR, VR로 상품을 미리 체험해 볼 수도 있죠.

스페인 패션 브랜드 자라는 Zara AR 앱을 통해 혁신적인 쇼핑 경험을 선사했습니다. 앱을 켜고 매장 곳곳을 비추기만 하면, 앱 화면 속 모델이 최신 패션을 선보입니다. 마음에 드는 옷은 바로 주문까지 가능하죠.

버버리의 런던 플래그십 스토어도 혁신의 산실입니다. 옷을 들고 스마트 미러 앞에 서면, 해당 제품을 다양한 색상으로 연출한 모습과 패션쇼 영상을 보여줍니다. 런웨이 영상, 디자이너 인터뷰 등 브랜드 스토리도 만날 수 있어, 단순 쇼핑을 넘어 버버리 세계에 빠져들게 합니다.

대체 불가능한 오프라인 쇼핑의 가치

온라인에서는 상품을 직접 만지고 체험하는 게 불가능합니다. 옷을 직접 입어보고 사이즈와 핏을 확인하는 것처럼 말이죠. 이는 온라인 쇼핑이 결코 대체할 수 없는 오프라인 매장만의 강점입니다.

나아가 오프라인에서는 전문 직원의 맞춤형 조언도 들을 수 있습니다. 단적인 예가 애플스토어죠. 애플스토어의 전문 직원들은 고객 개개인의 니즈를 파악하고, 제품 사용법을 자세히 알려줍니다. 이는 단순 매뉴얼 이상의 깊이 있는 제품 이해와 최적화된 사용 경험을 제공합니다.

한편, 디지털 기기 사용이 일상화되면서 오히려 오프라인에서의 비디지털 경험에 대한 니즈도 높아지고 있습니다. 파타고니아의 '티하우스'가 좋은 사례입니다. 자연친화적인 휴식 공간인 티하우스에서 고객들은 디지털에서 잠시 벗어나 여유를 즐길 수 있습니다. 실내 정원과 도서 공간이 마련되어 아날로그적 휴식을 제공하죠.

브랜드들은 로컬의 문화와 라이프스타일을 브랜드에 녹여 내 차별화된 정체성을 구축하기도 합니다. 매장을 지역 특색에 맞게 꾸미고, 지역 문화와 연계한 이벤트를 여는 식입니다. 이를 통해 브랜드는 경쟁사와 차별화된 이미지를 확립하고 있습니다.

경계 없는 쇼핑 경험의 진화

오늘날 소비자들은 더 이상 온라인과 오프라인을 구분하지 않습니다. 상황과 필요에 따라 두 채널을 자유롭게 넘나들며 최적의 구매 경험을 추구하죠. 이러한 변화에 발맞춰 유통 업계는 O2O, O4O, 그리고 피지털 전략을 모색하고 있습니다.

O2O(Online to Offline)는 온라인에서의 활동을 오프라인 구매로 연결하는 전략입니다. 배달의 민족, 야놀자, 카카오택시 등이 대표적 사례죠. 고객이 온라인에서 상품이나 서비스를 예약, 결제하고 오프라인에서 이를 이용하는 방식입니다.

O4O(Online for Offline)는 이와 살짝 결이 다릅니다. 온라인의 힘을 빌려 오프라인 경험 자체를 업그레이드하는 데 초점이 있습니다. 가령 인스타카트(Instacart)는 고객이 앱으로 장을 보면, 직원이 오프라인 매장에서 장을 봐서 배달해 주는 서비스를 제

공합니다. 매장 재고 확인, 상품 픽업 서비스 등도 O4O의 일환이라 할 수 있겠네요.

한편, 피지털(Phygital)은 오프라인 공간에 디지털 기술을 도입해 온·오프라인 경험을 융합하는 시도를 일컫습니다. 매장에 AR, VR, 스마트 미러, 인터랙티브 디스플레이 등을 도입하는 식이죠. 피지털은 실제와 가상을 넘나드는 몰입감 높은 경험을 통해 구매 결정을 돕고 고객 만족도를 높입니다. 나아가 온·오프라인 데이터를 통합 분석해 개인화된 서비스를 제공하기도 합니다.

O4O의 선두주자 인스타카트

미국의 신선식품 배송 서비스 인스타카트는 O4O 비즈니스 모델의 대표적인 성공 사례로 꼽힙니다. 인스타카트는 고객이 앱이나 웹에서 식료품을 주문하면, 인근 매장에서 쇼퍼(Shopper)라 불리는 계약직 직원들이 직접 장을 보고 배달해주는 서비스를 제공합니다.

인스타카트의 수익원은 다양합니다. 배달료, 서비스 수수료, 멤버십, 광고 등이 주요 수익모델인데요. 특히 '인스타카트 익스프레스'라는 멤버십 프로그램은 일정 금액 이상 구매 시 무료 배송 혜택을 제공하여 고객 충성도를 높이고 있습니다. 또한 방대한 고객 데이터를 활용한 타겟팅 광고도 주목할 만한데요.

검색 결과나 카테고리 내 특정 상품을 전략적으로 노출시켜 광고 효과를 극대화합니다. 이는 제조사의 판매 증진과 소비자의 제품 발견이라는 일석이조의 효과를 가져다줍니다. 이처럼 인스타카트는 온라인 기술로 오프라인 쇼핑 경험을 혁신함과 동시에 데이터를 활용한 새로운 수익모델을 창출하고 있습니다.

인스타카트 성공 요인의 핵심은 고객 중심적 사고입니다. 예를 들어 초고속 배송서비스인 프라이어리티 딜리버리(Priority Delivery)를 이용하면 주문 후 최소 2시간 만에 물품을 받아볼 수 있습니. 당일 여러 번 배송 신청도 가능합니다. 이는 바쁜 현대인들의 니즈를 정확히 포착한 서비스라고 할 수 있습니다. 뿐만 아니라 인스타카트는 상품 카테고리를 지속적으로 확장하고 있습니다. 신선식품부터 문구류, 가전제품, 심지어 의약품까지 취급 품목을 넓혀가고 있는데요. 이는 인스타카트가 단순 식료품 배송을 넘어 종합 생활 플랫폼으로 진화하고 있음을 보여줍니다.

한편, 까다로운 선발 절차와 교육 과정을 거친 전문성 높은 쇼퍼들은 인스타카트의 또 다른 자산입니다. 이들이 제품 선택부터 포장, 배송까지 모든 과정에서 높은 품질을 유지하는 원동력이 되고 있죠. 인스타카트는 이들에 대한 처우 개선과 동기 부여에도 힘쓰고 있습니다.

아울러 인스타카트는 친환경 포장재 사용, 푸드 마일리지 감소를 통한 탄소 배출 저감, 푸드 뱅크와의 제휴를 통한 식품 기부 등 ESG 경영에도 앞장서고 있습니다. 이는 사회적 가치 창출뿐 아니라 브랜드 이미지 제고에도 긍정적인 영향을 미치고 있습니다.

물론 높은 서비스 품질 유지를 위한 비용 증가, 경쟁 심화로 인한 수익성 악화 등의 과제도 남아 있습니다. 그러나 인스타카트는 지속적인 서비스 혁신과 기술 투자, 전략적 파트너십 강화 등을 통해 이를 극복해 나갈 것으로 기대됩니다.

무엇보다 인스타카트의 지속적인 성공은 변화하는 시장 환경에 민첩하게 대응하고, 고객의 잠재적 니즈까지 선제적으로 충족시키려는 노력에서 비롯된 것으로 보입니다. 단순히 기술이나 서비스를 고도화하는 데 그치지 않고, 고객의 일상을 근본적으로 변화시키려는 철학과 열정을 가진 기업, 그것이 인스타카트가 O4O 시장의 선두주자로 자리매김할 수 있었던 비결이 아닐까 싶습니다.

디지털 전환에 성공한 유통기업

국내에서는 H&B스토어 올리브영이 디지털 전환의 모범 사례로 꼽힙니다. 2023년 기준 올리브영의 총 매출액은 3조 8,600억 원으로, 이 중 30% 이상이 온라인에서 발생했습니다. 2017년 온라인몰을 처음 론칭했을 때와 비교하면 17배나 성장한 수치입니다. 이런 성공의 비결은 바로 촘촘한 오프라인 매장망을 활용한 초스피드 배송 서비스, '오늘드림'이었습니다.

올리브영의 성공 요인은 크게 세 가지입니다. 첫째, 취급 상품의 특성입니다. 화장품 등 뷰티 상품은 식품에 비해 보관과 배송이 용이합니다. 신선식품처럼 콜드체인 시스템이 필요 없어 물류비 부담이 적죠.

둘째는 직영점 중심의 매장 구성입니다. 전국 1,300여 개 매장 중 절반 이상이 직영점입니다. 품질 관리는 물론 재고 파악이 용이해 더욱 신속 정확한 배송이 가능합니다. 또한 매장 수 자체도 많아 배송 커버리지가 넓어지는 효과가 있습니다..

셋째는 뛰어난 온·오프라인 연계 역량을 꼽을 수 있습니다. 업계 최초 옴니채널 시스템을 구축해 온라인 주문을 오프라인 매장에서 바로 픽업할 수 있게 했는데요. 온라인에선 다양한 디지털 마케팅을 펼치는 한편, 오프라인 매장은 체험과 즐길 거리를 제공하는 복합 문화 공간으로 진화시킨 것입니다.

올리브영의 성공에서 주목할 점은 단순히 매출 신장을 넘어 고객 경험 혁신에 성공했다는 사실입니다.

온라인에서는 빅데이터와 AI 기술을 활용해 개인화된 추천 서비스를 제공합니다. 고객의 관심사, 구매 이력 등을 분석하여 맞춤형 상품과 콘텐츠를 제안하고, 샘플링 서비스와 함께 맞춤형 혜택도 제공하는 거죠. 이를 통해 고객 만족도와 구매 전환율을 동시에 높이는 선순환 구조를 만들어냈습니다.

오프라인 매장 또한 단순 쇼핑 공간을 넘어 브랜드를 체험하는 복합 문화 공간으로 탈바꿈했습니다. 뷰티 클래스, 팝업 이벤트, 상품 체험 등 다양한 체험 마케팅을 전개하여 고객이 브랜드와 더 깊이 상호작용할 수 있도록 했죠. 나아가 카페, 갤러리 등을 결합한 라이프스타일 매장을 오픈하며 차별화된 쇼핑 경험을 선사하고 있습니다.

온-오프 통합 멤버십 프로그램도 빼놓을 수 없는 성공 요인입니다. 회원 등급별 맞춤 혜택과 온-오프 포인트 통합 적립 및 사용이 가능한데요. 이는 브랜드 충성도 제고에 크게 기여하고 있습니다. 온-오프 통합 빅데이터 분석 또한 고객 니즈에 최적화된 상품 구색과 서비스 고도화에 활용되고 있죠.

한편 올리브영은 이러한 디지털 전환의 과정에서 조직 문화와 업무 방식의 변화도 병행했습니다. 수평적 조직 구조로의 전환, 애자일과 스크럼 방법론 도입 등을 통해 신속한 의사결정과 유연한 대응이 가능하도록 한 것이죠. 또한 디지털 인재 육성과 개발자 문화 확산에도 힘쓰며 조직 전반의 디지털 마인드셋을 향상시켰습니다.

올리브영이 업계에서 높이 평가받는 이유는 유통기업 중에서 거의 유일하게 디지털 전환에 성공한 기업이기 때문입니다. 올리브영의 온라인 매출은 계속해서 상승하고 있으며, 이는 점포 네트워크를 활용한 빠른 배송 때문입니다. 올리브영은 이커머스 시장의 새로운 트렌드를 이끌어 가고 있는 기업입니다.

올리브영의 디지털 전환은 현재 진행형입니다. 유통 혁신을 넘어 라이프스타일 전반을 아우르는 변화를 이끌어낼 것으로 기대됩니다.

유통의 새로운 수익모델은?

최근 유통 업계에는 리테일 미디어라는 트렌드가 부상하고 있습니다. 리테일 미디어란 유통 기업이 막대한 양의 쇼핑 데이터를 기반으로 맞춤형 광고를 제공하고 새로운 수익을 창출하는 비즈니스 모델을 말합니다. 글로벌 테크 자이언트인 아마존과 알리바바가 이 분야를 선도하고 있으며, 국내에서도 신세계, 이마트 등 대형 유통사들이 적극적으로 뛰어들고 있습니다.

리테일 미디어의 핵심은 고객 데이터에 있습니다. 유통 기업들은 고객의 검색 기록, 구매 이력, 선호도 등 방대한 데이터를 수집하고 분석합니다. 이를 바탕으로 고객 개개인의 관심사에 맞는 상품 광고를 적시에 노출시킴으로써 구매 전환율을 높이고, 광고주에게는 마케팅 효율을 극대화해 줍니다. 나아가 이러한 데이터 분석은 상품 구성이나 매장 배치 등 유통 전략 수립에도 활용됩니다. 무엇보다 유통사 입장에서는 광고 수익이라는 새로운 수익원을 확보할 수 있다는 점에서 매력적인 비즈니스 모델입니다.

아마존은 이미 오래전부터 리테일 미디어 시장을 선도해 왔습니다. 아마존은 광대한 고객 데이터와 정교한 타겟팅 알고리즘을 무기로 광고주들이 원하는 고객군에게 정확하게 도달할 수 있는 광고 상품을 판매하고 있습니다. 중국의 알리바바 역시 자사 쇼핑 플랫폼인 타오바오와 티몰을 통해 다양한 형태의 맞춤형 광고 솔루션을 제공하며 리테일 미디어 시장을 주도하고 있습니다. 미국의 오프라인 유통 공룡 타겟 또한 풍부한 고객 데이터를 활용해 타겟팅 광고를 제공함으로써 광고 효과를 극대화하는 한편, 온·오프라인을 아우르는 통합적 쇼핑 경험을 제공하며 고객 만족도를 높이고 있습니다.

리테일 미디어의 확산은 유통 산업 전반에 몇 가지 중요한 변화를 예고하고 있습니다. 우선 개인화가 더욱 강화될 것입니다. 리테일 미디어는 개별 고객의 관심사와 니즈에 최적화된 쇼핑 경험을 제공함으로써 고객 만족도와 충성도를 높일 수 있습니다. 또한 데이터에 기반한 의사결정이 보편화될 것입니다. 실시간으로 수집되는 방대한 고객 데이터는 상품 기획부터 재고 관리, 가격 책정에 이르는 유통의 전 과정에서 과학적이고 효과적인 의사결정을 가능케 할 것입니다. 온·오프라인을 통합하는 옴니채널 전략 또한 가속화될 것으로 보입니다. 리테일 미디어는 온라인과 오프라인의 경계를 허물고 끊김없는 쇼핑 경험을 제공하는 데 최적화된 솔루션이기 때문입니다. 한편으로는 데이터를 무기로 한 중소 브랜드와 스타트업의 약진도 기대해 볼 만합니다.

　물론 리테일 미디어가 가져올 변화가 장밋빛 미래만을 의미하는 것은 아닙니다. 고객 데이터 활용을 둘러싼 프라이버시 이슈, 광고 시장 독과점에 따른 부작용 등 리스크 요인도 상존합니다. 그럼에도 리테일 미디어는 이미 거스를 수 없는 대세로 자리 잡았습니다. 유통 기업이 어떻게 고객 데이터를 활용해 가치를 창출하고, 나아가 기술과 유통의 경계를 허무는 혁신을 주도할 수 있을지, 업계의 지속적인 관심이 필요해 보입니다.

빅블러 시대의 커머스와 물류

경계가 모호해지는 빅블러 시대

지금의 커머스는 단순히 상품을 판매하는 수준을 넘어서, 소비자에게 새로운 쇼핑 경험을 제공하고 있습니다. 이 과정에서 물류가 중요한 역할을 하며, 빅블러(Big Blur)라는 현상이 이를 더욱 부각시키고 있습니다. 빅블러는 경계가 모호해지는 현상을 의미하는데, 이커머스 업계에서는 특히 물류와 마케팅의 경계가 흐려지고 있습니다.

쿠팡의 로켓그로스, 네이버의 N도착보장, 배달의민족의 배민1플러스와 같은 서비스는 이러한 변화를 잘 보여줍니다. 이들 서비스는 단순한 물류 제공을 넘어서, 플랫폼 내에서의 노출을 통해 매출 증가라는 마케팅 효과까지 고려하고 있습니다. 이는 커머스 플랫폼들이 단순한 중개자에서 벗어나, 물류와 직접적으로 연결되어 있음을 의미합니다.

이러한 변화의 배경에는 기술 발전이 큰 역할을 합니다. 고도화된 IT 솔루션을 통해, 플랫폼들은 물류 과정의 모든 단계를 효율적으로 관리하며 고객에게 신속한 배송을 보장합니다. 또한, 커머스 플랫폼은 데이터 분석을 통해 소비자의 구매 패턴을 파악하고, 이를 기반으로 재고 관리 및 배송 최적화를 실시하고 있습니다.

물류의 빅블러 트렌드는 비단 대형 커머스 기업에만 해당하는 것이 아닙니다. 중소 이커머스 기업들도 플랫폼과의 협업을 통해 자체 물류능력을 강화하고 있습니다. 이는 전체적인 이커머스 생태계의 경쟁력을 높이는 동시에, 소비자에게 더 나은 쇼핑 경험을 제공하게 됩니다.

커머스에서 물류가 왜 중요한가?

물류는 커머스의 효율성, 재고 관리, 사업 확장 측면에서 중요성을 갖습니다.

첫째, 효율적인 물류 시스템을 통해 상품을 빠르고 정확하게 고객에게 전달할 수 있습니다. 이는 배송 실수를 줄이고 고객 만족도를 높일 뿐 아니라, 시간과 비용을 절약할 수 있게 해줍니다. 상품이 약속한 시간에 꼭 맞춰 고객에게 도착한다면 이는 경쟁에서 앞설 수 있는 큰 힘이 됩니다.

둘째, 물류는 재고 관리에도 아주 중요한 역할을 합니다. 물류 시스템을 통해 지금 가지고 있는 상품의 수량을 정확히 파악하고, 앞으로 얼마나 더 필요한지, 어디에 보관해야 할지를 결정할 수 있습니다. 이렇게 하면 상품이 너무 많이 쌓여서 낭비되거나, 갑자기 동이 나서 고객에게 제때 전달하지 못하는 일을 방지할 수 있습니다.

셋째, 물류는 비즈니스의 성장에도 직접적인 영향을 미칩니다. 잘 짜인 물류 시스템은 회사가 새로운 시장이나 지역으로 뻗어나갈 수 있는 든든한 토대가 되어줍니다. 물류망이 잘 갖춰져 있다면 지금보다 더 많은 고객에게 다가갈 수 있고, 더 넓은 시장에서 상품을 팔 수 있는 기회를 잡을 수 있게 되는 것입니다.

고객경험을 좌우하는 핵심요소

기업들은 온라인과 오프라인을 넘나들며 고객에게 일관된 경험을 제공하기 위해 노력하고 있는데, 이 과정에서 물류의 역할은 더욱 중요해지고 있습니다.

온라인 커머스의 경우, 물류는 고객과의 유일한 접점이라 할 수 있습니다. 상품이 고객에게 전달되는 과정이 곧 브랜드 경험이 되기 때문입니다. 따라서 온라인 기업들은 배송 속도와 정확성, 포장 상태 등 물류의 모든 측면을 관리하여 고객 만족도를 높이고자 합니다. 또한, 역물류(반품. 교환) 프로세스를 효율화하여 고객 불편을 최소화하는 것도 중요한 과제입니다.

오프라인 매장도 물류의 중요성을 간과할 수 없습니다. 매장에 상품을 적시에 보충하고, 재고를 효율적으로 관리하는 것은 매출과 직결되는 문제이기 때문입니다. 나아가 일부 오프라인 매장은 온라인 주문 상품의 픽업 장소로 활용되거나, 반품된 상품을 처리하는 거점으로도 사용됩니다. 이처럼 온오프라인을 아우르는 옴니채널 물류 체계를 구축하는 것이 중요한 과제로 떠오르고 있습니다.

기업들은 이러한 변화에 대응하기 위해 첨단 기술을 물류에 접목하고 있습니다. 예를 들어, RFID, IoT 센서 등을 활용해 재고를 실시간으로 추적 관리하고, 빅데이터 분석을 통해 수요를 예측하여 재고를 최적화합니다. 또한 로봇, 드론과 같은 자동화 기술을 도입하여 물류 프로세스의 효율성을 높이고 있습니다.

물류는 이제 단순한 배송 기능을 넘어, 고객 경험을 좌우하는 핵심 요소로 자리잡았습니다. 온오프라인을 통합하는 옴니채널 시대에 기업의 물류 경쟁력이 곧 비즈니스 경쟁력이 될 것입니다.

라스트마일과 퀵커머스

오프라인 물류망을 확보하고 있는 기업들이 눈독을 들이는 시장이 퀵커머스(Quick Commerce) 입니다. 퀵커머스는 고객이 주문한 상품을 몇 시간 내로 배송하는 것을 목표로 하는데요. 이는 즉시성과 편리함을 추구하는 소비 트렌드와 직접 연결되어 있습니다.

그런데 국내 퀵커머스 시장은 기대만큼 빠른 성장을 보여주지는 못하고 있습니다. 초기 시장을 주도했던 배달 대행 스타트업들은 사업을 접었고, 오프라인 유통 공룡들의 행보도 더딘 상황인데요. 이마트, 롯데슈퍼, 홈플러스 등이 서비스 지역 확대에 어려움을 겪거나 답보 상태에 머물러 있습니다.

반면 직영몰이 많은 올리브영은 오프라인 매장망을 활용해서 퀵커머스 분야에서 거의 유일하게 좋은 성과를 만들어가고 있습니다. 오프라인 매장은 상품을 직접 보고 만지고 확인할 수 있다는 점에서 매력적인데요. 이런 이유로 퀵커머스의 승자는 온라인 중심의 플랫폼보다는 오프라인 매장을 갖고 있는 기업이 될 것입니다. 추가적인 인프라 투자 없이 매장을 물류센터로 활용할 수 있고, 배송비는 변동비적인 성격을 가지기 때문에 손익측면에서도 유리합니다.

오프라인 매장은 퀵커머스 물류 시스템을 구축하는 데 있어 핵심적인 역할을 합니다. 온·오프라인이 구분되었던 시대에 오프라인은 고정비가 높은 것으로 인식되었습니다. 그러나 온·오프라인이 통합된 시대에 오프라인은 경쟁력이 되고 있습니다.

배달 플랫폼이나 배달대행사의 퀵커머스 사업은 고전하고 있는 중입니다. 퀵커머스가 가능하려면 고객이 주문한 상품을 도심 어디엔가 가져다 놓아야 하는데, 이는 초기에 많은 투자비용을 요구할 뿐만 아니라 매월 고정비를 부담해야 하는 요인이 되기 때문입니다. 물론 배달대행사가 기존 오프라인 매장과 협업하는 방안으로 경쟁력을 만들어낼 수 있습니다.

새로운 패러다임이 될 것인가?

퀵커머스의 성장은 단순히 기술 발전의 결과가 아닙니다. 우리 사회의 구조적 변화가 이를 뒷받침하고 있기 때문인데요. 가장 큰 요인은 온라인 쇼핑의 일상화입니다. 이제 많은 사람들에게 온라인 쇼핑은 생활의 일부가 되었고, 이는 퀵커머스를 자연스럽게 받아들이는 토대가 되고 있습니다.

또한 밀레니얼 세대의 부상도 빼놓을 수 없습니다. 이들은 즉시성과 편의성을 중시하는 소비 성향을 보이는데요. 퀵커머스는 이들에게 일종의 '일상 외주화' 수단으로 받아들여집니다. 직접 매장에 가지 않아도, 몇 시간 내로 원하는 상품을 원하는 장소에서 받아볼 수 있으니까요. 쇼핑에 들이는 시간과 노력을 줄이고, 그 시간을 보다 가치 있는 일에 쓰려는 것이죠.

여기에 1인 가구의 증가도 한몫하고 있습니다. 1인 가구는 소량 구매, 즉각적 배송에 대한 니즈가 높습니다. 바쁜 일상을 살아가는 이들에게 퀵커머스의 시간 절약 효과는 큰 매력으로 다가옵니다.

이처럼 퀵커머스는 소비자들의 라이프스타일 변화에 발맞춰 빠르게 자리잡고 있습니다. 과거에는 배달이 단순히 부가서비스에 불과했지만, 이제는 그 자체로 거대한 산업으로 성장하고 있는 것인데요. 배달 라이더, 배달 대행 플랫폼 등 관련 일자리와 비즈니스도 빠르게 늘어나는 추세입니다.

퀵커머스 산업의 도전 과제

퀵커머스가 지속 성장하기 위해서는 넘어야 할 산도 만만치 않습니다. 무엇보다 물류 효율화가 시급한 과제입니다. 각 업체가 경쟁적으로 물류 인프라를 구축하다 보니 중복 투자 문제가 발생하고, 이는 수익성 악화로 이어지고 있거든요. 배송 인력의 처우 개선, 과대 포장 등 환경 문제 해결도 함께 고민해야 할 부분입니다.

또한 치열한 가격 경쟁도 해결 과제입니다. 빠른 배송을 무기로 고객을 유치하기 위한 출혈 경쟁이 벌어지면서 수익성이 나빠지고 있는데요. 서비스 차별화, 효율적 운영 등을 통해 적정 수익을 확보하는 선순환 구조를 만드는 것이 중요합니다

퀵커머스에게 당면한 도전과제로 첫째, 환경적 책임을 감당하기 위해서는 퀵커머스 업체들이 포장재를 최소화하고, 친환

경 소재를 사용하여 제품 포장을 개선할 필요가 있습니다. 또한, 전기나 수소와 같은 친환경 에너지를 사용하는 배송 차량으로 전환을 고려해야 합니다. 이는 고객에게 긍정적인 이미지를 전달하고, 환경 보호에 기여함으로써 기업의 사회적 책임을 실현하는 방법이 될 것입니다.

둘째, 사회적 측면에서는 배달 인력의 근무 조건을 개선하여 일자리의 질을 높이는 것이 중요합니다. 이는 배달원들에게 보다 안정적인 고용 환경을 제공하고, 궁극적으로 서비스의 질을 향상시키는 열쇠가 됩니다. 특히 배달원들에 대한 교육과 지원 프로그램을 강화하여, 이들이 자긍심을 갖고 일할 수 있는 환경을 조성하는 것이 필요합니다.

셋째, 퀵커머스 서비스의 지속적인 혁신과 발전을 위해서는 고객의 변화하는 요구에 발 빠르게 대응하는 능력을 키워야 합니다. 예를 들어, 인공 지능(AI)과 머신 러닝을 활용하여 고객의 구매 패턴을 분석하고, 이를 통해 개인화된 쇼핑 경험을 제공하는 것이 가능합니다. 또한, 증강 현실(AR)을 활용한 가상 쇼핑 경험 등, 기술을 통한 새로운 서비스 제공이 중요해질 것입니다.

이와 같은 전략적 접근은 퀵커머스 산업이 단순한 '빠른 배송 서비스'를 넘어서, 지속 가능하고 혁신적인 비즈니스 모델로 거듭날 수 있는 토대를 마련할 것입니다. 이는 또한 새로운 비즈니스 기회를 창출하고, 경쟁력을 강화하는 방법이 될 것입니다.

4부

커머스의
로컬 비즈니스모델

커머스의 디지털 전환 전략

장기적 관점의 디지털 전환

디지털 전환은 일회성 이벤트가 아닌, 기업의 근본적인 체질을 바꾸는 대장정입니다. 뚜렷한 방향성, 강력한 리더십, 그리고 지속가능성에 대한 고민이 필요한데요. 커머스 기업의 디지털 전환 전략으로 첫 번째, 장기적 관점의 디지털 전환 로드맵 구축을 들 수 있습니다. 디지털 전환의 성패는 속도만큼이나 방향성 설정이 중요합니다. 단기적 성과에 급급할 것이 아니라, 자사의 비전과 역량, 시장 환경을 종합적으로 고려한 장기적 로드맵을 수립해야 하는 것이죠. 이를 위해서는 경영진의 의지와 리더십, 그리고 조직 전반의 공감대 형성이 무엇보다 중요합니다.

앞에서도 살펴본 월마트는 2016년부터 장기적 디지털 전환 계획 'Walmart Digital Transformation Roadmap'을 수립하고 실행에 옮겼습니다. 매장 내 로봇 도입, AI 기반 재고 관리, 드론 배송 등 첨단 기술에 대한 과감한 투자와 함께, 전담 조직 월마트 랩스를 설립해 내부 역량 강화에도 주력했는데요. 특히 이커머스 기업 젯닷컴 인수, 마이크로소프트와의 전략적 제휴 등 외부와의 협업을 통해 디지털 전환 속도를 높인 점이 주목할 만합니다. 그 결과 온라인 사업의 폭발적 성장을 이뤄냈고, 아마존과의 격차를 좁히는 데 성공했죠. 기술에 대한 선제적 투자, 내외부 인프라 확충, 과감한 M&A 등이 주효했던 것으로 분석됩니다.

일본 최대 편의점 체인 세븐일레븐은 2014년부터 중장기 디지털 전환 전략 Omni7을 추진해왔습니다. 모바일 앱을 중심으로 온·오프라인 채널을 유기적으로 연계하고, 빅데이터 분석을 통해 상품 추천, 재고 관리 등에 활용하는 데 주력했는데요. 여기에 점포 진열 로봇, 무인 결제 시스템 등 자동화 기술을 도입해 운영 효율성을 높인 점도 눈여겨볼 만합니다. 특히 전략의 일관성을 유지하며 장기적 관점에서 단계적으로 실행해 나갔다는 점, 그리고 가맹점주와의 협력 프로그램을 통해 조직 전반의 변화 관리에 힘썼다는 것이 특징입니다.

중국 이커머스 공룡 알리바바는 2017년 新零售(New Retail) 비전을 발표하고, 오프라인과 온라인의 융합을 통한 미래형 유통 혁신을 선도하고 있습니다. 신선식품 체인 허마센셩 인수, 무인 매장 타오카페 런칭 등이 대표적인데요. 이는 단순히 최신 기술을 도입하는 차원을 넘어, 고객 경험 혁신을 위한 비즈니스 모델 차원의 변화를 추구한다는 점에서 주목할 만합니다. 기술은 목적이 아닌 수단이며, 고객 가치 창출이 혁신의 궁극적 지향점이 되어야 한다는 통찰을 줍니다. 나아가 디지털 전환을 위한 인재 육성, 조직문화 쇄신 등에도 공을 들이고 있다는 점 또한 알리바바 사례의 특징이라 할 수 있겠습니다.

이들 기업의 공통점은 단기적 성과에 연연하지 않고, 일관된 비전을 가지고 장기적 관점에서 디지털 전환을 추진했다는 데 있습니다. 기술과 비즈니스, 그리고 조직을 아우르는 통합적 접근, 고객 가치에 대한 끊임없는 고민, 유연하고 개방적인 조직문화 등은 우리 기업들이 벤치마킹할 만한 포인트라고 생각합니다.

디지털 전환의 여정은 결코 순탄치 않습니다. 불확실성이 상존하는 가운데 다양한 이해관계자들을 설득하고 협력을 이끌어 내야 하는 어려운 과제이기도 합니다. 그럼에도 불구하고, 이러한 장기적 비전과 일관된 실행력이 있었기에 이 기업들은 업계를 선도하는 디지털 혁신 기업으로 거듭날 수 있었던 것 같습니다.

커머스에서 개인화된 고객경험

디지털 시대의 커머스 경쟁력은 곧 개인화에서 비롯됩니다. 빅데이터와 AI 기술을 활용해 개개인의 니즈와 상황에 최적화된 상품과 서비스를 제안하는 것이 차별화된 고객 경험을 창출하는 열쇠가 될 것입니다.

개인화된 고객 경험 제공은 이제 이커머스 기업만의 전유물이 아닙니다. 업종과 규모를 막론하고 다양한 기업들이 데이터와 기술을 활용해 고객 개개인에 최적화된 경험을 선사하기 위해 노력하고 있습니다.

예를 들어 일본 최대 이커머스 기업 라쿠텐은 AI 기반 추천 엔진 라쿠텐 브레인을 통해 개인화된 쇼핑 경험을 제공하고 있습니다. 방대한 고객 데이터를 분석해 개인의 취향과 관심사에 맞는 상품을 추천하는 것은 물론, 각종 할인 혜택과 이벤트도 맞춤형으로 제공하고 있는데요.

여기서 주목할 점은 이러한 개인화 전략을 자사 이커머스 플랫폼을 넘어 금융, 여행, 통신 등 다양한 사업 영역으로 확장하고 있다는 사실입니다. 라쿠텐 에코시스템 내에서 발생하는 방대한 데이터를 통합적으로 분석함으로써, 고객 개인의 라이프스타일 전반에 걸친 최적화된 서비스를 제공하고 있죠. 이는 개인화가 단순히 상품 추천을 넘어, 기업과 고객 간 장기적 관계 구축의 핵심 수단이 될 수 있음을 보여주는 사례라 할 수 있겠습니다.

　중국 이커머스 2위 업체 징둥닷컴은 보핑(步兵) 모델을 통해 개인화 전략을 로컬 시장으로 확장하고 있습니다. 각 지역별 소비 트렌드와 고객 데이터를 바탕으로 차별화된 상품 구성과 마케팅을 펼치는 것인데요. 단순히 온라인 채널만이 아니라, 오프라인 매장과의 연계를 통해 고객 개개인의 니즈에 완벽히 부합하는 옴니채널 경험을 제공한다는 점이 특징입니다.

　또한, AI 스피커, 스마트 디스플레이 등 자체 IoT 기기를 통해 수집한 데이터를 개인화에 활용하고 있다는 점도 눈여겨볼 만합니다. 단순히 구매 이력뿐 아니라 고객의 일상과 생활 패턴 데이터까지 아우르는 초개인화를 지향하고 있다고 볼 수 있죠. 이는 뉴리테일(New Retail)이라는 중국발 유통 혁신 트렌드와도 맞물려 있는데요. 온·오프라인, 그리고 다양한 IoT 기기와 서비스를 유기적으로 연계함으로써 최상의 개인화 경험을 제공하겠다는 전략으로 풀이됩니다.

　두 기업의 사례를 통해 개인화가 단순히 맞춤 마케팅 기법을 넘어, 비즈니스 전반의 혁신을 견인하는 전략적 키워드로 부상하고 있음을 알 수 있습니다. 고객 한 사람 한 사람을 깊이 이해하고 그에 걸맞은 경험을 디자인하는 것, 그것이 바로 디지털 시대의 차별화 원천이 되고 있는 것입니다.

　개인화의 시대, 승자가 되기 위해서는 무엇보다 고객 중심의 사고, 그리고 이를 가능하게 할 기술력과 데이터 역량이 바탕이 되어야 할 것입니다. 나아가 조직 전반에 데이터 기반 의사 결정 문화를 확산하고, 부서 간 경계를 허물어 고객 경험 혁신을 위한 협업 체계를 구축하는 일 또한 병행되어야 할 것입니다.

물론 개인화는 자칫 사생활 침해와 같은 사회적 우려를 낳을 수 있다는 점도 간과해서는 안 됩니다. 고객 데이터를 다루는 기업으로서 신뢰의 가치를 어떻게 보장하고 증명할 것인지에 대한 철학과 원칙 정립 또한 중요한 과제가 될 것입니다.

디지털 생태계 확장과 가치 창출

디지털 전환의 궁극적 목표는 플랫폼화를 통해 디지털 생태계로 발전하는 것입니다. 자사의 핵심 역량을 바탕으로 이종 산업과의 협업, 신규 서비스 런칭 등을 통해 사업 영역을 확장하고 새로운 가치를 창출해 나가야 하는 것인데요.

대표적인 사례가 네이버 플러스 멤버십입니다. 네이버는 쇼핑, 동영상, 음악, 웹툰 등 네이버의 다양한 서비스를 하나의 멤버십으로 통합하였습니다. 이는 단순히 포인트나 할인 혜택을 주는 차원을 넘어, 사용자의 일상 전반에 네이버 생태계를 확장하겠다는 전략적 행보입니다.

쿠팡이 벤치마킹 모델로 삼은 아마존 프라임 멤버십도 있습니다. 아마존은 멤버십을 통해 무료 배송, 동영상 스트리밍, 음악, 이북 등 다양한 혜택을 제공함으로써 고객의 일상 전반에 걸친 디지털 생태계를 구축했습니다. 단순히 물건을 파는 것을 넘어 엔터테인먼트, 라이프스타일 전반으로 영향력을 확대해 왔습니다.

특히 프라임 멤버십을 통해 확보한 충성도 높은 고객 기반은 아마존의 신사업 확장에도 큰 힘이 되고 있습니다. 프라임 고객들이 평균적으로 더 많이, 더 자주 구매한다는 사실은 이미 잘 알려져 있는데요. 아마존은 이들을 대상으로 식료품 배송, 헬스케어, 금융 서비스 등으로 사업을 확장하며 고객의 인생에 없어서는 안 될 존재로 자리매김하였습니다.

중국에는 생활서비스 플랫폼인 메이투안이 있습니다. 메이투안은 음식 배달을 시작으로 여행, 숙박, 티켓팅, 배달, 차량 호출 등 200여 개의 서비스를 아우르는 슈퍼앱으로 성장했습니다. 이는 처음부터 배달 라이더들의 이동 경로, 소비자 데이터 등을 분석해 새로운 비즈니스 기회를 찾았기에 가능했던 것인데요.

메이투안의 전략은 고객의 일상 속 다양한 니즈를 발굴하고, 이를 하나의 앱에서 해결함으로써 고객의 24시간 라이프스타일 파트너가 되는 것입니다. 그 과정에서 수집된 방대한 데이터는 다시 서비스 고도화와 신사업 발굴의 자양분이 되고 있죠. 이는 중국 특유의 비즈니스 환경과 결합하며 독특한 슈퍼앱 전략으로 진화했다고 볼 수 있습니다.

밸류체인 단계별 디지털 전략

리테일 기업이 성공적으로 디지털 전환을 이루기 위해서는 생산, 공급, 판매 및 관계, 라이프스타일의 가치사슬 전반에 걸쳐 디지털 기술을 전략적으로 도입하고 활용해야 합니다.

생산 단계에서는 생산 자동화, 제조 혁신을 통해 효율성을 높이고 품질을 향상시켜야 합니다. IoT, 센서, 로봇 등 첨단 기술을 생산 공정에 적용하여 스마트 팩토리를 구현하는 것이 핵심입니다.

공급망 관리에 있어서는 물류, 유통 프로세스 전반에 디지털 기술을 접목해 최적화를 이뤄야 합니다. 실시간 모니터링, 수요 예측, 재고 관리 고도화 등을 통해 민첩하고 효율적인 공급망을 구축할 수 있습니다.

판매와 고객 관계 측면에서 보면 온라인/모바일 채널 강화, 빅데이터 기반 개인화 마케팅 등 디지털 기술을 활용한 고객 경험 혁신이 중요합니다. AR·VR 등의 실감형 기술로 몰입도 높은 구매 경험을 선사하는 등 새로운 고객 가치를 창출해야 합니다.

나아가 제품을 넘어 고객의 일상과 라이프스타일 전반에 부합하는 통합적 서비스를 제공하는 것도 중요합니다. 자사 제품과 연계된 헬스케어, 엔터테인먼트 등 다양한 분야로 사업을 확장하고, 고객 데이터를 기반으로 맞춤형 라이프스타일 솔루션을 제안하는 것이 차별화 포인트가 될 수 있습니다.

이 모든 과정의 기반에는 데이터와 분석(D&A)이 자리해야 합니다. 제품, 고객, 시장에 대한 데이터를 수집/분석하고 이를 의사결정에 활용하는 데이터 드리븐 경영이 필수적입니다. 또한, 이를 뒷받침할 역량 강화와 조직문화 혁신도 병행되어야 할 것입니다.

중소규모 리테일의 디지털 전략은?

중소규모의 오프라인 소매점과 온라인 쇼핑몰은 자체적으로 디지털 전환을 높이는데 한계가 있습니다. 현실적으로 카페24, 아임웹과 같은 솔루션을 활용하여 D2C 방식으로 고객과의 접점을 강화하고, 구글 애널리틱스 등을 이용하여 방문자의 행동을 모니터링하는 방법으로 디지털 역량을 확보해갈 수 있습니다.

첫째, 카페24나 아임웹과 같은 이커머스 플랫폼을 활용하는 것이 현실적입니다. 이러한 플랫폼들은 온라인 쇼핑몰 구축과 운영을 간소화하고 자동화할 수 있도록 설계되어 있으며, 사용자 친화적인 인터페이스와 다양한 디자인 템플릿을 제공합니다. 이를 통해 중소 규모 상점도 손쉽게 온라인 판매 채널을 만들고 운영할 수 있습니다.

둘째, 구글 애널리틱스 등을 활용하여 고객 행동을 분석해야 합니다. 방문자의 웹사이트 내 활동을 추적하고 분석하여 어떤 페이지나 제품이 인기 있는지, 방문자가 어디에서 유입되는지 등의 데이터는 손쉽게 확보할 수 있습니다. 이를 바탕으로 전략을 수립하고, 고객경험을 높여가야 합니다.

셋째, 통합된 소셜미디어 운영 역량이 필요합니다. 페이스북, 인스타그램, 유튜브 등 소셜 미디어 플랫폼은 고객과 직접적으로 소통할 수 있는 강력한 도구입니다. 이를 통해 제품이나 프로모션 정보를 실시간으로 공유하고, 고객의 피드백을 받아볼 수 있습니다. 또한, 소셜 미디어 광고는 타겟팅이 용이하여 효율적인 마케팅 수단으로 활용됩니다. 외부 대행사에 의존하기보다는 자체적인 역량을 향상시켜야 합니다

디지털 전환은 단순히 최신 기술을 도입하는 것이 아닌, 비즈니스 전반의 혁신을 통해 새로운 고객 가치를 창출하는 여정입니다. 리테일 기업은 가치사슬 전 영역에서 기술과 비즈니스의 연계를 모색하고, 이를 조직 역량으로 내재화할 때 디지털 시대의 승자로 우뚝 설 수 있을 것입니다.

로컬을 위한 구독 비즈니스모델

성공 사례를 찾기 힘든 구독모델

구독 모델(Subscription model)은 고객과 지속적인 관계를 구축할 수 있는 기회를 제공합니다. 소비자가 정기적으로 제품이나 서비스를 이용함으로써, 매장은 안정적인 수익을 창출할 뿐만 아니라 고객의 선호와 행동 패턴을 더 잘 이해할 수 있게 됩니다. 이를 통해 맞춤형 마케팅과 서비스를 제공하여 고객 만족도를 높일 수 있습니다. 구독 모델은 유튜브, 넷플릭스, 멜론 등 온라인 중심의 서비스를 넘어 오프라인으로도 확장 중에 있습니다.

구독모델에 대한 시도는 오래전부터 있었습니다. 예를 들어

20여 년 전 제철에 수확된 농산물을 일주일에 한 번 보내주는 서비스가 있었습니다. 지금으로 보면 제철 농산물 정기 배송이라고 할 수 있습니다. 그런데 농산물 꾸러미 사업은 성공사례를 찾기 힘들 정도로 자취를 감추었습니다. 무슨 이유에서일까요? 바로 개인화에 실패했기 때문입니다. 오이를 싫어하는 사람들에게 오이를 배송해 준다거나, 지난주에 보내준 상추를 아직 뜯지도 못했는데 또다시 보내주는 것입니다. 결국 구독모델은 개인화가 되지 않으면 실패할 수밖에 없습니다.

구독모델은 서비스의 유형, 상품군, 제공 방식에 따라 멤버십형, 정기배송형, 렌털형 등 다양한 형태를 갖고 있고, 물리적 상품과 디지털 상품으로도 구분이 됩니다. 유형의 상품을 판매하는 커머스 관점에서는 정기배송형과 멤버십형으로도 구분할 수 있습니다.

정기 배송형은 휴지, 샴푸, 면도기, 양말 등과 같은 생필품이나 소비자별 취향에 따른 커피, 와인, 취미용품 등의 품목을 주기적으로 배송받아 보는 것입니다. 최근에는 큐레이션이 접목되어 다양한 소비자 니즈를 충족하는 형태로 진화하고 있습니다.

그런데 자주 사용하지 않아 재고가 쌓이거나, 집 근처의 편의점에서 언제든지 손쉽게 구입할 수 있거나, 혹은 잦은 할인판매로 가격의 변동이 있는 상품은 정기배송과 결이 맞지 않습니다. 지난주에 보내준 우유를 미처 마시지 못한 상태에서 새로운 우유가 배송되었다면, 또는 집에 있는 시간이 많지 않아 이전에 배송해 준 상품을 버려야 하는 경험을 했다면 정기배송을 해지할 가능성이 큽니다. 무엇보다 쿠팡이나 마켓컬리에서 멤버십 비용을 지불하면, 필요할 때 빠른 시간 안에 받아볼 수 있기 때문에 대체재가 존재합니다.

유형의 상품 중 정기배송과 결이 맞는 것은 재고의 부담이 없거나, 배송의 가치가 크거나, 기존 유통으로 구매하기가 어렵거나, 쇼핑 자체의 즐거움이 큰 것들입니다. 예를 들어 전통주를 배송해 주는 '술담화'는 한 달에 3병 정도의 전통주를 배송해 줍니다. 한 달에 3병이면 충분히 소화할 수 있는 양으로 재고 부담이 없습니다. 그리고 전국에 있는 2,000여 종의 전통주 중 큐레이션과 스토리를 통해서 배송해 주기 때문에 배송의 가치, 기존 유통채널에서의 구매의 어려움, 쇼핑의 즐거움 등의 가치가 있습니다. 다만 전통주 구독서비스를 이용하는 사람이 제한적이기 때문에 시장규모가 크지 않아 폭발적 성장을 달성하기에는 한계가 있습니다.

유형의 상품이 정기배송으로 판매되기 위해서는 오프라인 물류망이 필요합니다. CJ가 쿠팡에 햇반 판매를 중단하고 자사몰 중심으로 전환한 데에는 CJ대한통운이 있었기 때문입니다. 마찬가지로 제주 삼다수가 쿠팡에서 판매를 중단하고 삼다수앱을 통해 직접 판매를 할 수 있었던 것은 판매에 대한 판권을 가지고 있는 광동제약의 오프라인 물류망이 있었기 때문입니다.

플랫폼 기업들은 멤버십형으로 구독을 강화하고 있습니다. 플랫폼 구독모델의 특징은 자주 사는 상품을 더 저렴하면서도 편리하게 제공받는 것입니다. 유형 상품의 대부분이 구독에 적합하지 않음에도 쿠팡과 네이버에서 구독이 작동하는 이유는 누군가 대신해줬으면 하는 단순 반복적인 일이거나, 추가할인 등이 제공되기 때문입니다. 쿠팡의 경우 3가지 상품을 정기구매하면 무료배송, 추가할인을 제공합니다. 무엇보다도 동일한 상품을 반복적으로 구매하는, 생활에 꼭 필요하지만 신경 쓰고 싶지 않은 일에서 해방시켜줍니다.

구독모델이 가능하려면

구독모델의 핵심은 '정기적'입니다. 새로운 고객을 유입해서 일회성으로 판매하는 것이 아니라 꾸준하게 제품과 서비스를 이용할 수 있게 하는 것입니다. 이를 위해서는 다양한 상품군 보유를 통해 개인화를 할 수 있어야 합니다. 많은 기업들이 구독모델을 시도했지만, 글로벌 플랫폼을 제외하고는 성공사례가 많지 않습니다. 이는 구독모델의 비즈니스 특성과 관련이 있습니다.

첫 번째는 구독 모델은 장기적인 고객 관계 구축이 핵심입니다. 고객이 구독을 지속하려면 제품이나 서비스에 대한 만족도가 높아야 합니다. 하지만 많은 기업들은 초기 고객 유치에만 집중하고, 장기적인 고객 유지 전략이 부족합니다. 글로벌 플랫폼은 막대한 자금력과 기술력을 바탕으로 개인화된 서비스를 제공하고, 고객 데이터를 활용해 만족도를 높입니다.

두 번째는 구독 모델은 규모의 경제를 필요로 합니다. 수익성을 확보하려면 일정 수준 이상의 구독자 수가 필요합니다. 글로벌 플랫폼은 이미 막대한 사용자 기반을 보유하고 있어, 구독 서비스를 효과적으로 확산시킬 수 있습니다. 반면, 중소기업은 초기 투자 비용과 마케팅 비용을 감당하기 어려워 규모의 경제를 달성하기 쉽지 않습니다.

세 번째는 구독 모델은 상품의 특성과 배송 효율성이 중요합니다. 정기 배송에 적합한 상품은 소비 주기가 일정하고, 개인의 취향을 반영할 수 있어야 합니다. 또한, 배송 비용을 최소화할 수 있는 물류 시스템이 필요합니다. 글로벌 플랫폼은 대량 구매와 자체 물류망을 통해 비용을 절감할 수 있지만, 일반 기업은 이러한 인프라를 구축하기 어렵습니다.

네 번째는 구독 모델은 지속적인 혁신과 차별화가 요구됩니다. 고객의 니즈는 빠르게 변화하므로, 이에 맞춰 서비스를 업데이트해야 합니다. 글로벌 플랫폼은 막대한 자금력을 바탕으로 지속적으로 신규 서비스를 개발하고, 고객 데이터를 활용해 차별화된 가치를 제공합니다. 하지만 중소기업은 한정된 자원으로 인해 혁신과 차별화에 어려움을 겪습니다.

로컬이 구독모델에 관심을 가져야 하는 이유는?

로컬을 중심에 둔 기업들이 구독에 관심을 가져야 하는 이유를 사회 환경적 요인, 기술적 요인, 비즈니스모델 관점에서 설명할 수 있습니다.

사회 환경적 관점에서 확정된 미래는 인구입니다. 인구가 감소한다는 것은 시장 확장이 어렵다는 것을 의미하고, 이는 일회성 판매보다는 장기간 관계로 수익모델이 변화되어야 한다는 것을 의미합니다. 구독 모델은 기존 고객을 유지하고 장기적인 관계를 구축하는 데 도움이 됩니다. 인구 감소 시대에는 신규 고객 유치보다는 기존 고객과의 관계 유지가 더욱 중요해집니다. 구독 모델은 고객 충성도를 높이고, 안정적인 수익을 확보할 수 있는 방법 중 하나입니다.

로컬 기업의 비즈니스 모델 관점에서 보면 구독 모델은 고객 데이터를 확보할 수 있는 방법이고, 이를 통해 맞춤화된 서비스 제공이 가능하다는 점을 들 수 있습니다. 온라인은 스마트폰 등을 통해서 고객 행동 데이터를 확보할 수 있습니다. 반면, 오프라인에서는 고객정보를 얻을 길이 없습니다. 그런데 구독모델을 도입하면 고객의 선호도와 행동 패턴 등을 파악하여 개인화된 서비스를 제공하는 것이 가능해집니다. 이는 고객 만족도를 높이고, 장기적인 수익 창출로 이어질 것이고, 구독을 통해 안정적인 현금흐름을 만들 수 있게 됩니다.

이것이 가능하도록 하는 기술적 요인도 빼놓을 수 없는 요인입니다. 구독모델을 구현하기 위해서는 IT 시스템을 구축해야 하는 문제가 있습니다. 애플리케이션과 같은 서비스를 구축하고, 서비스 안에서 개인을 인증할 수 있는 인증시스템, 고객이 카드로 결제할 때 필요한 금융연계시스템, 언제든지 손쉽게 서비스를 해지할 수 있는 개인화 시스템 등 생각보다 복잡한 일들이 존재합니다. 그래서 규모가 작은 기업들에게 구독모델은 그림의 떡이나 다를 바 없었습니다.

구독모델을 구현할 수 있는 서비스

시장의 몇 가지 변화가 일어나고 있습니다. 대표적으로 카카오를 들 수 있는데요. 카카오는 카카오톡 채널에서 상품을 구독할 수 있는 서비스를 운영하고 있습니다. 카카오톡 채널을 통해 렌털, 정기배송을 신청할 수 있는 상품구독 서비스를 할 수 있는데요. 소비자들은 카카오톡에서 가전, 가구, 공기청정기 필터 등 다양한 상품에 대한 렌털·정기배송 정보, 소식 등을 한눈에 확인할 수 있습니다. 상품 구독에 필요한 정보를 알림으로 받아보고 상담과 결제도 가능합니다. 기술의 발전이 구독 모델의 확산에 큰 역할을 하고 있는 것입니다.

기존 오프라인에서 정기구독상품에 가입하고 이용하는 데 드는 복잡한 과정을 카카오톡 안에서 몇 번의 클릭만으로 할 수 있는 편의성을 높인 것이 특징입니다. 이를 위해 카카오톡에서 상품구독 서비스를 제공하는 비즈니스 파트너에게 상품 구독 관리 플랫폼 SSP(Subscription service platform)도 제공하고 있습니다. 이를 통해 파트너는 카카오 SSP에 상품정보를 등록하고 상품 구독 서비스를 제공하기 위한 모든 과정을 관리하고 체계적으로 서비스를 제공할 수 있습니다.

카카오의 상품구독 플랫폼은 규모가 작은 소상공인 매장이 활용하기에는 아직은 미흡한 점이 많이 있습니다. 카카오는 서비스를 더욱 고도화하고 있는 중이라고 밝히기도 했고, 카카오가 아니더라도 오프라인에서 구독이 가능하도록 하는 서비스들은 다양하게 출시될 것입니다.

온라인 사이트에서부터 오프라인 매장까지 구독모델을 적용하는 기업이 증가한다는 것은 무엇을 의미할까요? 고객을 1회성으로 바라보기보다는 오랫동안 함께하는 팬 중심의 비즈니스로 전환되고 있다고 보고 있습니다. 결국 거래보다는 관계로 비즈니스가 전환되어야 하는 것입니다. 충성 고객은 계속해서 구매를 해줄 뿐만 아니라 가족이나 친구, 커뮤니티에 우리를 추천하기도 합니다. 연구 결과에 따르면 재방문 고객은 우리를 더 신뢰하기 때문에 더 많은 돈을 소비하고, 더 비싼 제품과 서비스를 구매할 가능성이 높다고 합니다.

로컬에서 구독을 도입한 사례

산코 마케팅푸드(三光 MarketingFood)가 운영하는 일본식 이자카야(居酒屋 いざかや) 매장인 킨노쿠라(金の蔵)에서는 스마트폰 앱을 활용해서 월 4,000엔에 술을 포함한 음료를 무제한으로 제공하는 프리미엄 음료(술) 무제한 정액권을 판매하고 있습니다. 고객 입장에서는 직접적인 가격할인 효과가 있고, 매장 입장에서는 고객들의 내점 빈도가 높아지기 때문에 총이익 측면에서 수익이 증가하게 됩니다. 물론 무제한을 악용하는 사람들도 있을 수 있습니다. 그러나 술을 마시려면 요리나 안주 등이 필요하기 마련입니다. 결국 1인당 지불하는 객단가에는 큰 차이가 나지 않습니다. 긴노구라의 구독모델은 고객충성도, 안정적 수익원, 경쟁업체와의 차별화, 데이터 수집을 통한 개인화 측면에 효과가 있습니다.

화장품, 스킨케어, 헤어케어, 향수 등을 판매하는 세포라(Sephora)에서도 구독모델을 만날 수 있습니다. Play! by Sephora라는 구독서비스는 다양한 브랜드의 화장품 샘플들을 사용방법과 함께 배송해 주는 방식인데요. 예를 들어 스킨케어 제품의 경우 클렌징, 토너, 세럼, 모이스처라이저 등의 순서로 사용하는 방법을 안내해 줍니다. 메이크업 팁이나, 함께 사용하면 좋은 제품들의 추천, 퍼스널 컬러 및 스타일링 팁 등이 함께 제공되기 때문에 고객만족도를 향상하는 데 도움이 됩니다.

세포라의 구독 서비스는 새로운 제품을 시도해 볼 수 있는 기회를 제공합니다. 샘플 제공을 통해 고객은 새로운 제품을 부담 없이 시도해 볼 수 있으며, 이는 제품 판매 증가로 이어질 수 있습니다. 또한 구독 서비스를 통해 고객과 지속적인 접점을 유지할 수 있으며, 이는 브랜드에 대한 충성도를 높이는 데 기여합니다.

영국의 식품점 체인인 세인즈버리스에서는 Sainsbury's Delivery Pass라는 구독 서비스를 제공하고 있습니다. 쿠팡 와우멤버십처럼 고객이 일정 금액을 지불하고 무제한으로 무료 배송을 받을 수 있는 서비스인데요. 고객 입장에서는 배송비 절감과 집 앞 배달이라는 직접적인 혜택이 있습니다. 매장 측면에서는 더 자주 쇼핑하도록 유도하는 한편, 다른 곳으로 이탈하는 것을 방지할 수 있습니다. 온라인 쇼핑의 편리함과 오프라인 매장의 신뢰성을 결합하여, 고객 경험을 전반적으로 향상한 방식이라고 할 수 있습니다.

국내에서는 오프라인 매장에 구독모델을 적용하고 있는 대표적인 곳으로 파리바게뜨와 뚜레쥬르를 들 수 있습니다. 물론 경쟁사와 업계 분위기에 떠밀려 출시된 서비스이고, 아직까지 의미 있는 성과를 만들어내고 있지는 못합니다(구독모델 도입 매장은 축소되고 있는 중입니다). 이는 판매하는 상품의 특징일 수도 있고, 고객 니즈(needs)와의 불일치일 수도 있고, 마케팅 및 홍보의 부족일 수도 있습니다. 파리바게뜨와 뚜레쥬르의 구독모델 성공 여부를 떠나 이러한 시도는 계속해서 증가할 것입니다.

오프라인에서 구독모델은 소비자와 판매자 모두에게 이익을 가져다줄 수 있습니다. 소비자는 저렴한 가격에 서비스를 이용할 수 있어서 좋고요. 판매자는 가격을 할인해주기는 하지만 매월 안정적인 매출이 확보되는 것이고, 사람들을 매장에 방문시킴으로써 추가적인 상품 판매의 기회를 얻을 수도 있습니다. 구독모델은 기존의 것을 포기하고 얻는 자기 잠식(Cannibalization)이 아니기 때문에 판매자에게도 손해는 아닌 것입니다. 만일 구독모델이 기존의 다른 상품의 매출 감소를 가져온다면 도입하면 안 될 테죠.

사업주 입장에서는 인건비(아르바이트 등)와 월세 등은 고정비에 해당합니다. '매출=구매고객수 X 객단가'로 구성이 되는데요. 구독모델의 객단가(1회당 구매금액)는 작지만, 구매고객수를 증가시키는 것이고, 매장을 방문한 사람이 추가적인 상품을 구매할 수도 있기 때문에 부가적인 수익을 얻을 수 있는 기회가 됩니다. 인건비와 월세 등은 고정비에 해당하기 때문에 추가적으로 방문한 사람들에게 같은 비율만큼의 고정비가 증가하는 것은 아닐 테니까요.

오프라인 매장에서 구독모델에 관심을 가져야 하는 이유는 구독 모델이 매월 일정한 수익을 보장하고, 이를 통해 재무 안정성을 강화하는 데 도움이 되기 때문입니다. 또한 구독을 통해 수집되는 고객 데이터는 맞춤형 마케팅, 새로운 제품 개발, 고객 서비스 개선 등에 활용될 수 있습니다. 구독을 통해 개인화된 제품이나 서비스를 제공함으로써 고객 만족도를 높이고, 더 나은 쇼핑 경험을 제공할 수 있게 됩니다.

벤치마킹을 통한 구독모델 분석

물론 구독모델의 앞날이 장밋빛만은 아닙니다. 일부 정기구독은 한계점이 드러나고 있는데요. 예를 들어 밀키트 정기구독 서비스 업체인 블루에이프런은 시장의 기대와는 달리 주가가 계속해서 하락하는 중입니다. 이는 밀키트 시장의 진입장벽이 낮고 고객 입장에서도 타사의 서비스로의 전환 비용이 낮기 때문입니다.

구독 서비스의 성공은 고객이 지속적으로 서비스를 유지하기로 결정하는 데 달려 있습니다. 따라서 고객이 계속해서 가치를 느낄 수 있도록 지속적인 관리와 혁신이 필요합니다. 또한 오프라인의 구독모델은 물류 및 배송망을 갖추는 것도 필요합니다. 특히 식품점 같은 경우, 무제한 무료 배송과 같은 서비스는 물류 및 배송 시스템에 부담을 줄 수 있으므로, 효율적인 운영 방안이 필요합니다. 제품의 다양성 및 품질 관리도 놓쳐서는 안 됩니다. 구독 서비스를 통해 제공되는 제품이나 서비스의 질을 일관되게 유지하면서도 다양성을 제공하는 것도 중요한 과제입니다.

로컬의 구독모델에 대한 가능성을 제시한 사례로 '현관앞키친'을 들 수 있습니다. ㈜현관앞마켓에서 운영하는 현관앞키친은 반찬이나 샐러드를 판매하는 곳인데요. 독특한 것은 100% 정기구독으로 판매하고 있다는 것과 배송비가 무료라는 점입니다. 그렇다고 가격이 비싼 것도 아닙니다. 현관앞키친은 일반적인 도시락이나 반찬 서비스에 비해 가격이 저렴한 편에 속합니다.

　이것이 어떻게 가능할까요? 첫 번째 방법은 사전 식단표 제시를 통해 수요를 확정하기 때문입니다. 현관앞키친은 매월 홈페이지에 식단표를 공지하고, 고객은 공지된 식단표를 보고 구매를 희망하는 상품이 배송되는 요일을 선택하면 됩니다. 현관앞키친에서 반찬, 국, 샐러드 세 가지 신선식품을 주간 혹은 월간(최소 주 2회, 최대 주 5회)으로 구독 가능합니다. 원하는 요일에 배송일을 지정할 수 있고, 집에 없거나 반찬 등이 많이 남아있을 경우 등 고객의 필요에 의한 쉬어가기나 날짜 변경(미루기)도 가능합니다. 물론 고객이 선택해야 한다는 번거로움은 있지만, 내가 좋아하지 않는 반찬이 배달되거나, 배송비를 절약하기 위해 가격을 맞춰서 구매하는 것에 비하면 고객의 페인포인트를 해결해 준 것입니다.

　고객의 선택으로 수요가 확정되면 공장에서는 확정된 수요에 맞춰 생산할 수 있기 때문에 재고관리를 할 필요가 없어집니다. 신선식품의 가장 큰 골칫거리인 재고관리에 대한 문제가 해결되는 것인데요. 이를 통해 불필요한 인건비와 원재료 비용을 절감할 수 있기 때문에 전체적인 생산 원가가 낮아지는 효과가 있습니다.

두 번째 방법은 배송 간소화에 있습니다. 현관앞키친은 당일 조리, 당일 배송을 원칙으로 합니다. 조리시간은 저녁 8시~ 새벽 2시이며, 포장작업을 거친 후 새벽 3시부터 아침 7시까지 배송이 된다고 패키징에 표기되어 있습니다. 물론 작업량에 따라 조리시간과 배송시간은 약간의 변동은 있을 수 있습니다. 이렇게 조리되거나 만들어진 신선식품을 지역별 물류거점으로 운송하면 지역별 배송인력들이 신선식품을 픽업하여 오전 7시 이전에 배송해 주는 구조입니다.

문제는 지역별 배송량이 적으면 운영효율이 나오지 않게 됩니다. 이런 이유로 현관앞키친은 경상남도 진주를 시작으로 창원, 거제, 부산, 대구 등 경상권 중심으로 서비스를 확장하고 있으며, '배송불가 지역'이 설정되어 있습니다. 현관앞키친은 특정 지역 안에서도 아파트단지 중심으로만 서비스를 제공하고 있는데요. 이는 배송 밀집도를 높여서 건당 배송비를 줄이기 위함입니다.

그리고 서비스 지역을 넓혀가는 방식도 '사전 모집'을 활용하고 있습니다. 현관앞키친은 아파트단지 중심으로 '구독 희망자 사전 모집'을 진행한 후 대략 300명 정도의 희망자가 모집되면 배송인력을 모집합니다. 배송인력도 정규직이 아닌 부업 형태인 파트타임을 활용하는데요. 현관앞키친 배송기사는 새벽시간에 2시간 정도, 평균 40세대를 배송하고, 월평균 65만 원 정도를 받는다고 합니다. 하루 업무 수행에 따른 기본급과 일정 배송량을 초과한 건수에 대해 인센티브를 받는 구조이기 때문에 수요가 많은 지역에서는 더 많은 급여를 받을 수 있게 됩니다.

세 번째는 요일별 주문량의 평균치를 만들어냈습니다. 정기구독 서비스를 운영하면서 월요일, 수요일, 금요일은 주문량이 많고, 화요일과 목요일은 주문량이 적은 문제가 나타났습니다. 이에 사전 공지한 식단표에 화요일과 목요일 메뉴에 고객들이 선호하는 반찬들을 배치함으로써 주문량을 끌어올렸습니다. 요일별 주문량의 불균형은 공장의 가동률을 떨어뜨리고, 이는 생산원가에 반영될 수밖에 없습니다. 그런데 데이터를 기반으로 요일별 주문량에 대한 문제를 해결한 것입니다.

오프라인에서 구독모델이 성공하려면 고객의 니즈에 대한 이해를 바탕으로 명확한 가치제안이 필요합니다. 단순한 상품 판매를 넘어서 고객경험을 향상할 수 있어야 합니다. 그리고 유연한 구독 옵션과 지속적인 피드백과 서비스 개선이 필요합니다.

현관앞키친은 온라인으로 운영되는 서비스이지만, 오프라인에서 최적화된 서비스를 제공하고 있습니다. 고객이 이탈하지 않고 구독이 지속되기 위해서는 '상품 제안력'이 필요한데, 데이터에 기반해서 이를 달성하고 있는 것입니다. 좋은 말도 여러 번 들으면 싫어지듯이 한 가지 음식을 계속해서 먹을 수는 없습니다. 현관앞키친의 재구매율이 80%에 달하는 것은 고객의 니즈에 대한 이해와, 당일 조리 당일 배송(새벽배송), 그리고 데이터를 기반으로 고객경험을 끊임없이 개선하고 있기 때문입니다.

추가적인 수익모델을 찾아내는 것

경계를 넘나드는 소비자들

유통 시장에서 온라인과 오프라인의 경계가 모호해지고 있습니다. 소비자들은 이제 구매 채널을 가리지 않고 자신에게 가장 편리하고 효율적인 방식을 선택하는 시대가 되었죠. 이런 변화 속에서 온라인 쇼핑의 성장세가 두드러지면서, 오프라인 리테일의 미래를 우려하는 목소리도 나오고 있는데요. 하지만 이는 공급자 중심의 관점일 뿐, 고객의 눈에는 온라인과 오프라인의 구분 자체가 큰 의미가 없어지고 있습니다.

사실 오프라인 매장들도 이미 디지털 전환을 꾸준히 진행해 왔습니다. 키오스크와 모바일 주문, 배달 서비스 도입 등을 통해 비대면 트렌드와 디지털 소비 행태에 발 빠르게 대응해 온 것이죠. 이는 언택트(Untact)나 배달이 온라인 전유물이 아님을 반증하는 사례라 할 수 있습니다. 오히려 온·오프라인의 장점을 결합한 옴니채널과 OMO 전략이야말로 미래 유통 경쟁력의 핵심 열쇠로 부상하고 있습니다.

물론 온라인 쇼핑의 성장세는 오프라인에 비해 여전히 높은 것이 사실입니다. 하지만 동시에 오프라인의 고유한 가치와 경쟁력도 재조명되고 있는데요. 무엇보다 온라인은 여전히 오프라인에 비해 변동비 부담이 큰 구조입니다. 포장재 비용, 배송 수수료, 플랫폼 수수료 등 매출 증가에 비례해 비용이 늘어나는 만큼, 수익성 확보가 쉽지 않은 것이 현실이죠. 최근 환경 규제 강화로 인한 포장재 가격 상승, 배송 인력 처우 개선에 따른 배송비 인상 등도 온라인 업계에게는 부담으로 작용하고 있습니다.

온라인은 가격 경쟁이 치열한 시장인 만큼, 마케팅 비용 부담도 만만치 않습니다. 검색 광고, SNS 광고 등에 막대한 예산을 투입해야 하는데다, 재고 관리 비용까지 더해지면 오프라인보다 반드시 저렴하다고 볼 수만은 없는 것이죠. 나아가 배송 과정에서의 상품 품질 이슈, 반품 및 환불 처리 등 온라인 쇼핑 고유의 리스크 요인들도 만만치 않은 상황입니다.

반면 오프라인만의 강점도 분명 존재합니다. 무엇보다 고객이 직접 보고 만지며 상품을 확인할 수 있다는 점은 온라인이 따라올 수 없는 오프라인만의 본질적 가치입니다. 여기에 매장에서의 체험과 고객 서비스, 즉각적인 상품 수령 등은 쇼핑의 즐거움을 배가시키는 요소이기도 하죠. MZ세대를 중심으로 부상하는 체험 소비 트렌드를 감안하면 향후 오프라인 매장은 단순 판매 공간을 넘어 브랜드 경험을 제공하는 차별화된 마케팅 플랫폼으로 거듭날 가능성도 엿보입니다.

중요한 것은 이제 온라인과 오프라인을 이분법적으로 바라볼 것이 아니라는 점입니다. 고객들은 온·오프라인의 경계를 자유롭게 넘나들며 똑똑한 소비를 추구하고 있습니다. 상황과 상품 카테고리에 따라 온라인과 오프라인을 유기적으로 활용하는 새로운 소비 행태가 자리 잡고 있는 것이죠. 따라서 유통 기업들에게 요구되는 것은 채널 간 경계를 허물고 일관되고 매력적인 쇼핑 경험을 디자인하는 것입니다. 이를 위해 데이터와 기술을 기반으로 온·오프라인을 통합적으로 운영하는 역량이 그 어느 때보다 중요해졌다고 볼 수 있겠습니다.

갈수록 치열해지는 유통 시장에서 생존하기 위해서는 온라인이냐 오프라인이냐를 고민할 것이 아니라, 고객 중심의 사고로 과감하게 패러다임을 전환할 필요가 있습니다. 채널의 경계를 넘어, 고객 개개인에게 가치 있는 쇼핑 경험을 제공하는 것. 그리고 이를 위해 데이터, 기술, 그리고 창의성을 아우르는 역량을 갖추는 것. 그것이 바로 온·오프라인을 아우르는 미래 리테일 혁신의 핵심 과제가 아닐까 싶습니다.

유통의 경계는 무너졌습니다. 이제 중요한 것은 채널이 아니라 어떻게 고객에게 차별화된 가치를 전달할 것인가의 문제입니다. 온라인과 오프라인, 그 경계를 넘어 고객 중심의 새로운 쇼핑 경험을 창조하는 브랜드만이 치열한 경쟁 속에서 지속 성장을 이어갈 수 있을 것입니다.

보완적 비즈니스를 찾아내는 것

모든 산업에서 온라인과 오프라인은 소비자 편의를 높여가는 형태로 나아갈 것입니다. 서로가 경쟁관계에 있는 듯이 이야기를 하지만, 궁극적으로 오프라인과 온라인은 하나가 될 수밖에 없습니다. 온라인과 오프라인은 상호 배타적이 아닙니다. 서로의 단점을 보완하면서 충분히 새로운 시장을 만들어 낼 수 있습니다. 예를 들어 음악을 무료로 다운로드 받을 수 있었던 소리바다가 나왔을 때 대부분의 음반회사들은 저작권 침해에 대응하는 방식으로 문제를 해결하려고 했습니다. 해적행위로 인해 음반이 판매되지 않고, 음반이 판매되지 않으면 기업의 수익성이 낮아진다고 판단했기 때문입니다. 그러나 다른 방법으로 문제를 해결할 수는 없었을까요?

우려와는 달리 엔터테인먼트 기업들은 새로운 형태로 문제를 해결해나가고 있습니다. HYBE, SM, JYP, YG 등의 엔터테인먼트 기업의 주요 수익원은 음원판매보다는 국내외 콘서트에서 발생하고 있습니다. 더 나아가 외식업, 뷰티, 패션, 게임 등으로 사업 영역을 확장하고 있습니다. 물론 소속 연예인의 열애설, 사고, 마약류 복용과 같은 리스크가 존재합니다. 그리고 비즈니스마다 속성이 다르기 때문에 연예인 콘텐츠만으로 다양한 영역으로 사업이 확장될 수 있는 것도 아닙니다. 그러나 부정적인 연결관계에 매몰될 것이 아니라, 긍정적인 연결관계를 이용하고 있다는 점에서 중요한 시사점이 있습니다.

음악 산업이 부활한 이유는 소리바다와 싸워서 이겼기 때문이 아닙니다. 그렇다고 음원가격을 대폭 올린 것도 아닙니다. 음악 산업의 성장요인은 콘서트와 같은 공연수익, 화장품 회사와의 협업 상품 출시 등의 보완적인 비즈니스를 찾아냈기 때문입니다. 비즈니스의 경계를 좁게 한정짓지 않았기 때문에 가능한 일입니다. 이와 같이 성장과 혁신은 더 나은 기술이나 콘텐츠가 아니라 더 좋고 더 저렴한 보완재를 제공했을 때 나오기도 합니다. 제품과 서비스 간 연결관계에서 성장과 혁신이 나온다는 것입니다.

치열해지는 경쟁 속에서 단순히 상품 판매에만 의존하는 것은 지속 가능한 성장 전략이 되기 어려워 보입니다. 이런 상황에서 커머스 기업들이 주목해야 할 키워드는 바로 보완적 수익모델입니다. 판매 수수료 외에도 다양한 수익원을 발굴함으로써 사업의 안정성과 수익성을 높일 수 있기 때문입니다.

수익모델을 다양화하는 방법

가장 대표적인 보완적 수익모델로는 광고 수익을 들 수 있습니다. 많은 이커머스 플랫폼이 자사 사이트 내 광고 공간을 활용해 추가적인 수익을 창출하고 있는데요. 특히 검색 광고, 디스플레이 광고 등은 높은 구매 의도를 가진 잠재 고객을 타겟팅할 수 있어 광고주들에게 매력적인 옵션으로 자리 잡았습니다. 나아가 이런 광고 데이터를 활용해 정교한 타겟팅과 상품 추천까지 제공한다면 사이트 내 구매 전환율 제고에도 기여할 수 있을 것입니다.

두 번째로 주목할 만한 것은 거래 수수료 모델입니다. 글로벌 이커머스 기업들은 플랫폼 내에서 이뤄지는 모든 거래에 대해 일정 비율의 수수료를 부과하고 있는데요. 이는 상품 판매 수익과는 별개로 플랫폼 운영을 통해 발생하는 추가적인 수익원이 됩니다. 특히 이런 거래 수수료 모델은 시장 내 점유율이 높은 플랫폼일수록 더 큰 힘을 발휘하게 되는데, 그만큼 규모의 경제 실현이 핵심 성공 요인이라 할 수 있겠죠.

근래에는 구독료 모델도 이커머스 업계에서 주목받고 있습니다. 아마존 프라임, 쿠팡 로켓와우 등이 대표적인데요. 일정 금액을 정기적으로 지불하는 회원에게 무료 배송, 할인, 콘텐츠 제공 등 다양한 혜택을 제공하는 방식입니다. 이는 단순히 상품 구매에서 오는 일회성 수익이 아닌, 지속적이고 안정적인 수익원이 된다는 점에서 플랫폼 입장에서도 매력적인 옵션이 아닐 수 없습니다. 나아가 회원들의 충성도를 높이고 장기적 관계를 구축하는 데에도 긍정적인 역할을 한다는 평가입니다.

물론 이런 보완적 수익모델들이 만능 열쇠는 아닙니다. 각 모델마다 플랫폼이 갖춰야 할 역량과 시장 상황이 다를 수 있기 때문인데요. 가령 광고 모델의 경우 방대한 트래픽 확보가 전제되어야 하며, 거래 수수료는 높은 시장 점유율이 담보되어야 합니다. 구독 모델 역시 차별화된 가치 제안이 없다면 고객들을 지속적으로 움직이기 어려울 것입니다.

중요한 것은 자사만의 강점과 핵심 역량을 면밀히 분석하고, 이에 기반해 최적화된 수익 구조를 설계하는 일일 것입니다. 플랫폼 내 데이터와 기술력, 물류 인프라, 브랜드 자산 등 보유한 자원을 치밀하게 조합하고, 고객의 니즈에 민첩하게 대응할 수 있는 유연성 또한 필수적이겠죠. 나아가 이종 산업과의 제휴, 신규 서비스 개발 등을 통해 사업 영역을 지속적으로 확장해 나가려는 혁신의 자세 또한 요구됩니다.

성공적인 커머스 기업으로 거듭나기 위해서는 상품 판매라는 본원적 경쟁력을 강화하는 것은 물론, 다각화된 수익원 확보를 통해 비즈니스 모델의 유연성과 회복탄력성을 높여야 할 때입니다. 광고, 수수료, 구독 등 보완적 수익모델을 전략적으로 활용하는 것은 이를 위한 효과적인 방법론이 될 수 있을 것입니다. 궁극적으로는 이를 통해 창출된 추가적 수익을 고객 경험 혁신에 재투자함으로써, 플랫폼의 장기적 성장 기반을 다지는 선순환 구조를 확립하는 것이 중요하겠죠.

커머스의 경쟁이 더욱 치열해지는 가운데, 보완적 수익모델 창출은 기업의 지속 가능성을 담보하는 핵심 과제로 떠오르고 있습니다. 판매 수수료에만 안주하지 않고 끊임없이 새로운 가치를 모색하는 자세, 그리고 이를 비즈니스 모델로 정교하게 구현해내는 역량. 그것이 바로 격변의 시대를 넘어 성장을 이어갈 커머스 기업만의 차별화된 경쟁력이 되지 않을까 싶습니다.

오프라인으로 확장된 미디어

스타벅스가 디즈니 캐릭터를 활용한 음료와 푸드, MD상품을 출시했습니다. 디즈니와 한정 상품으로 콜라보레이션을 진행한 것인데요. 재미있는 것은 사이렌오더를 통해 프로모션 음료와 푸드를 주문한 고객을 대상으로 디즈니플러스(Disney+) 1주일 이용권을 제공하고 있습니다. 스타벅스는 디즈니를 통해 새로운 고객층에 접근하고, 디즈니는 스타벅스를 통해 디즈니플러스 사용자를 확보하는 것입니다. 이것은 오프라인 매장이 미디어로 확장할 수 있다는 것을 보여주는 사례입니다.

오프라인의 미디어화를 이야기하기 위해서는 먼저 미디어(또는 매체)가 무엇인지부터 정의해야 합니다. 영어와 한자의 차이일 뿐 미디어와 매체는 비슷한 개념입니다. 표준국어대사전에서는 미디어(media)를 '어떤 작용을 한쪽에서 다른 쪽으로 전달하는 역할을 하는 것'이라고 정의하고 있고, 매체(媒體)를 '어떤 작용을 한쪽에서 다른 쪽으로 전달하는 물체. 또는 그런 수단'이라고 정의하고 있습니다. TV, 신문, 잡지, 라디오, SNS를 미디어라고 생각해 왔던 것과는 달리 매우 넓은 범위로 개념 정의가 되어 있습니다. 미디어를 단순하게 정보를 얻거나 시간을 보내는 정도로만 생각해 온 것입니다.

미디어의 개념을 확장시킨 사람으로 『미디어의 이해』 저자 마셜 맥루한(Marshall McLuhan)을 들 수 있습니다. 마셜 맥루한은 저서에서 "미디어는 메시지다"라는 말을 남겼습니다. 미디어를 넓은 관점으로 이해한 것인데요.

맥루한에 따르면 기차도 미디어가 됩니다. 기차는 시간과 공간을 축소시켜 주면서 일상생활에 큰 영향을 미쳤습니다. 그리고 미디어 관점에서는 '이동의 편리함'이라는 메시지를 주고 있습니다. KTX를 떠올리면 '빨리 도착할 수 있다'가 연상되는 것과 같이 매체(미디어)의 중요성은 매체가 전달하는 내용보다 그 내용을 담고 있는 메시지가 중요하다는 것이 맥루한의 주장입니다. 맥루한의 주장에 따르면 옷, 집, 자동차, TV, 신문, 잡시, 라디오 등 일상생활에서 접할 수 있는 거의 모든 것을 미디어로 해석할 수 있습니다.

다른 것에 도달하게 하는 수단

　물론 맥루한의 주장은 이해하기 어려운 부분도 있습니다. 이는 TV, 신문, 잡지, 라디오를 매스미디어(mass media)로, 인스타그램, 페이스북, 유튜브를 소셜미디어(social media)로만 받아들였기 때문입니다. 미디어라는 개념의 본질보다는 학교와 언론에서 이야기하는 것을 일방적으로 받아들였기 때문입니다.

　TV를 보다가 아이디어가 떠올랐다면, 누군가 만들어놓은 유튜브 영상으로 그동안 몰랐던 세상의 문제를 알게 되었다면, 유명 인플루언서의 인스타그램 게시물로 어떤 제품을 구매하게 되었다면 이것은 모두 미디어의 영향을 받은 것입니다.

　표준국어대사전에서 정의한 '어떤 작용을 한쪽에서 다른 쪽으로 전달하는 역할을 하는 것'으로 미디어를 이해한다면 모든 사물은 미디어가 될 수 있습니다. 이런 해석이 가능한 이유는 스마트폰을 통해서 인간의 감각이 확장되었기 때문입니다.

　예를 들어 카카오택시가 등장하기 이전에는 개인과 택시는 서로 소통할 수 없었습니다. 대로변에서 택시를 잡는 사람은 뒷골목에서 빈 채로 지나가는 택시를 잡을 수 없었습니다. 개인은 불편하였고 택시는 승객을 태울 기회를 놓칠 수밖에 없었습니다. 그런데 카카오택시가 등장하면서 인간의 감각은 확장되었습니다. 자신의 위치를 찍고 택시를 호출하는 것만으로 주변의 택시와 연결될 수 있게 된 것입니다. '다른 것에 도달하게 하는 수단'을 미디어라고 정의한다면 카카오택시는 미디어라고 할 수 있습니다.

다른 브랜드와의 콜라보레이션

기업들은 새로운 고객층에 대한 접근이 필요하거나, 브랜드 이미지를 강화하거나, 새로운 수익모델을 발굴하기 위한 목적으로 다른 브랜드와 꾸준히 콜라보레이션을 진행합니다. 이번 스타벅스와 디즈니의 협업도 새로운 고객층에 대한 접근, 브랜드 이미지 강화, 새로운 수익모델 발굴로 해석할 수 있습니다.

콜라보레이션의 또 다른 특징 중 하나는 새로운 실험을 할 수 있다는 것입니다. 스타벅스에서 출시한 '미키 딜라이트 콜드 브루'는 국내 최초로 선보이는 제조 음료입니다. 미키 딜라이트 콜드 브루는 달콤하고 부드러운 글레이즈드 폼과 콜드 브루의 조화가 돋보이는 음료라고 스타벅스는 설명하고 있습니다. 푸드로는 미키 마우스를 형상화한 미키 티라미수, 미키 마카롱, 미키 마들렌 3종과 귀리와 마카다미아, 다크초콜릿 칩 등을 넣어 만든 그래놀라 볼 스낵인 칩 앤 데일 그래놀라 볼 1종을 출시하였습니다. 만일 디즈니와 협업한 상품이 큰 인기를 끈다면 이벤트 메뉴가 아닌 정식 메뉴가 될지 여부도 결정할 수 있을 것입니다.

스타벅스와 디즈니의 콜라보레이션에서 재미있는 점은 디즈니플러스(Disney+)입니다. 넷플릭스, 티빙, 디즈니플러스 등 온라인동영상서비스(OTT)는 사용자를 확대하기 위해서 사활을 걸고 전쟁 중에 있습니다. 그러나 전 세계적으로 넷플릭스가 모든 면에서 시장을 이끌고 있고 나머지 모든 기업은 미래가 불투명한 상황입니다.

픽사, 마블, 루카스필름 등 다양한 IP(Intellectual Property, 지식재산권)를 갖고 있는 디즈니의 상황도 다르지 않습니다. 디즈니가 꿈꾸는 물리 세계와 디지털 세계를 혼합하는 차세대 스토리텔링 플랫폼이 되기 위해서는 디즈니플러스(Disney+)의 사용자 확대가 필요한데, 사용자를 확대하기 위한 방법이 마땅치 않은 상황입니다. 새로운 콘텐츠도 만들고 광고도 강화하고 있지만 여전히 부진한 실적을 내놓고 있습니다. 지속적인 비용절감으로 적자 폭은 줄였지만, 매출과 스트리밍 구독자 수는 모두 하락했습니다.

이런 상황 속에서 스타벅스와 콜라보레이션은 새로운 고객을 확대할 수 있는 시도로 주목을 받았습니다. 스타벅스에서 사이렌오더로 디즈니 프로모션 음료와 푸드를 주문한 사람들에게 디즈니플러스(Disney+) 1주일 이용권을 제공했습니다. 디즈니플러스에 관심이 없었던 사람들도 이번 기회에 스타벅스를 통해서 새로운 이용자가 될 수 있는 것인데요. 스타벅스는 디즈니를 통해 브랜드 이미지를 강화하고, 디즈니는 스타벅스를 통해 디즈니플러스 사용자를 확보하는 것입니다. 이것은 오프라인 매장이 미디어로 확장할 수 있다는 것을 보여주는 사례입니다.

스타벅스는 매장 내 고객경험을 향상시키고, 다양한 소비자 층을 유치하기 위해 다양한 브랜드 및 아티스트와 여러 차례 협업을 진행해 왔습니다. 국내에서는 방탄소년단(BTS)의 콜라보레이션이 큰 이슈가 되었고, 최근에는 블랙핑크와도 콜라보레이션을 진행했습니다.

미국에서는 반스 앤 노블(Barnes & Noble) 서점에 스타벅스 카페가 입점하거나, 스와로브스키(SWAROVSKI)와 협력하여 크리스털로 장식된 한정판 홀리데이 기프트 카드와 텀블러를 판매하기도 했습니다. 아시아권에서는 안나 수이, 폴앤조, 앨리스 + 올리비아 등의 브랜드 및 디자이너와 제휴하여 스타일리시한 텀블러, 머그, 토트백을 판매하기도 했습니다.

디즈니플러스와 유사한 방식의 협업으로는 스포티파이(Spotify)가 있습니다. 스타벅스 로열티 회원이 스포티파이에서 스타벅스가 큐레이션한 플레이리스트에 액세스할 수 있는 파트너십을 체결한 것입니다. 이는 디지털 협업이지만 오프라인 스타벅스 매장에서 마케팅 및 홍보가 이루어지는 방식이었습니다.

스타벅스는 다른 브랜드들과 파트너십을 통해 단순한 커피 전문점이 아닌 라이프스타일 및 문화 브랜드로서의 이미지를 강화하려는 것이지만, 이것이 가능한 이유는 스타벅스 자체가 미디어로서의 기능을 갖고 있기 때문입니다.

오프라인 미디어 비즈니스 모델

오프라인 매장을 미디어로 접근하는 비즈니스 모델이 증가하고 있습니다. 국내에서는 성수동을 중심으로 운영되고 있는 프로젝트 렌트가 대표적입니다. 필라멘트앤코가 운영하는 프로젝트 렌트는 오프라인 공간을 단기간 임대해주는 곳입니다. 필라멘트앤코 최원석 대표는 미디어와의 인터뷰에서 '좋은 콘텐츠를 가진 다양한 개인이나 소규모 브랜드를 보여주고자 만든 오프라인 콘텐츠 콘셉트 매거진'이라고 프로젝트 렌트를 설명하고 있습니다.

오프라인 매장에서 접점을 만들고 싶은 기업들은 장소를 찾고, 공간을 임대하고, 인테리어를 하고, 프로모션을 진행하고, 사용자를 확보하는 모든 과정에서 어려움을 경험하게 됩니다. 그러나 프로젝트 렌트는 이 모든 것을 손쉽게 가능하도록 해줍니다. 매장에서는 단 하나의 브랜드만을 단기간 전시하며 단순한 판매장이 아닌 체험 중심으로 구성합니다. 그리고 불필요한 인테리어 비용 지불 없이 프로젝트 렌트를 통해 완성된 공간을 사용할 수 있습니다. 기업들은 프로젝트 렌트를 통해 고객과 맞닿는 접점을 기획하여 시장의 반응을 테스트해 볼 수 있습니다.

무엇보다 프로젝트 렌트가 유명해지면서 그 자체로 홍보효과를 기대할 수 있습니다. 성수동에 일정이 있는 경우에 프로젝트 렌트에서 요즘은 어떤 행사를 진행하고 있는지 찾는 사람들이 증가하고 있는 것입니다. 이것은 관심분야의 잡지를 구독했던 것과 같이, 요즘 핫한 브랜드를 만나기 위해 프로젝트 렌트를 방문하는 것입니다.

뉴욕의 편집숍인 스토리는 매거진의 관점으로 오프라인을 접근하고 있습니다. 몇 주 또는 몇 달마다 새로운 테마 또는 스토리를 중심으로 매장 전체가 새롭게 디자인됩니다. 방문자는 단순히 쇼핑만 하는 것이 아닙니다. 선택한 테마를 중심으로 엄선된 제품과 이벤트 세트를 경험할 수 있습니다. 매장의 레이아웃, 제품, 이벤트가 모두 이 테마를 반영하여 변경되므로 매번 방문할 때마다 새로운 경험을 할 수 있습니다.

스토리는 테마를 순환함으로써 고객의 참여를 유도하고 브랜드에 고유한 스토리 중심의 맥락에서 제품을 선보일 수 있는 기회를 제공하고 있습니다.

쇼필즈(Showfields)는 쇼룸의 미래를 보여주는 공간입니다. 쇼필즈 매장을 경험하려면 사전에 티켓을 예약해야 합니다. 30분 단위로 일정 고객을 모아서 입장시킨 후 매장 내에서 공연처럼 상품을 소개합니다. 예를 들면 내추럴 커피 스크럽 제품으로 유명한 프랭크 보디(Frank Body) 쇼룸은 브랜드에서 사용하는 커피 원두를 직접 갈아볼 수 있게 합니다. 제품을 나각노로 경험할 수 있도록 하는 것입니다. 쇼필즈는 상품을 단순하게 진열해서 판매하는 공간이 아니라 사용하는 환경과 경험을 제공하는 것입니다.

쇼필즈에서 공연의 소재는 브랜드입니다. 배우들은 브랜드 쇼룸을 넘나들면서 공연을 하고, 고객들은 쇼룸의 상품과 배우들의 공연을 즐깁니다. 배우와 고객은 서로 호흡하면서 제품을 시연해보기도 하고 배우의 연극을 관람하기도 합니다. 공연의 흐름이 끊길 수 있기 때문에 매장 내에서는 직접 제품을 판매하지 않습니다. 구매는 공연을 마친 후 마지막 코너인 '더 랩'에서 가능합니다. 놀이공원에서 하루 종일 신나게 놀다가 집에 돌아가는 길에 기념품을 구입하는 것이 연상되곤 합니다.

쇼필즈의 수익모델은 판매수수료가 아닌 구독료입니다. 쇼필즈 매장에서 판매되는 상품의 수수료는 기업(브랜드)이 가져갑니다. 대신 쇼룸의 위치에 따라 구독료를 받습니다. 사람들이 많이 방문하는 장소는 금액을 높게 책정하고, 티켓이 있어야만 입장할 수 있는 지역은 조금 낮은 수준의 금액을 책정합니다. 유동인구가 많은 대로변은 임대료가 비싸고, 이면도로에 위치한 곳은 임대료가 저렴한 것과 같습니다.

오프라인 매장은 더 이상 단순한 거래에 그치지 않고 있습니다. 오프라인은 참여, 경험, 몰입 관점에서 온라인을 넘어섭니다. 다만 오프라인이 미디어의 역할을 수행하기 위해서는 브랜드 스토리를 전달하고, 기억에 남는 상호작용을 만들고, 고객과 더 깊은 관계를 구축할 수 있어야 합니다. 전시해 놓고 구경하거나 만져보는 것만으로는 사람들의 관심을 가질 수 없습니다.

또한 오프라인 매장은 촉각적 경험, 대면 상호작용, 우연한 발견 등 온라인이 복제할 수 없는 오프라인 쇼핑의 고유한 장점을 강조해야 합니다. 이커머스가 편리함을 제공하는 반면, 독특하고 매력적인 경험을 제공하는 오프라인 매장은 여전히 많은 사람들을 끌어모으고 충성 고객을 창출할 수 있습니다. 더 나아가서 오프라인은 미디어가 되어 더 많은 영향력을 확대할 수 있습니다.

무인양품은 왜 호텔을 운영할까?

브랜드에 철학을 담다

무인양품(無印良品, MUJI)은 '상표가 없는 좋은 물건'이라는 의미로 1980년에 일본에서 설립된 기업입니다. 국내에서는 롯데그룹을 통해 전국에 40여 개의 오프라인 매장과 온라인 사이트가 운영되고 있는데요. 2004년에 처음 진출했을 때는 고전했지만 지금은 미니멀리즘 트렌드의 대표 브랜드 중 하나가 되었습니다. 일본 제품 불매운동과 코로나 등으로 매출액은 다소 감소했지만, 2023년 기준 국내에서만 연간 약 1,500억 원의 매출을 기록하는 등 꾸준히 성장하고 있는 브랜드가 되었습니다.

무인양품은 '제품 생산 과정의 합리화를 통해 심플하고 낮은 가격으로 좋은 품질의 제품을 만든다'라고 스스로를 설명하고 있습니다. 그런데 무인양품에서 판매하는 상품들은 생각보다 저렴하지 않습니다. 이는 무인양품이 주장하는 브랜드 철학이 상대적이기 때문입니다.

무인양품이 주장하는 좋은 품질에 낮은 가격은 가치 중심적인 표현입니다. 무인양품을 단순히 다이소와 비교할 수는 없다는 것입니다. 다이소에서 판매하는 상품들도 충분히 훌륭하지만, 무인양품은 다이소와는 결이 다른 브랜드입니다.

무인양품의 소비자 리뷰를 살펴보면 기능성, 품질, 디자인, 지속가능성 등에 높은 점수를 주고 있습니다. 예를 들어, 무지의 스킨케어 제품들은 유기농 식물 추출물을 포함한 성분으로 피부를 보습하고 보호한다고 평가받습니다. 사용자들 사이에서 꼭 가져야 할 제품 목록에 올라 있고, 피부에 부드럽고 끈적임이 없다는 리뷰를 확인할 수 있습니다.

문구류와 사무용품들도 인기가 높습니다. 예를 들어 젤 잉크 볼펜은 다양한 색상과 미세한 팁으로 매끄럽게 글을 쓸 수 있고, 그림을 그리거나 필기를 하는 데 즐거움을 준다고 평가받습니다. 또한 높은 품질을 자랑하는 노트(공책)는 다양한 크기와 용지 유형을 제공하여 필기의 즐거움을 더하고 있습니다.

사용자들의 리뷰를 통해서 확인할 수 있듯이 무인양품은 단순히 저렴한 가격에 좋은 품질을 제공한다는 것을 넘어서, 실생활에서 유용하고 지속 가능한 방식으로 디자인되었다는 것을 알 수 있습니다.

브랜드가 추구하는 가치를 제안하는 것

무인양품이 전체적으로 추구하는 것은 단순함입니다. 이는 모든 제품에서 확인할 수 있는데요. 무인양품의 제품은 복잡한 장식이나 화려한 색상을 피하고, 기본적이고 실용적인 디자인에 집중합니다. 예를 들어, 무인양품의 노트(공책)는 깔끔한 표지와 심플한 레이아웃으로 구성되어 있어, 사용자가 내용에만 집중할 수 있도록 합니다. 이러한 단순함은 사용자의 생활을 더욱 편리하고 쾌적하게 만드는 데 목적이 있습니다. 무인양품은 복잡함을 줄이고 본질에 집중함으로써, 일상생활에서 진정한 가치를 찾을 수 있도록 하고 있는 것입니다.

실생활에서 유용하게 사용할 수 있는 기능성도 중요합니다. 예를 들어, 무인양품의 가구는 단순한 외관을 가지고 있지만, 사용자의 생활공간에 딱 맞게 디자인되어 있습니다. 의자 하나도 앉는 것이 편안하고, 공간을 효율적으로 사용할 수 있도록 만들어졌습니다. 무인양품의 제품들은 모두 이런 식으로, 보기에 좋을 뿐만 아니라 실제로 사용할 때 그 가치를 발휘하도록 설계되어 있습니다. 이처럼 무인양품은 생활을 더 간편하고 쾌적하게 만들기 위해 제품의 기능성에 중점을 두고 있습니다.

무인양품에서 빼놓을 수 없는 것이 지속 가능성입니다. 예를 들어, 무인양품은 제품을 만들 때 자연 친화적인 소재를 사용하고, 불필요한 포장을 줄여 자원 낭비를 최소화합니다. 또한, 오래 사용할 수 있는 내구성 좋은 제품을 만듦으로써 쓰레기를 줄이고 환경 보호에 기여하려 합니다. 이렇게 무인양품은 우리가 사는 세상을 더 건강하고 아름답게 유지하는 것을 목표로 합니다.

브랜드가 소비자들의 사랑을 받기 위해서는 주장만 있어서는 안 됩니다. 주장하는 것을 증명하면서 눈으로 확인할 수 있어야 합니다. 무인양품은 소재의 선택, 공정의 점검, 포장의 간소화라는 기본 원칙이 있습니다. 무인양품은 '이거면 좋다'라는 이성적인 만족감을 느끼게 하는 것을 목표로 합니다. 실제 무인양품에서 판매하는 상품은 뭔가 밋밋하다는 느낌을 줄 수도 있습니다. 이는 무인양품이 전체적으로 미니멀리즘을 지향하기 때문입니다.

브랜드 철학을 경험하는 공간

무인양품은 브랜드가 추구하는 철학이 담긴 라이프스타일을 제안해 온 기업이었고, 이를 확장한 것이 바로 무지호텔입니다. 무인양품의 호텔 부문 진출은 단순히 숙박 공간을 제공하는 것이 아니라 무인양품의 라이프스타일을 직접 체험할 수 있는 기회를 제공하기 위한 것입니다. 이를 위해 무지호텔은 단순함, 효율성, 품질이라는 브랜드 철학을 구현하도록 설계되었습니다. 건축부터 인테리어 디자인, 내부에 사용된 제품까지 모든 면에서 미니멀리즘과 기능성에 대한 무인양품의 철학이 반영된 공간입니다. 방문객들은 무지양품 제품으로만 꾸며진 공간에서 생활하는 경험을 통해 브랜드를 '사용'하는 것이 아니라 '생활'할 수 있는 경험을 할 수 있는 것입니다.

무지호텔은 중국 선전과 베이징, 일본 도쿄(긴자)에서 운영되고 있습니다. 호텔은 의식주 전반에 걸친 라이프스타일을 제안하고, 브랜드의 가치와 철학을 고객에게 직접적으로 전달하고 있는데요. 무지호텔에서 무인양품의 라이프스타일을 체험하고, 브랜드의 가치를 직접적으로 경험할 수 있는 것입니다. 이를 통해 무인양품은 고객과의 깊은 커뮤니케이션을 구축하고, 브랜드 충성도를 높여갈 수 있습니다.

호텔에서 라이프스타일을 제안하다

호텔이라는 공간이 가지는 의미는 지난 몇 년 사이 크게 변화하고 있습니다. 단순한 숙박 시설을 넘어, 식음료, 문화, 라이프스타일을 아우르는 종합적인 경험의 장으로 자리매김하고 있죠. 이러한 변화는 특히 가심비를 중시하는 현대인들에게 큰 매력으로 다가오고 있습니다. 가심비란 가격 대비 마음의 만족도를 뜻하는 신조어로, 단순히 물리적인 가치뿐만 아니라 경험적인 가치까지 포함하는 개념입니다.

예를 들어, 싱가포르의 안다즈 싱가포르(Andaz Singapore)는 호텔 내에 싱가포르에서 유명한 요리를 맛볼 수 있는 레스토랑이 있습니다. 전통적인 싱가포르 요리부터 현대적이고 세련된 요리까지 다양한 선택지를 제공하고 있는 것인데요. 단순히 식사를 제공하는 곳을 넘어, 지역의 미식 문화를 리드하는 공간으로 변모하고 있습니다.

일부 호텔들은 갤러리나 공연장을 운영하며 숙박 고객뿐만 아니라 지역 사회에도 문화 예술을 즐길 수 있는 기회를 제공하기도 합니다. 예를 들어, 뉴욕의 21C 뮤지엄 호텔(21c Museum Hotels)은 호텔 내에 현대 미술 전시 공간을 마련하여, 방문객들이 예술 작품을 감상하며 특별한 경험을 할 수 있도록 하고 있습니다.

국내에서도 이런 사례는 많이 있습니다. 서울신라호텔은 호텔 로비와 지하 1층 아케이드에서 다양한 전시를 진행하고 있습니다. 연중 상시 운영되는 것은 아니지만, 호텔이 숙박이나 만남의 장소가 아닌 예술작품을 감상하기 위해 방문하는 장소가 될수도 있습니다. 호텔은 방문객들에게 새로운 경험을 제공하며, 인스타그램에서 사진 찍기 좋은 장소로도 인기를 얻으면서 신규 고객을 유치하는 효과를 누리고 있습니다.

지역의 관광자원과 연계한 호텔도 인기가 높은데요. 완주군에 있는 아원고택은 전통 한옥 건물로 구성되어 있으며, 아름다운 정원과 함께 방문객들에게 아름다운 풍경을 선사합니다. 내부에는 전시 및 체험 프로그램도 운영되고, 전통 예술과 공예를 배울 수 있는 기회도 제공됩니다. 또한, 아원고택 주변에는 자연경관이 아름다운 산과 계곡도 있어서 산책이나 자연 감상을 즐길 수 있습니다.

아원고택은 조용하고 평화로운 분위기에서 휴식과 문화를 즐길 수 있는 장소로 포지셔닝되어 있습니다. 도심에서 벗어나 자연과 전통에 접근하고 싶은 현대인들에게는 소중한 휴식처가 되어주는 것인데요. 전통문화에 관심이 있는 사람들에게는 문화유산 경험을 제공하고, 라이프스타일을 풍요롭게 만들어 주면서 많은 사람들의 관심을 받고 있습니다.

라이프스타일을 제안하는 호텔도 증가하고 있습니다. 건강과 웰빙을 중시하는 이들을 위한 요가 클래스나 명상 세션을 제공하는 호텔부터, 디지털 노마드를 위한 공유 작업 공간을 갖춘 호텔까지, 각자의 라이프스타일에 맞는 맞춤형 서비스를 제공하고 있습니다. 이제 호텔은 단순한 숙박 시설을 넘어서, 최신 트렌드를 반영하면서 여행자들에게 새로운 경험과 추억을 제공하는 공간입니다. 호텔이 단순한 숙소가 아니라, 여행의 목적지가 될 수 있습니다.

호텔에서 시작되는 커머스의 가능성

호텔은 오프라인 서비스업에서 오프라인 리테일과 온라인 커머스로도 확장되고 있습니다. 무지호텔에서 보는 것과 같이 투숙객들은 호텔에서 무인양품의 가구, 침구, 욕실 용품 등을 실제로 사용해 볼 수 있게 됩니다. 이러한 경험은 고객의 구매 결정에 긍정적인 영향을 미치게 됩니다.

더 나아가 무지호텔은 호텔 내에 플래그십 스토어를 운영하고 있습니다. 호텔 내에 위치한 플래그십 스토어는 무인양품의 핵심 제품뿐만 아니라 한정판 상품이나 특별 협업 상품을 제공함으로써 브랜드의 이미지를 강화하고, 브랜드에 대한 고객의 충성도를 높일 수 있습니다. 호텔이라는 공간이 무인양품의 철학과 가치를 전달하는 중요한 매개체 역할을 하는 것입니다.

그동안에도 호텔은 브랜딩과 매출 다각화 측면에서 유통 및 커머스에 관심을 가져왔습니다. 예를 들어 웨스틴 호텔은 헤븐리 베드(Heavenly Bed)라는 침대 브랜드를 소유하고 있습니다. 침대가 고객들에게 인기를 끌면서, 웨스틴은 침대뿐만 아니라 침구류, 목욕 제품 등을 포함한 다양한 제품 라인을 출시하여 판매하고 있습니다. 이를 통해 웨스틴은 자체 브랜드 가치를 강화하고, 호텔을 방문하지 않는 고객들에게도 제품을 통해 브랜드 경험을 제공해오고 있었습니다.

페어몬트 호텔은 호텔 내에서 사용하는 차(tea) 컬렉션을 판매하고 있고, 리츠칼튼은 호텔 내 스파에서 사용하는 고급 스킨 케어 및 향수 제품을 판매하고 있습니다. 이러한 것들을 통해 호텔들은 추가적인 수익을 창출할 수 있고, 브랜드 이미지를 강화할 수 있습니다.

무인양품이 서비스업에 해당하는 호텔 사업으로 확장하고, 웨스틴 호텔과 리츠칼튼 호텔이 유통과 커머스로 확장하는 것을 수평적 확장이라고 할 수 있습니다. 기업이 수평적 확장을 시도하는 이유는 시장 점유율 및 브랜드 인지도 확대, 신규 고객 유치 및 기존 고객 유지, 리스크 분산 측면으로 볼 수 있습니다.

기업들은 이미 시장에서 확립된 브랜드 인지도를 활용하여 새로운 분야로 확장하려는 시도를 다양하게 진행합니다. 서로 다른 산업 분야로의 확장은 기업 간의 상호 보완적인 관계를 형성하여 시너지 효과를 낼 수 있습니다. 예를 들어, 호텔에서 제공하는 라이프스타일 제품은 고객의 호텔 경험을 향상시키고, 이는 다시 유통 및 커머스 사업으로 이어질 수 있습니다.

이는 신규 고객 유치 및 기존 고객과의 관계 향상 효과로도 이어집니다. 다양한 서비스와 제품을 제공함으로써, 기업들은 기존 고객에게 더 많은 가치를 제공하고 새로운 고객층을 유치할 수 있게 되는 것인데요. 예를 들어, 무인양품 호텔은 기존 무인양품 고객뿐만 아니라 새로운 고객들에게도 브랜드 경험을 제공하고 있습니다. 마찬가지로, 호텔 브랜드의 유통 및 커머스 사업 진출은 호텔 경험을 좋아하는 고객들에게 추가적인 구매 옵션을 제공하게 됩니다.

양날의 검이 될 수 있지만 수평적 확장은 사업 리스크를 분산시키는 효과도 있습니다. 다양한 분야로 확장하게 되면 특정 시장이나 경제 상황에 대한 의존도를 줄일 수 있습니다. 이는 경제적 불확실성이나 특정 산업의 침체기 동안에도 안정적인 수익원을 확보할 수 있도록 해주는 효과가 있습니다.

라이프스타일 중심으로 떠오르다

토요코인 호텔처럼 표준화된 서비스와 무난한 시설, 상대적으로 저렴한 가격을 원하는 사람들도 여전히 존재합니다. 그러나 과거보다는 훨씬 높은 증가율로 단순히 잠을 자는 곳 이상의 것을 호텔에 요구하는 사람들도 증가하고 있습니다. 그들은 자신의 취향과 라이프스타일을 반영하고, 기억에 남는 독특한 경험을 제공하는 곳을 원하고 있습니다.

호텔은 이제 단순한 숙박 시설이 아닌, 라이프스타일을 제안하고 브랜드의 가치를 전달하는 공간으로 진화하고 있습니다. 무인양품의 호텔 사업 진출은 이러한 트렌드를 잘 보여주는 사례라고 할 수 있습니다. 무인양품의 브랜드 철학이 담긴 공간에서 고객들은 무인양품의 라이프스타일을 직접 경험할 수 있게 되는 것이죠.

더 나아가, 호텔은 단순히 숙박 서비스를 제공하는 것을 넘어 문화, 예술, 건강, 쇼핑 등 다양한 영역으로 그 역할을 확장하고 있습니다. 이는 고객들에게 더욱 풍부하고 가치 있는 경험을 제공하려는 호텔들의 노력의 결과라고 할 수 있습니다.

또한 호텔은 브랜드의 확장과 커머스로의 진출을 통해 새로운 수익원을 창출하고, 브랜드 충성도를 높이는 기회로 삼고 있습니다. 호텔에서의 경험이 제품 구매로 이어지고, 제품 사용이 다시 호텔 방문으로 연결되는 선순환 구조를 만들어내는 것이죠.

이처럼 오늘날의 호텔은 단순한 숙박 시설을 넘어, 라이프스타일을 제안하고 브랜드 경험을 제공하며, 나아가 새로운 비즈니스 기회를 창출하는 복합적인 공간으로 진화하고 있습니다. 무인양품의 사례에서 볼 수 있듯이, 호텔은 브랜드의 가치를 구현하고 고객과의 관계를 강화하는 핵심적인 터치포인트로서 그 중요성이 더욱 커질 것으로 보입니다. 앞으로 호텔이 우리의 일상과 라이프스타일에 어떤 변화와 영향을 가져올지 주목해 볼만합니다.

생각의 변화를 이끌어내야 한다

우리는 매일 수많은 브랜드와 마주합니다. 그들은 우리에게 제품을 소개하고, 구매를 설득하려 노력하지만, 대부분의 마케팅 메시지는 피상적인 수준에 그칩니다. 하지만 간혹 우리의 마음을 움직이고, 생각의 변화를 이끌어내는 브랜드가 있습니다. 오틀리(Oatly)는 바로 그런 브랜드 중 하나입니다.

오틀리는 스웨덴에 본사를 둔 글로벌 귀리 음료 기업으로, 2021년 5월 나스닥에 상장했습니다. 오틀리는 단순히 맛있는 식물성 우유 대안을 제공하는 것을 넘어, 건강과 지속 가능성이라는 가치를 소비자들에게 전달하며 비건 시장에서 두각을 나타내고 있습니다.

오틀리의 브랜드 정체성은 'It's like milk, but made for humans(이것은 우유와 비슷하지만 인간을 위해 만들어졌다)'라는 슬로건을 통해 확인할 수 있습니다. 이는 오틀리의 귀리 음료가 우유와 비슷한 맛과 식감을 제공하지만, 건강과 지속 가능성 측면에서 더 나은 선택지라는 것을 의미합니다. 이 메시지는 건강에 민감한 소비자들의 니즈를 정확히 파악한 것이라고 할 수 있습니다.

made for humans라는 표현은 오틀리가 인간의 건강과 웰빙을 최우선으로 고려하여 만들어진 제품임을 강조하는 것입니다. 이는 동물성 원료인 우유와 대비되는 개념으로, 오틀리가 지속 가능성과 윤리적 소비를 중요하게 여기는 브랜드라는 점을 강조하는 것이기도 합니다. 오틀리의 슬로건은 전통적인 낙농 산업이 인간의 건강과 지속 가능성 측면에서 최선의 선택지가 아닐 수 있다는 메시지를 담고 있어, 기존 우유 산업에 대한 일종의 도전으로 해석될 수도 있습니다. 이는 식품 산업의 변화와 혁신을 추구하는 오틀리의 브랜드 정체성을 잘 나타냅니다.

made for humans라는 표현은 유머러스하고 재치 있게 느껴지기도 합니다. 마치 기존의 우유가 인간을 위한 것이 아니었던 것처럼 말하기 때문입니다. 이러한 재치 있는 언어 사용은 오틀리 브랜드의 개성과 차별성을 부각시키는 효과가 있습니다.

오틀리의 슬로건은 건강, 지속 가능성, 윤리적 소비 등의 가치를 내포하면서도, 소비자들에게 쉽고 직관적으로 다가갈 수 있는 언어로 표현되었다는 점에서 효과적인 마케팅 메시지라고 할 수 있습니다. 이는 오틀리가 추구하는 가치와 고객층의 니즈를 정확히 파악하고 있음을 보여주는 좋은 사례입니다.

오틀리의 성공 요인은 크게 세 가지로 볼 수 있습니다.

첫째, 우수한 제품력입니다. 오틀리의 귀리 음료는 기존 우유와 비교해 환경 친화적이고 건강에 더 좋을 뿐만 아니라, 맛 또한 뛰어나다는 평가를 받고 있습니다. 이는 건강과 지속 가능성에 관심이 높은 MZ세대 소비자들의 니즈를 정확히 파악한 결과입니다.

둘째, 혁신적인 마케팅 전략입니다. 오틀리는 독특하고 세련된 포장 디자인과 임팩트 있는 광고로 소비자들의 눈길을 사로잡습니다. 또한, MZ세대의 취향과 가치관을 반영하여 이들과 효과적으로 소통하는 마케팅 전략을 펼치고 있습니다. SNS와 디지털 플랫폼을 적극 활용하는 것이 대표적인 예입니다.

셋째, 효과적인 시장 진출 전략입니다. 오틀리는 새로운 시장에 진입할 때, 먼저 현지의 고급 커피 체인과 제휴를 맺어 브랜드를 알립니다. 이를 통해 입소문을 낸 후, 일반 소매 유통 채널로 확장하는 전략을 취하고 있습니다. 이는 프리미엄 이미지를 구축하면서도 빠르게 시장을 확대할 수 있는 효과적인 방법으로 평가받고 있습니다.

오틀리의 성장세는 가파릅니다. 현재 수요가 공급을 초과하는 상황이며, 이에 대응하기 위해 오틀리는 공격적인 설비 투자를 진행하고 있습니다. 이를 통해 글로벌 식물성 대체 음료 시장에서의 지배력을 더욱 강화할 것으로 예상됩니다.

오틀리의 사례는 단순히 트렌드에 편승하는 것을 넘어, 진정성 있는 가치 실현과 소비자와의 공감대 형성이 기업 성장의 핵심 동력이 될 수 있음을 보여줍니다. 건강, 지속 가능성, 동물 복지 등의 가치를 추구하는 소비자들의 목소리에 귀 기울이며, 이들과 진정성 있게 소통하는 오틀리의 행보가 앞으로도 주목할 만한 이유입니다.

가치관에 부합해야 한다

개인의 가치관과 사회적 신념을 당당히 드러내고 실천하는 움직임이 확산되고 있습니다. 이런 변화는 일상생활은 물론, 소비 행동에서도 뚜렷하게 나타나고 있는데요. 배달음식을 줄이고, 텀블러를 사용하며, 분리수거를 철저히 하는 등 환경 보호를 위한 작은 실천들이 늘어나고 있습니다. 나아가 가치관에 부합하는 상품을 선택하는 가치 소비 또한 증가하는 추세입니다.

가치 소비의 확산은 소비자와 기업 모두에게 의미 있는 변화를 가져오고 있습니다. 소비자들은 구매 행위를 통해 자신의 신념을 표현하고, 더 나은 사회를 만드는 데 기여한다는 보람을 느낍니다. 기업들 또한 이러한 변화에 주목하며, 가치 지향적인 제품과 서비스를 개발하기 위해 노력하고 있습니다.

이런 선순환 속에서 가치 소비 시장은 점차 확대되고 있습니다. 과거에는 주목받지 못했던 친환경 의류나 유기농 식품이 새로운 트렌드로 자리 잡은 것이 대표적인 예입니다. 착해야 산다(buy)는 말은 이제 소비자들의 구매 기준을 넘어, 기업의 생존 전략으로까지 여겨지고 있습니다.

가치 소비의 시대, 그 중심에는 변화를 이끌어가는 소비자와 기업의 노력이 있습니다. 개인의 작은 실천이 모여 사회를 변화시키고, 기업은 이에 부응하며 지속 가능한 성장을 도모하는 것이죠.

기업의 사회적 책임은 구호가 아닌 진정성 있는 행동을 전제로 합니다. 탐스슈즈(TOMS Shoes)의 사례는 이러한 점을 잘 보여줍니다. 탐스슈즈는 신발 한 켤레를 구매하면 한 켤레를 개발도상국 어린이들에게 기부하는 캠페인으로 큰 인기를 얻었지만, 이러한 자선 활동이 실제로는 현지 어린이들에게 큰 도움이 되지 않았고, 오히려 지역 신발 산업에 부정적인 영향을 미쳤다는 비판을 받았습니다. 이는 기업의 사회적 책임 활동이 단순한 구호에 그쳐서는 안 되며, 실질적인 문제 해결을 위한 진정성 있는 노력이 필요함을 보여줍니다.

기업의 사회적 책임이 진정성을 갖기 위해서는, 무엇보다 기업의 핵심 역량과 연계되어야 합니다. 단순히 자선 활동을 전개하는 것이 아니라, 제품과 서비스의 품질 향상, 혁신적인 비즈니스 모델 개발 등을 통해 사회적 가치를 창출할 수 있어야 합니다. 이를 위해서는 사회적 책임을 기업 경영의 핵심 가치로 내재화하고, 전사적인 차원에서 실천해 나가는 것이 중요합니다.

또한 사회적 책임을 표방하는 기업은 그에 걸맞은 높은 수준의 윤리성과 도덕성을 갖춰야 합니다. 기업의 리더부터 구성원 모두가 사회적 책임의 가치를 내면화하고, 일관된 행동으로 실천해 나갈 때 비로소 진정성을 인정받을 수 있습니다.

기업의 사회적 책임을 다하는 기업으로 파타고니아가 손꼽힙니다. 파타고니아는 단순히 환경 보호를 외치는 구호가 아닌, 기업 운영의 전 과정에서 사회적 책임을 실천하는 것으로 유명합니다. 그들은 의류 생산, 유통부터 에너지 사용에 이르기까지 환경에 미치는 영향을 투명하게 공개하고, 이를 최소화하기 위해 노력합니다. 나아가 지속가능한 의류연합과 지구를 위한 1% 프로그램을 주도하며 업계 전반의 변화를 이끌어가고 있습니다.

파타고니아의 창업자 이본 쉬나드(Yvon Chouinard)는 암벽등반의 혁신을 이끌었지만, 자신이 개발한 장비가 자연을 훼손한다는 사실을 깨닫고 고민에 빠졌습니다. 당시 기업 매출의 상당 부분을 차지하던 제품을 포기하는 것은 쉬운 결정이 아니었습니다. 하지만 그는 환경적 가치와 비즈니스 가치의 충돌을 극복하고, 새로운 혁신의 길을 모색했습니다. 이 철학은 이후 파타고니아가 성장하는 원동력이 되었습니다.

파타고니아는 단계적으로 사회적 책임 활동을 강화해왔습니다. 초기에는 환경 분야 사회공헌 활동에 주력했고, 이후 제품 생산 과정에서의 환경 훼손을 최소화하는 방안을 모색했습니다. 현재는 한 걸음 더 나아가, 비즈니스 활동 자체를 통해 새로운 환경·사회적 가치를 창출하고 있습니다. 기후변화 대응에 기여할 수 있는 '컨자' 밀 재배와 이를 활용한 식품 개발이 대표적인 사례입니다.

기업의 궁극적 목적은 이윤 창출이지만, 오늘날 소비자들은 기업의 진정성을 꼼꼼히 따집니다. 특히 MZ세대는 자신의 가치관에 부합하는 '착한 소비'를 실천하고, 이를 자랑스럽게 여깁니다. 파타고니아의 사례는 진정성 있는 사회적 책임 활동이 기업 성장의 밑거름이 될 수 있음을 보여줍니다. 비즈니스와 사회적 가치의 조화로운 발전, 파타고니아가 걸어온 길은 지속 가능한 미래를 고민하는 모든 기업에게 시사하는 바가 클 것입니다.

새롭고 멋진 것을 제안하라

리테일 업계에서 성공하기 위해서는 끊임없는 혁신과 변화가 필요합니다. 단순히 제품을 판매하는 것을 넘어, 고객에게 새롭고 차별화된 가치를 제공할 때 비로소 지속 가능한 성장을 이룰 수 있기 때문입니다. 단순히 제품을 진열하고 판매하는 것이 아니라, 라이프스타일을 제안하고 트렌드를 선도하는 큐레이션이 필요합니다.

새롭고 멋진 것을 제안하는 리테일러들의 핵심은 발견과 경험입니다. 이들은 숨어있는 브랜드와 제품의 가치를 발견하고, 이를 고객에게 소개하는 것에 주력합니다. 단순히 유명 브랜드만을 취급하는 것이 아니라, 독특한 콘셉트와 스토리를 가진 브랜드를 발굴하고 협업합니다. 이를 통해 고객에게는 새로운 발견의 즐거움을, 브랜드에게는 성장의 기회를 제공합니다.

나아가 이들은 매장을 단순한 쇼핑 공간이 아닌, 고객이 브랜드를 경험하고 즐기는 공간으로 재해석합니다. 매장 내에서는 제품 체험은 물론, 브랜드와 연계한 다양한 이벤트와 콘텐츠를 선보입니다. 팝업스토어, 브랜드 콜라보레이션, 커뮤니티 이벤트 등을 통해 고객과 브랜드 간 활발한 소통이 이루어집니다. 이는 단순한 구매를 넘어, 브랜드와 고객 간 정서적 유대감을 강화하는 데 기여합니다.

이러한 비즈니스 모델의 사례는 국내외에서 다양하게 찾아볼 수 있습니다. 한국의 무신사 스탠다드, 미국의 쇼필즈(Showfields), 일본의 빔즈(BEAMS) 등은 각기 다른 시장에서 새롭고 멋진 것을 제안하는 리테일러들입니다. 이들은 브랜드 큐레이션, 매장 내 체험 마케팅, 온·오프라인 연계 등의 전략을 통해 차별화된 쇼핑 경험을 선사하며 업계의 혁신을 이끌어가고 있습니다.

변화하는 소비 트렌드와 테크놀로지의 발전은 리테일 업계에 새로운 기회이자 도전 과제로 작용하고 있습니다. 이러한 환경 속에서 새롭고 멋진 것을 제안하는 리테일러들의 도전은 업계에 신선한 바람을 불어넣고 있습니다. 단순한 상품 판매를 넘어, 고객에게 가치 있는 발견과 경험을 선사하는 것. 이는 리테일의 본질을 다시 한번 돌아보게 하는 혁신의 방향성이 될 것입니다.

새롭고 멋진 것을 제안하는 곳으로 네이버후드 굿즈(Neighborhood Goods)를 들 수 있습니다. 네이버후드 굿즈는 새로운 개념의 리테일 경험을 선보이고 있는 기업입니다. 2018년에 미국 텍사스주 플레이노에서 첫 매장을 연 네이버후드 굿즈의 핵심 비즈니스 모델은 온라인에서 D2C 방식으로만 판매하던 브랜드 제품을 오프라인 매장에서도 판매한다는 것입니다.

네이버후드 굿즈의 전략은 첫째, O2O 전략을 통한 시너지 창출입니다. 온라인에 최적화된 D2C 브랜드들은 오프라인 유통망 확보에 어려움을 겪는 경우가 많습니다. 네이버후드 굿즈는 이들에게 오프라인 판매 채널을 제공함으로써, 브랜드 인지도 제고와 매출 증대의 기회를 마련해줍니다. 소비자 입장에서는 온라인에서는 접하기 힘들었던 개성 있는 브랜드와 제품을 오프라인에서 직접 경험하고 구매할 수 있다는 장점이 있습니다.

둘째, 유연하고 역동적인 매장 운영입니다. 네이버후드 굿즈는 매장 내 브랜드와 제품 구성을 주기적으로 변경하며 신선함을 유지합니다. 일반적인 백화점과 달리, 단기 계약을 통해 입점 브랜드를 3-6개월마다 교체하는 것이 특징입니다. 이를 통해 다양한 브랜드에게 기회를 제공하는 동시에, 트렌드에 민감하게 반응하며 항상 새로운 콘셉트의 매장을 연출해낼 수 있습니다.

셋째, 커뮤니티와 경험 중심의 매장 운영입니다. 네이버후드 굿즈의 매장은 단순한 쇼핑 공간을 넘어, 지역 사회의 문화 허브를 지향합니다. 매장 내에서는 입점 브랜드와 연계한 팝업 이벤트, 강연, 클래스 등 다채로운 체험 프로그램이 운영됩니다. 이를 통해 브랜드와 고객 간 활발한 소통이 이루어지며, 브랜드와 고객 간 정서적 유대감을 강화할 수 있습니다. 나아가 지역 경제 활성화와 상생의 가치 또한 추구하고 있습니다.

네이버후드 굿즈의 혁신은 D2C 브랜드와 오프라인 리테일의 경계를 허문 것에서 출발합니다. 이들은 단순한 유통 채널이 아닌, D2C 브랜드와 소비자를 잇는 플랫폼으로서의 역할을 수행하고 있습니다. 온·오프라인을 유기적으로 연결하는 O2O 전략과 유연한 매장 운영, 그리고 커뮤니티와의 소통을 바탕으로 한 네이버후드 굿즈의 접근법은 업계에 신선한 바람을 불어넣고 있습니다.

향후 D2C 브랜드의 성장과 오프라인 판매 채널 확대 수요
가 지속될 것으로 전망되는 가운데, 네이버후드 굿즈가 제시하
는 비즈니스 모델은 리테일 업계에 중요한 시사점을 남깁니다.
기존의 틀에서 벗어난 유통 모델을 통해 차별화된 가치를 창출
하고, 소비자와 브랜드를 유기적으로 연결하는 플랫폼으로서의
진화. 네이버후드 굿즈는 뉴노멀 시대, 리테일의 새로운 지평을
열어가는 선도 주자로 자리매김할 것입니다.

즐거운 경험을 제공하라

리테일 산업이 변화의 소용돌이 속에 있습니다. 온라인 쇼핑
의 급성장, 밀레니얼 세대의 새로운 소비 트렌드 등 시장 환경
이 급변하고 있는 가운데, 전통적인 유통 방식에 안주해서는 살
아남기 어려운 시대가 되었습니다. 이러한 상황에서 주목받는
키워드가 바로 즐거운 경험입니다.

과거의 리테일이 상품을 판매하는 것에 초점을 맞췄다면,
미래의 리테일은 고객에게 특별한 경험을 제공하는 것에 주력
해야 합니다. 고객들은 더 이상 단순히 필요한 물건을 사는 것
에 만족하지 않습니다. 쇼핑을 통해 재미와 즐거움, 나아가 삶
의 가치를 얻고자 하는 것이죠. 이러한 고객의 니즈에 부응하
기 위해서는 매장이 상품 전시장이 아닌, 경험의 장으로 거듭

나야 합니다.

리테일의 본질은 물건을 파는 것이 아니라, 고객에게 가치를 전달하는 것입니다. 그 가치의 핵심은 이제 즐거움과 경험이 되었습니다. 매장에서의 즐거운 경험은 브랜드와 고객 간의 유대를 강화하고, 단골 고객을 만드는 원천이 됩니다. 나아가 SNS 등을 통해 입소문이 퍼지게 함으로써 새로운 고객 유치에도 기여할 수 있습니다.

미래의 리테일 승자는 상품 판매를 넘어, 고객에게 즐거운 경험을 제공할 수 있는 브랜드가 될 것입니다. 고객 한 사람 한 사람에게 특별한 가치를, 잊지 못할 추억을 선사하는 것. 이것이 바로 리테일 기업이 나아가야 할 방향이라고 할 수 있는데요. 이에 대한 가능성을 보여주고 있는 기업이 2018년에 설립된 캠프(CAMP)입니다.

캠프는 장난감을 판매하는 매장인데요. 매장은 단순한 쇼핑 공간이 아닌, 어린이와 가족들이 즐길 수 있는 테마파크와 같은 공간으로 구성되어 있습니다. 동화 속 캐릭터, 우주, 공룡 등 다양한 테마로 꾸며진 매장에는 놀이 시설, 체험 공간, 이벤트 존 등이 마련되어 있습니다. 아이들은 상상력을 자극하는 공간에서 자유롭게 뛰어놀고, 부모들은 자녀와 함께 즐거운 시간을 보낼 수 있습니다.

캠프 매장에서 제공되는 다양한 체험 요소는 판매 상품과 긴밀하게 연결되어 있습니다. 예를 들어 우주를 테마로 한 매장에는 로켓 모형, 우주복 등 우주 관련 장난감과 상품들이 함께 전시됩니다. 아이들은 우주 탐험을 체험하며 자연스럽게 관련 상품에 관심을 갖게 되고, 이는 구매로 이어지게 됩니다. 체험은 상품의 매력을 한층 높여주는 역할을 합니다.

캠프의 매장은 단순히 상품을 파는 곳을 넘어, 지역 커뮤니티의 중심지로 자리매김하고 있습니다. 매장 내에서는 어린이와 부모를 대상으로 한 각종 클래스, 이벤트, 파티 등이 정기적으로 개최됩니다. 요리, 공예, 독서 등 다양한 주제의 프로그램은 가족들에게 유익하고 즐거운 경험을 제공하며, 지역 사회 내 유대감 형성에 기여합니다. 이는 고객 충성도를 높이고 재방문을 유도하는 효과를 가져옵니다.

캠프의 수익 구조는 크게 상품 판매, 멤버십 프로그램, 이벤트 및 클래스 수익 등으로 이루어집니다. 체험형 매장을 통해 유입된 고객들의 구매가 주요 수익원이 되며, 멤버십 프로그램을 통해 충성도 높은 고객층을 확보하고 지속적인 수익을 창출하고 있습니다. 또한 각종 유료 클래스와 이벤트는 추가적인 수익 창출에 기여하고 있습니다.

캠프의 성공 요인은 2017년에 파산한 토이저러스와 비교해 볼 때 더욱 두드러집니다. 토이저러스는 장난감 판매에만 주력했지만, 고객에게 특별한 경험을 제공하는 데에는 소홀했습니다. 또한 변화하는 고객의 니즈와 라이프스타일에 제대로 대응하지 못했고, 온라인 채널 경쟁력도 확보하지 못했습니다.

반면 캠프는 매장 내 다양한 체험 요소와 이벤트를 통해 어린이와 가족들에게 잊지 못할 추억을 선사하고 있습니다. 고객 니즈에 맞춰 매장 내 체험형 콘텐츠를 지속적으로 개발, 업데이트하고 있으며, 오프라인 매장에서의 체험을 온라인으로도 연계하여 판매와 마케팅 시너지를 높이고 있습니다.

캠프의 성공과 토이저러스의 실패는 '체험'과 '고객 중심'이라는 키워드로 요약될 수 있을 것입니다. 캠프는 차별화된 고객 경험 제공에 역량을 집중하고, 유연한 사고와 발 빠른 대응으로 뉴노멀 시대 리테일의 새로운 방향성을 제시하고 있습니다. 이들의 사례는 미래 리테일 성공의 핵심이 고객에게 즐거운 경험을 제공하는 것임을 잘 보여주고 있습니다.

개인화된 서비스를 제공하라

급변하는 시장 환경 속에서 커머스 기업들이 생존하기 위해서는 개인화된 고객 경험 제공이 필수불가결해졌습니다. 개인화란 단순히 고객의 이름을 부르는 것이 아닙니다. 고객의 취향, 니즈, 행동 패턴 등을 면밀히 분석하여 최적화된 상품과 서비스를 제안하는 것을 의미합니다. 이는 기술과 데이터를 기반으로 한 정교한 전략으로, 고객 로열티 강화에 직접적인 영향을 미칩니다.

스니커즈 플랫폼 고트(GOAT)의 개인화 전략은 흥미롭습니다. 고트는 사용자의 검색 이력, 관심 상품, 사이즈 정보 등을 바탕으로 개인별 상품 추천 피드를 제공합니다. 한정판 제품의 출시 일정, 리셀 시세 변동 등 개인의 관심사에 특화된 정보도 실시간으로 업데이트됩니다. 또한 블록체인 기술을 활용해 제품 진품 여부를 보장하는 등 신뢰도 높은 거래 환경을 조성하고 있습니다. 이는 MZ세대 스니커즈 마니아들의 니즈를 정확히 파고든 전략으로, 고트만의 경쟁력이 되고 있습니다.

커머스 기업들의 개인화 전략은 이제 막 시작 단계입니다. 빅데이터와 AI 기술의 발전은 더욱 정교한 개인화를 가능케 할 것이고, 메타버스 등 새로운 플랫폼의 등장은 혁신의 장을 넓혀 줄 것입니다.

개인화 시대에 승자가 되기 위한 조건은 무엇일까요? 무엇보다 고객에 대한 깊은 이해가 선행되어야 합니다. 단순히 표면적인 정보 수집에 그치지 않고, 고객의 심리와 행동 패턴, 라이프 스타일까지 통찰하려는 자세가 필요합니다. 나아가 이를 제품과 서비스에 녹여내는 실행력 있는 조직문화 구축이 뒷받침되어야 합니다. 개인화의 진정한 가치는 기술이 아닌 '사람'에 대한 이해에서 비롯되는 법입니다.

개인화 커머스의 선두주자 중 하나가 바로 스티치픽스(Stitch Fix)입니다. 2011년 설립된 스티치픽스는 독특한 비즈니스 모델로 의류 이커머스 업계에 돌풍을 일으켰습니다.

스티치픽스의 서비스 프로세스는 다음과 같습니다. 먼저 고객이 회원 가입 시 자신의 신체 사이즈, 선호하는 스타일과 브랜드, 라이프스타일과 직업 등 상세한 정보를 입력합니다. 이를 바탕으로 스티치픽스의 알고리즘이 고객에게 적합한 스타일과 아이템을 추천하고, 전담 스타일리스트가 최종적으로 5개의 제품을 선별하여 고객에게 배송합니다. 고객은 집에서 옷을 입어 보고, 마음에 드는 것만 구매하면 됩니다. 마음에 들지 않는 제품은 반품할 수 있어 부담이 없습니다. 이 모든 과정에서 고객의 피드백이 수집되어 다음 스타일링에 반영됩니다. 구매할수록 더 정확하고 만족스러운 제품을 받아볼 수 있게 되는 것입니다.

스티치픽스의 성공 요인은 크게 세 가지로 분석해볼 수 있습니다.

첫째, 방대한 데이터와 AI 알고리즘을 활용한 정교한 개인화 추천 시스템입니다. 고객의 프로필 정보뿐만 아니라 실제 구매 이력, 상품 평가 데이터 등을 종합적으로 분석하여 개인의 취향을 정확히 예측합니다. 단순히 과거 구매 이력을 기반으로 한 추천이 아닌, 고객이 명시적으로 표현하지 않은 잠재적 니즈까지 파악하여 제안한다는 점이 혁신적입니다.

둘째, 알고리즘과 인간의 조화로운 협업입니다. 스티치픽스는 AI의 추천을 바탕으로 전문 스타일리스트가 최종 선택을 하는 시스템을 갖추고 있습니다. 이는 감성과 창의성이 필요한 패션 영역에서 기술과 사람의 시너지를 극대화하는 모범 사례라 할 수 있습니다. 알고리즘을 통해 효율성과 확장성을 확보하면서도, 섬세한 큐레이션을 통해 고객 만족도를 높이고 있습니다.

셋째, 지속적인 고객 피드백 수집과 이를 통한 서비스 개선입니다. 스티치픽스는 상품 선택 과정에서 고객의 평가와 의견을 상세히 수집합니다. '비슷한 스타일의 상품을 원한다', '사이즈가 맞지 않는다' 등의 피드백은 즉시 분석되어 다음 스타일링에 반영됩니다. 이를 통해 고객은 자신만의 취향을 반영한 쇼핑 경험을 누릴 수 있게 됩니다.

물론 스티치픽스는 최근 성장세가 둔화되고 손실폭이 확대되는 등 어려움에 직면해 있습니다. 이를 극복하기 위해 사업 기반을 견고히 하기 위한 노력을 진행 중입니다. 개인 브랜드 포트폴리오 강화, 고객 경험 서비스 투자 등을 통해 회사는 성장 잠재력을 지속하고 있다고 강조하고 있습니다.

스티치픽스의 사례는 커머스 업계에 시사하는 바가 큽니다. 획일화된 상품 나열이 아닌, 개인의 특성을 고려한 맞춤형 제안이 고객 가치 창출의 핵심이 될 것이라는 점을 보여주기 때문입니다. 나아가 기술과 사람의 협업, 데이터 기반의 의사결정 등은 유통 업계 전반에 적용될 수 있는 혁신 방향성을 제시합니다.

앞으로 커머스 업계에서는 개인화 경쟁이 더욱 치열해질 것으로 예상됩니다. 단순히 상품을 파는것을 넘어, 고객 한 사람 한 사람의 니즈를 정확히 포착하여 최적의 서비스를 제공하는 기업만이 살아남을 수 있는 시대가 도래한 것입니다. 빅데이터, AI 등 첨단 기술을 활용하여 고객 이해도를 높이는 동시에, 인간만이 줄 수 있는 감성적 터치를 더해야 합니다.

최고 수준의 서비스를 제공하라

과거 리테일 업계에서 서비스는 부차적인 요소에 불과했습니다. 매장의 위치, 상품의 품질과 가격이 경쟁력의 핵심이라고 생각했습니다. 하지만 시대가 변했습니다. 이제 서비스는 리테일 기업의 차별화를 좌우하는 핵심 경쟁력으로 자리 잡았습니다. 고객들은 단순히 물건을 사는 것이 아니라, 쇼핑을 통해 특별한 경험을 얻고자 합니다. 그리고 그 경험의 질을 결정하는 것이 바로 서비스입니다.

서비스 경쟁력이 중요해진 이유는 고객들의 기대치가 높아졌기 때문입니다. 온라인 쇼핑의 발달로 구매 옵션이 무궁무진해지면서, 고객들은 더 이상 불편함을 감수하지 않습니다. 매장을 방문하는 것 자체가 하나의 선택이 된 만큼, 그에 상응하는 가치와 경험을 제공받기를 원하는 것이죠. 제품과 가격의 차이가 크지 않은 상황에서 서비스가 차별화의 핵심 수단이 됩니다. 경쟁사보다 조금 더 싸게, 조금 더 좋은 물건을 파는 것은 더 이상 충분한 경쟁력이 되지 못합니다.

서비스는 때로 갈등 관리의 기술이기도 합니다. 고객의 불

만에 귀 기울이고, 문제 해결을 위해 적극적으로 노력하는 자세가 필요합니다. 세계적인 커피 체인 스타벅스는 레니언시 리커버리(Leniency Recovery)라는 독특한 서비스 철학을 갖고 있습니다. 실수로 커피를 쏟은 경우, 환불은 물론 새로운 음료를 무상으로 제공하는 것이 이들의 방식입니다. 공짜 커피를 노리는 일부 악용 사례에도 불구하고 이 정책을 고수하는 이유는 명확합니다. 순간의 기분 좋은 경험이 평생 단골을 만든다는 믿음 때문입니다.

최고의 서비스란 단순히 친절함을 넘어, 고객의 니즈를 한발 앞서 충족시키는 능력을 의미합니다. 고객이 원하는 바를 귀담아 듣고, 더 나은 해결책을 제시하는 적극성이 필요합니다. 미국의 약국 체인 월그린(Walgreens)은 이러한 서비스 리더십의 좋은 사례입니다.

월그린은 단순히 약을 파는 것에 그치지 않고, 처방약 관리, 만성질환 관리, 건강검진 등 토털 헬스케어 솔루션을 제공하고 있습니다. 모바일 앱을 통해 처방전 주문, 복약 알림, 화상 진료 등 맞춤형 디지털 서비스를 선보이는가 하면, 매장 내 전문 코너를 마련해 암 생존자들을 위한 뷰티 서비스까지 지원하고 있습니다.

월그린의 토털 헬스케어 솔루션은 크게 세 가지 영역으로 나누어 살펴볼 수 있습니다.

첫째는 처방약 관리 및 만성질환 관리 서비스입니다. 월그린은 고객이 처방전대로 정확히 약을 복용할 수 있도록 모바일 앱을 통해 복약 알림을 제공하고, 처방전 자동 리필 서비스도 운영합니다. 또한 약사들이 만성질환자들에게 맞춤형 상담과 관리 방법을 안내합니다.

둘째는 예방 중심의 건강관리 서비스입니다. 매장 내 '헬스케어 클리닉'에서 각종 질병에 대한 예방접종과 기본 건강검진을 제공하며, 전문 간호사들이 건강 상담에 응하고 있습니다.

셋째는 고객의 라이프스타일 전반을 아우르는 서비스입니다. 암 치료 후 여성 고객들을 위한 무료 메이크업, 스킨케어 상담 프로그램인 'Feel More Like You'가 대표적입니다. 이는 약국이라는 업의 본질을 넘어, 고객의 삶에 공감하고 실질적인 도움을 주고자 하는 월그린의 고객 중심 철학을 잘 보여줍니다.

월그린의 사례는 산업의 경계를 넘나드는 융복합의 좋은 예이기도 합니다. 유통, 의료, 뷰티, IT 등 다양한 영역의 전문성이 결합되어 시너지를 내고 있습니다. 경쟁이 심화되는 상황에서 경계를 허무는 사고와 협업이 필요한 시대입니다.

최고의 서비스는 진정성에서 비롯됩니다. 고객을 진심으로 이해하고 공감하려는 마음, 그들의 행복을 위해 최선을 다하겠다는 의지가 담겨 있어야 합니다. 월그린이 보여주는 세심한 배려와 새로운 시도들은 고객을 향한 이들의 진심을 반영한다고 볼 수 있습니다. '당신의 건강한 삶을 위해 우리가 할 수 있는 모든 것을 하겠다'는 월그린의 접근법은 고객과의 신뢰를 쌓고, 브랜드 충성도를 높이는 원동력이 되고 있습니다.

최고의 전문가가 되어라

전문성은 차별화의 핵심 열쇠입니다. 고객들은 이제 단순히 질 좋고 저렴한 상품을 넘어, 자신의 라이프스타일을 업그레이드할 수 있는 지식과 경험을 원합니다. 나아가 브랜드와 깊은 유대감을 형성하고, 함께 성장해 나가기를 바랍니다. 이러한 고객의 니즈에 부응하기 위해서는 철저한 고객 이해와 전문 지식에 기반한 서비스 혁신이 필수불가결합니다.

최고의 전문성은 신뢰로 이어집니다. 고객들은 자신에게 진정성 있는 조언과 솔루션을 제공하는 브랜드를 신뢰하게 됩니다. 나아가 그 브랜드를 자신의 성장과 변화를 함께하는 동반자로 여기게 됩니다. 애플의 'Today at Apple' 프로그램이 대표적인데, 국내 애플 스토어에서도 사진, 비디오, 음악, 프로그래밍, 비즈니스 등 다양한 주제의 무료 강좌와 체험 세션이 진행됩니다. 각 분야 전문가들이 강사로 나서 고객들과 직접 소통하며, 애플 기기를 통해 창의력을 발휘하고 새로운 기술을 익히도록 돕는 것이 목표입니다. 애플 제품 구매 시 전문가에게 배울 수 있다는 약속은 강력한 차별화 포인트가 되고 있습니다.

전문성의 힘은 영역 확장으로도 이어집니다. 압도적인 전문 지식을 바탕으로 유통 기업은 교육, 컨설팅, 콘텐츠 생산 등 새로운 비즈니스 영역으로 확장할 수 있습니다. 가구 브랜드 이케아는 홈퍼니싱 워크숍과 인테리어 플래닝 서비스를 통해 고객의 라이프스타일 자체를 디자인하는 '홈퍼니싱 솔루션 기업'으로 영역을 넓혀가고 있습니다. 전문성을 기반으로 사업의 외연을 확장하고 가치사슬 전반을 장악하는 것, 그것이 유통 기업의 미래 경쟁력을 좌우할 것입니다.

물론 전문성은 하루아침에 만들어지지 않습니다. 해당 분야에 대한 깊이 있는 연구와 경험의 축적, 그리고 이를 고객의 언어로 전달하려는 끊임없는 노력이 요구됩니다. 전문 인력 확보와 조직 역량 강화에 대한 과감한 투자 또한 필수적입니다. 나아가 고객의 목소리에 항상 귀 기울이며 변화에 민첩하게 대응하는 유연한 조직문화가 뒷받침되어야 할 것입니다.

전문성의 시대. 상품을 파는 것이 아닌, 지식과 가치를 전하는 것. 고객과 일회적으로 거래하는 것이 아닌, 함께 성장하는 것. 기업과 고객, 양자가 끊임없이 학습하고 발전하는 선순환의 고리를 만드는 것. 이것이 커머스의 새로운 방향성 중 하나입니다. 이를 보여주는 곳이 1938년에 설립된 REI(Recreational Equipment, Inc.)입니다.

REI는 미국의 아웃도어 용품 브랜드로, 등산, 캠핑, 클라이밍, 사이클링, 수상 스포츠 등 다양한 아웃도어 활동에 필요한 의류, 장비, 액세서리를 판매합니다. 그러나 REI는 단순한 유통 기업이 아닙니다. REI는 고객들이 자연을 경험하고 모험을 즐길 수 있도록 돕는 '아웃도어 라이프스타일의 파트너' 역할을 수행하고 있습니다.

REI의 성공 비결은 바로 전문성에 있습니다. REI 매장에는 바위 등반 체험 코너, 텐트 설치 연습장 등 다양한 체험 공간이 마련되어 있고, 숙련된 전문가들이 상주하며 방문객들에게 장비 선택부터 스킬 습득까지 모든 것을 가르쳐 줍니다. 단순히 물건을 파는 것이 아닌, 아웃도어에 대한 열정과 지식을 나누는 것입니다.

REI의 전문성은 교육 프로그램으로도 확장됩니다. 'REI 아웃도어 스쿨'은 등산, 자전거, 카약, 스키 등 다양한 아웃도어 활동에 대한 강습을 제공하며, 초보자부터 전문가까지 모든 수준의 고객이 참여할 수 있습니다. 전문 강사진의 지도 아래 체계적으로 기술을 배울 수 있는 이 프로그램은 REI가 단순히 '용품 판매업체'가 아닌 '아웃도어 활동의 파트너'로서 고객과 함께 성장하고자 하는 철학을 보여줍니다.

REI의 전문성은 온라인 콘텐츠로도 이어집니다. REI 홈페이지에서는 아웃도어 활동에 대한 팁과 가이드, 장비 선택방법과 안전 수칙, 환경 보호 이슈까지 아웃도어와 관련된 전문적인 정보를 제공하고 있습니다.

이러한 전문성은 신뢰와 충성도로 연결됩니다. 고객들은 REI를 단순한 쇼핑 공간이 아닌, 아웃도어 라이프스타일을 함께 만들어가는 동반자로 인식하게 됩니다. REI에서 용품을 구매하고, 교육을 받고, 정보를 얻는 과정 자체가 '아웃도어인'으로서의 정체성을 확립하는 여정이 되는 것입니다. 이는 브랜드에 대한 깊은 유대감과 충성도로 이어지며, REI의 지속 가능한 성장을 뒷받침하는 원동력이 됩니다.

REI가 추구하는 이 방식을 '커뮤니티 비즈니스 모델'이라고 정의할 수 있습니다. REI의 커뮤니티는 브랜드와 고객이 하나의 가치를 향해 함께 나아가는 유기적 공동체에 가깝습니다. 이는 커머스 기업에 시사하는 바가 큽니다. 제품을 판매하는 것을 넘어, 고객과 함께 가치를 공유하고 커뮤니티를 만들어가는 것. 그리고 그 커뮤니티를 통해 고객에게 총체적인 경험과 가치를 제공하는 것이 브랜드가 나아갈 방향이 될 것입니다.

기술로 경쟁의 단계를 변화시킨다

기술의 발전이 모든 산업에 같은 속도와 방식으로 영향을 미치는 것은 아닙니다. 산업의 특성이나 기업의 역량에 따라 차이는 존재하지만, 분명한 것은 기술이 경쟁의 판도를 근본적으로 바꿀 수 있다는 사실입니다.

물론 기술이 선택받기 위해서는 사용자 중심이어야 합니다. 아무리 뛰어난 기술이라도 사용자의 니즈를 제대로 반영하지 못한다면 시장에서 성공하기 어렵습니다. 사용자의 잠재 니즈를 포착하고 이를 기술로 구현해내는 통찰력, 그것이 바로 차별화의 핵심 역량이 될 것입니다.

실제로 시장을 선도하는 혁신 기업들의 성공 비결을 들여다보면, 그 중심에는 언제나 사용자에 대한 깊은 통찰이 자리 잡고 있음을 발견할 수 있습니다. 애플이 아이폰으로 스마트폰 시장을 재편할 수 있었던 것도, 넷플릭스가 기존의 미디어 소비 행태를 뒤바꿀 수 있었던 것도 모두 사용자 경험에 대한 섬세한 이해가 있었기에 가능했던 일이었습니다.

지금 이 순간에도, 기술로 세상을 변화시키려는 수많은 기업들의 도전이 이어지고 있습니다. 사용자에 대한 깊은 공감과 기술에 대한 남다른 통찰력으로 무장한 기업으로 다이슨(Dyson)을 꼽을 수 있습니다.

영국의 가전 기업 다이슨은 기술 혁신을 통해 시장을 선도하는 대표적인 기업입니다. 창업자 제임스 다이슨의 집념과 기술력을 바탕으로, 청소기, 공기청정기, 헤어드라이어 등 다양한 제품군에서 혁신을 거듭하며 세계적인 브랜드로 자리매김했습니다. 다이슨이 기술 중심의 경쟁력을 확보할 수 있었던 비결은 다음과 같습니다.

첫째, 문제 해결을 위한 집착입니다. 다이슨의 시작은 제임스 다이슨의 먼지 봉투 없는 청소기 개발에서 비롯되었습니다. 당시 시장을 지배하던 진공청소기들은 먼지 봉투가 금방 가득

차 흡입력이 떨어지는 문제가 있었습니다. 이를 해결하기 위해 다이슨은 눈에 띄지 않던 산업용 집진기의 원리인 '사이클론 방식'에 주목했고, 5,127번의 실험 끝에 혁신적인 무선 청소기 개발에 성공합니다. 문제의 본질을 통찰하고 이를 해결하기 위해 집요하게 파고드는 자세, 이것이 바로 다이슨 혁신의 출발점이었습니다.

둘째, 타협하지 않는 기술력입니다. 다이슨의 제품들은 탁월한 성능과 품질로 정평이 나 있습니다. 이는 기술 개발에 있어 그 어떤 타협도 하지 않는 다이슨의 철학에서 비롯된 결과물입니다. 예를 들어 다이슨의 대표 제품인 '에어블레이드' 핸드 드라이어는 초당 690km의 초음속 바람을 만들어내 손을 말리는 혁신적인 기술을 적용했습니다. 이를 위해 다이슨은 24개의 프로토타입을 거쳐 최적의 모델을 완성했다고 합니다. 결코 쉽지 않은 개발 과정이었지만, 성능에 대한 집착이 있었기에 가능한 일이었습니다.

셋째, 사용자 중심적 혁신입니다. 다이슨의 기술 혁신은 언제나 사용자 관점에서 출발합니다. 그들은 소비자들의 불편함과 니즈를 깊이 공감하고, 이를 해결하기 위한 기술 개발에 박차를 가합니다. 무선 청소기 다이슨 V10은 유선 청소기에 버금가는 강력한 성능을 제공하면서도, 휴대성과 편의성을 대폭 향상시킨 제품입니다. 사용자들이 청소기에 바라는 것이 무엇인지를 정확히 파악하고, 이를 기술로 구현해냈기에 가능한 혁신이었습니다. 기술에 매몰되지 않고 항상 사용자 관점에서 사고하는 다이슨의 자세는 우리에게 시사하는 바가 큽니다.

넷째, 브랜드 스토리텔링 능력입니다. 뛰어난 기술력도 중요하지만, 이를 소비자들에게 효과적으로 전달하는 것 또한 중요합니다. 다이슨은 자사 제품의 차별화된 기술력을 브랜드 스토리로 승화시키는 데 탁월한 면모를 보여줍니다. 제품 광고에서 기술 혁신의 비하인드 스토리를 소개하고, 직접 엔지니어가 등장해 기술력을 설명하는 등 기술 중심의 브랜딩을 전개합니다. 이를 통해 소비자들은 다이슨 제품에 담긴 기술의 우수성과 혁신성을 생생하게 체감할 수 있게 됩니다.

다이슨의 사례는 기술 혁신이 어떻게 기업의 차별적 경쟁력을 만들어낼 수 있는지 잘 보여줍니다. 문제 해결을 위한 집착, 성능에 대한 타협 없는 기준, 사용자 중심적 사고, 그리고 기술 브랜딩. 이 모든 것이 어우러질 때 다이슨과 같은 혁신 기업이 탄생할 수 있음을 알 수 있습니다.

특정 산업을 독점하라

페이팔의 공동창업자 피터 틸(Peter Thiel)이 쓴 〈제로 투 원〉의 핵심 요지는 '경쟁하지 말고 독점하라'는 것입니다. 피터 틸은 치열한 경쟁 속에서는 기업들이 이윤을 내기 어려워지고, 단기적 성과에 집중하게 되어 장기적 관점의 혁신이 어려워진다고 말합니다.

이를 극복하기 위한 방법으로 처음부터 큰 시장을 놓고 경쟁하기보다는, 작은 시장을 독점하는 데서 출발해 점차 사업을 확장해 나가는 것이 유리하다고 주장합니다. 독점 기업은 시장을 장악함으로써 높은 이윤을 누릴 수 있고, 이를 바탕으로 미래를 위한 투자와 혁신 활동을 지속할 수 있습니다. 기업들이 경쟁에 매몰되기보다는 새로운 시장을 창출하고, 탁월한 기술력을 바탕으로 독점적 지위를 확보함으로써 지속 가능한 성장을 이뤄야 한다는 것입니다.

예를 들어 독일의 슈레이너(Schreiner)는 자동차와 제약, 전자 산업 등에 특수 기능성 라벨과 필름을 공급하는 기업입니다. 특히 탬퍼 에비던스(Tamper Evidence) 기술이 적용된 안전 라벨 분야에서 세계 최고의 기술력을 갖고 있습니다. 제품 위변조를 방지하는 이 라벨은 의약품, 화장품 등 높은 수준의 보안이 요구되는 영역에서 필수적으로 사용됩니다. 슈레이너는 이 독자적 기술력을 바탕으로 전체 시장의 약 70%를 점유하며 '안전 라벨 = 슈레이너'라는 공식을 만들어냈습니다.

프랑스의 세펙스(Sepex)는 맞춤형 플라스틱 병 제조업체입니다. 화장품, 의약품 등 고급 브랜드들의 까다로운 요구 사항을 충족시키는 기술로 유럽 맞춤형 플라스틱 병 시장의 60% 가량을 점유하고 있습니다. 소량 맞춤 생산이 가능한 유연한 생산라인, 다양한 디자인과 기능을 구현하는 기술력, 그리고 고객사와의 밀접한 협업이 세펙스의 차별화 포인트입니다. 틈새 시장에서 빠른 대응력과 기술력으로 경쟁력을 확보한 것입니다.

특정 산업이나 카테고리에서 경쟁하지 않고 독점하고 있는 기업들의 특징은 한 분야에 깊이 있게 몰두해서 지식과 노하우를 축적해왔다는 것입니다. 이들은 수많은 시행착오를 겪으며 자신의 분야에 대한 통찰을 끊임없이 깊어갔고, 그것이 혁신의 바탕이 되었습니다.

에실로룩소티카(EssilorLuxottica)는 프랑스 렌즈 제조업체 에실로(Essilor)와 이탈리아 안경테 제조업체 룩소티카(Luxottica)가 합병하여 탄생한 기업입니다.

에실로룩소티카는 수직계열화를 통한 밸류 체인 장악, 기술과 브랜드의 시너지, M&A와 옴니채널 전략 등 다각도로 독점력을 강화해온 결과 이 시장에서는 경쟁 상대라고 부를 만한 기업이 사실상 존재하지 않습니다.

에실로룩소티카가 시장을 독점한 전략은 다음과 같습니다.

첫째, 안경 렌즈 및 프레임의 생산에서부터 도소매 유통에 이르기까지 밸류 체인 전반을 장악했습니다. 최첨단 기술력을 바탕으로 한 고품질 렌즈 생산, 유명 디자이니들과의 협업을 통한 트렌디한 프레임 디자인, 그리고 글로벌 유통망 장악 등이 에실로룩소티카의 독점 지위를 공고히 하고 있습니다.

둘째, 기술과 브랜드의 융합입니다. 기능성 렌즈 기술에서의 독보적 우위를 바탕으로 루이비통, 샤넬, 페라가모 같은 명품 브랜드들과의 제휴를 통해 프리미엄 안경 시장을 장악해 나가고 있습니다. 기술력으로 뒷받침된 브랜드 파워가 에실로룩소티카의 시장 지배력을 더욱 강화하고 있는 셈입니다.

셋째, M&A를 통해 경쟁 기업들을 적극 인수함으로써 독점적 입지를 강화해 왔습니다. 2019년에는 세계 최고의 광학 유리 태양 렌즈 제조업체인 바르베리니(Barberini)를 인수한 것이 대표적입니다. 이를 통해 고급 안경 시장에서의 영향력을 한층 더 확대할 수 있었습니다. 잠재적 경쟁자를 선제적으로 인수함으로써 시장 지배력을 계속해서 유지 강화하는 전략입니다.

넷째, 옴니채널 전략을 통해 온·오프라인을 아우르는 독점적 유통 체계를 구축하고 있습니다. 전 세계 9,000여 개의 오프라인 매장을 보유한 동시에, 네덜란드 기반의 온라인 안경 소매업체 그랜비전(GrandVision)을 인수하는 등 온라인 채널도 적극 확장하고 있습니다. 이는 변화하는 소비 트렌드에 발맞춰 유통 전반을 장악함으로써 독점력을 더욱 공고히 하기 위한 노력으로 풀이됩니다.

에실로룩소티카의 사례는 피터 틸이 주장한 작은 시장의 독점과는 결이 다른 면이 있습니다. 전체 안경 시장이라는 큰 파이 자체를 하나로 통합해버렸기 때문입니다. 그러나 근본적으로는 시장 전체를 자신의 것으로 만든다는 점에서, 독점의 개념을 극단적으로 보여주는 사례라고 할 수 있습니다.

산업과 비즈니스모델을 재정의 하라

지금 사랑받고 있는 기업이나 브랜드들은 산업이나 비즈니스 모델을 재정의한 기업들이 많습니다. 단순히 제품이나 서비스를 개선하는 차원을 넘어, 비즈니스의 본질 자체를 새로운 관점에서 바라보고 재구성하는 것. 그것이 바로 변화의 시대를 이끄는 기업들의 생존 전략입니다.

기업의 명암을 가르는 것은 결국 비즈니스의 본질에 대한 깊이 있는 이해와 창의적 재해석입니다. 시계 산업의 변천사를 보면 이를 잘 알 수 있습니다. 한때 정밀 기계 산업이었던 시계는 대량 생산 기술로 인해 조립 양산업이 되었고, 이후 스와치에 의해 패션 아이템으로 재정의되었습니다. 그리고 현재는 애플 워치 등 웨어러블 기기의 등장으로 헬스케어 산업과도 밀접하게 연관되며 새로운 국면을 맞이하고 있습니다.

비즈니스 모델을 재정의한다는 것은 기존 산업의 경계를 허물고, 전혀 새로운 가치 제안을 창출하는 과정입니다. 고객에게 어떤 본질적 가치를 전달할 것인지, 그 가치를 어떤 방식으로 구현하고 전달할 것인지를 근본적으로 재설계하는 작업인 셈입니다. 여기에는 고객에 대한 깊은 공감과 통찰, 그리고 기존의 틀에 안주하지 않는 창의적이고 유연한 사고가 필수적입니다.

물론 검증된 비즈니스 모델을 버리고 새로운 길을 모색한다는 것은 결코 쉬운 일이 아닙니다. 단기적 수익을 희생해야 할 수도 있고, 예측하지 못한 위험과 마주할 수도 있습니다. 그러나 변화의 물결을 거스르는 것은 결코 지속 가능한 전략이 될 수 없습니다. 파괴적 혁신의 시대, 현재의 성공에 도취되어 미래를 준비하지 않는다면 결국 도태될 수밖에 없는 것이 비즈니스의 냉엄한 현실입니다.

재정의는 단순히 이윤 극대화를 위한 전략이 아닙니다. 기업이 고객과 시장, 그리고 더 나아가 사회에 어떤 긍정적 영향을 미칠 수 있을지에 대한 깊이 있는 고민의 결과물입니다. 이런 의미에서 재정의는 기업의 존재 이유를 재정립하는 철학적 작업이기도 합니다.

산업이나 비즈니스 모델을 재정의하는 방법은 다음과 같이 정리할 수 있습니다.

첫째, 산업 자체를 새롭게 만들어내는 것입니다. 애플은 아이팟과 아이튠즈, 아이폰과 앱스토어로 이어지는 독자적인 생태계를 구축함으로써 모바일 산업의 지형 자체를 근본적으로 바꿔놓았습니다. 음악을 듣고 애플리케이션을 사용하는 방식의 변화를 넘어, 이동통신 산업의 가치사슬 전반을 재편한 것입니다. 이는 디지털 기술의 발전으로 인해 플랫폼 기반의 비즈니스 모델이 가능해졌기에 이뤄낼 수 있었던 혁신이기도 합니다.

둘째, 제품이나 서비스의 본질을 재정의하는 것입니다. 마블 코믹스는 자신들의 핵심 자산이 단순한 만화책이 아닌 '캐릭터와 스토리'라는 점을 깨닫고 비즈니스 모델을 성공적으로 전환했습니다. 영화, 게임, 테마파크 등 다양한 영역으로 사업을 확장하며 IP 파워하우스로 거듭난 것입니다. 후지필름 또한 필름 소재에서 추출한 기술을 활용해 화장품 시장에 진출함으로써, 사진 필름 회사에서 종합 헬스케어 기업으로의 변신을 이뤄냈습니다.

셋째, 디지털 기술을 기반으로 새로운 비즈니스를 창출하는 것입니다. 전통적인 스포츠 브랜드였던 나이키는 애플과의 협업을 통해 나이키 플러스라는 혁신적인 디지털 서비스를 선보였습니다. 운동화에 장착된 센서와 모바일 앱이 사용자의 운동 데이터를 분석하고 공유하는 플랫폼을 구축한 것인데요. 이는 단순히 신발을 파는 것을 넘어 고객의 스포츠 경험 전반을 디자인하는 나이키의 새로운 비즈니스 모델로 자리 잡았습니다.

넷째, 가치 전달 방식을 재구성하는 것입니다. 안경 스타트업 와비파커(Warby Parker)는 홈 트라이온(Home Try-On) 이라는 파격적인 서비스를 도입했습니다. 고객이 집에서 편하게 안경을 써보고 구매할 수 있도록 한 것입니다. 오프라인 매장 중심이었던 안경 유통의 패러다임을 온라인으로 전환함으로써, 새로운 고객 경험을 창출해낸 혁신 사례라 할 수 있습니다.

다섯째, 고객 가치 제안을 재정의하는 것입니다. 면도기 정기 배송 서비스로 유명한 달러쉐이브클럽은 '편리함'이라는 새로운 가치를 앞세워 시장에 도전장을 내밀었습니다. 복잡한 면도기 선택의 문제를 해결하고, 정기적으로 새 면도기를 배송해줌으로써 기존 면도기 브랜드들과는 차별화된 고객 가치를 제안한 것입니다.

물론 기존의 성공 방식을 버리고 낯선 영역에 뛰어드는 것에는 상당한 위험이 뒤따르기 때문입니다. 그러나 변화를 두려워하기보다 기회로 바라보고, 과감하게 새로운 길을 모색하는 용기야말로 기업의 미래를 좌우할 핵심 역량이 될 것입니다.

마치는 글

커머스의 미래는?

급변하는 유통 환경 속에서 '앞으로 커머스는 어떤 방향으로 나아가야 할까?'라는 질문을 던지던 중, '로컬'이라는 키워드에 주목하게 되었습니다. 처음에는 '로컬'이 트렌드에 역행하는 개념처럼 느껴졌습니다. 글로벌화와 디지털화가 가속화되는 시대에 '로컬'을 이야기한다는 것이 어딘가 어색하게 다가왔던 것도 사실입니다. 하지만 깊이 고민할수록 '로컬'이야말로 커머스의 미래라는 확신이 들었습니다.

여기서 말하는 로컬은 단순히 오프라인 매장만을 의미하는 것이 아닙니다. 로컬은 고객과의 접점에서 브랜드가 어떤 경험을 제공할 수 있는지, 나아가 브랜드가 지역사회와 어떻게 소통하고 공존할 수 있는지, 기술을 바탕으로 고객경험 확장하는 모든 것을 포함하고 있습니다.

로컬에서의 브랜딩 전략과 비즈니스 모델에 대해서도 자세히 살펴보았습니다. 단순히 오프라인 매장을 운영하는 것을 넘어, 로컬이라는 공간에서 브랜드가 어떻게 고객과 소통하고 특별한 경험을 제공할 수 있을지에 대한 다양한 사례를 분석했습니다. '로컬'이라는 키워드를 통해 커머스의 미래를 조망하고, 그 안에서 기업과 브랜드가 어떻게 나아가야할지를 제시하고자 했습니다. 단순히 트렌드에 주목하는 것을 넘어, 브랜드의 본질적 가치와 고객과의 관계에 대해 근본적인 질문을 던지려고 했습니다.

〈커머스의 미래, 로컬〉은 제가 낸 18번째 책입니다. 지금까지 출간한 책들처럼 독자분들에게 새로운 통찰을 주고, 현업에서 활용할 수 있는 내용들을 담으려고 했습니다. 특히 '로컬'이라는 키워드를 중심으로, 빠르게 변화하는 유통 환경에서 브랜드가 나아가야 할 방향을 제시하고 싶었습니다. 그저 유행을 쫓아가는 것이 아니라, 로컬이라는 공간에서 브랜드가 어떻게 고객과 대화하고 관계를 만들어나가야 할지에 대해 깊이 고민해보았습니다. 또한, 국내외 다양한 브랜드의 사례들을 소개하면서, 로컬에서의 브랜딩과 비즈니스 모델을 실제로 어떻게 적용할 수 있을지 구체적으로 제안하고자 했습니다.

기술은 빠른 속도로 발전하고 있지만, 비즈니스의 본질은 변하지 않는다고 생각합니다. 고객을 깊이 이해하고, 그들의 삶에 진정한 가치를 더하는 것. 이것이야말로 모든 기업이 추구해야 할 궁극적인 목표일 것입니다. 앞으로 기업들이 로컬이라는 공간을 중심으로, 온라인과 오프라인을 자유롭게 넘나들며 고객과 더욱 밀접하게 소통하고, 나아가 지역사회에도 긍정적인 영향을 미칠 수 있기를 기대해 봅니다. 기술의 힘을 빌려 효율을 높이되, 로컬에서의 경험을 통해 고객과의 관계를 더욱 깊고 견고하게 만들어갈 수 있을 것입니다.

우리는 지금 판이 바뀌는 커머스의 변곡점에 서 있습니다. 온라인과 오프라인, 글로벌과 로컬, 기술과 사람 사이의 경계가 점점 허물어지는 시대에 기업과 브랜드는 어떤 선택을 해야 할까요? 저는 그 해답 중 하나가 '로컬'이라고 믿고 있습니다. 로컬에서 고객을 만나고, 로컬에서 브랜드 가치를 실현하는 것. 그것이 앞으로 커머스가 나아가야 할 방향입니다.

'로컬'이라는 키워드로 생각을 확장하고, 사례를 찾아보고, 담당자 인터뷰 등을 해오면서 이번 책도 스스로에 대한 부족함을 느끼는 시간이었습니다. '커머스의 미래, 로컬'이라는 주제에 대해 충분한 확신이 있는가? 독자들에게 새로운 관점과 통찰을 제공할 수 있을까? 이렇게 고민하고 질문하는 과정에서 저 스스로가 많은 것을 배우고 성장할 수 있는 시간이었습니다.

지금까지 출간했던 책들은 비즈니스 모델, 마케팅, 커머스, 소비 트렌드 등의 키워드로 연결된 흐름을 갖고 있습니다. 현장에서 관찰되는 변화의 흐름을 주시하고, 그 변화 속에서 무엇을 해야 할지를 꾸준히 책으로 출간해왔습니다. 앞으로도 독자분들에게 필요한 것이 무엇인지 끊임없이 고민하고, 시의성과 보편성을 겸비한 책을 꾸준히 내놓겠다고 스스로 다짐해 봅니다.

마지막으로, 〈커머스의 미래, 로컬〉이 독자분들의 비즈니스와 개인적 역량 향상에 작은 도움이라도 되었기를 진심으로 바랍니다. 생각을 나누고 토론할 수 있는 열린 공간에서 다시 만날 수 있기를 고대하겠습니다. 긴 글 읽어주셔서 감사합니다.

저자 은종성